utb 5056

Eine Arbeitsgemeinschaft der Verlage

Brill | Schöningh – Fink · Paderborn
Brill | Vandenhoeck & Ruprecht · Göttingen – Böhlau Verlag · Wien · Köln
Verlag Barbara Budrich · Opladen · Toronto
facultas · Wien
Haupt Verlag · Bern
Verlag Julius Klinkhardt · Bad Heilbrunn
Mohr Siebeck · Tübingen
Narr Francke Attempto Verlag – expert verlag · Tübingen
Ernst Reinhardt Verlag · München
transcript Verlag · Bielefeld
Verlag Eugen Ulmer · Stuttgart
UVK Verlag · München
Waxmann · Münster · New York
wbv Publikation · Bielefeld
Wochenschau Verlag · Frankfurt am Main

Petra Herczeg | Julia Wippersberg

Kommunikationswissenschaftliches Arbeiten

Eine Einführung

2. Auflage

facultas

PD Mag. Dr. Petra Herczeg und PD Mag. Mag. Dr. Dr. Julia Wippersberg lehren als Senior Lecturers am Institut für Publizistik- und Kommunikationswissenschaft der Universität Wien.

Bibliografische Information der Deutschen Nationalbibliothek
Die Deutsche Nationalbibliothek verzeichnet diese Publikation in der Deutschen Nationalbibliografie; detaillierte bibliografische Daten sind im Internet über http://d-nb.de abrufbar.

2., vollst. überarb. Auflage 2021

facultas Verlag, Stolberggasse 26, 1050 Wien, Österreich

Umschlag: Atelier Reichert, Stuttgart
Gestaltung: grafzyx.com, Wien
Satz: Florian Spielauer, Wien
Druck und Bindung: Friedrich Pustet, Regensburg
Printed in Germany

utb-Nummer 5056
ISBN 978-3-8252-5639-5 (Print-Ausgabe)
ISBN 978-3-8385-5639-0 (Online-Leserecht, erhältlich unter utb-shop.de)
ISBN 978-3-8463-5639-5 (E-PUB)

Inhalt

1 Einleitung

Wissenschaftliches Arbeiten erfordert spezifische Fähigkeiten und Fertigkeiten sowie die Kompetenz, von alltäglichen Fragestellungen und gewöhnlichem Wissen-Wollen zu systematischen Fragestellungen und wissenschaftlicher Organisation des Erkenntnisgewinns vorzustoßen. In diesem Buch wird das „Handwerkszeug" des wissenschaftlichen Arbeitens (wie der Umgang mit wissenschaftlichen Quellen, das Zitieren, das wissenschaftliche Lesen und Schreiben) genauso thematisiert wie die Kompetenz zur Erstellung von Forschungsfragen und Hypothesen, zur Entscheidung über Forschungsabläufe und Methodenauswahl, zur Bestimmung von Untersuchungsdesigns und zur Operationalisierung von „abstrakten" theoretischen Konstrukten.

Das Buch geht aber über die reine Anwendung von Kompetenzen im Forschungsalltag hinaus, es soll auch der Rahmen, in dem Wissenschaft betrieben wird, aufgezeigt werden.

Wenn wir uns mit Wissenschaft befassen, dann sind wir nicht nur damit konfrontiert, Probleme zu formulieren und zu prüfen, auf wissenschaftliches Niveau zu heben und mit theoretischen Aussagen zu kombinieren, sondern wir müssen uns auch damit befassen, was eigentlich der Sinn und Zweck von Wissenschaft ist, was Wissenschaft leisten kann – und was eine Disziplin wie die Kommunikationswissenschaft als eine Sozialwissenschaft zum Gelingen der Gesellschaft beitragen kann.

Dazu wird einerseits kurz auf Grundsätzliches eingegangen (Wissenschaftstheorie), andererseits auf die Wurzeln der kommunikationswissenschaftlichen Forschung Bezug genommen (Fachgeschichte und zentrale Forschungsarbeiten des Faches). Beides ist wichtig, um zu verstehen, woher die kommunikationswissenschaftliche Forschung kommt, und um zu verinnerlichen, wie die großen Wissenschaftstraditionen auf die eigenen Forschungsvorhaben wirken.

Dazu ist es nötig, sich mit der Wissenschaftstheorie zu beschäftigen, die zu erfassen versucht, warum wir als Sozialwissenschaftler auf welche Art Wissenschaft betreiben und wie wir unser Vorgehen erklären und einordnen können. So erfolgt eine sehr kompakte und auf das

Wesentliche konzentrierte Darstellung einiger grundlegender wissenschaftstheoretischer Positionen, v.a. aber eine ausführlichere Auseinandersetzung mit den bestimmenden Paradigmen der sozialwissenschaftlichen Forschung (quantitative und qualitative Forschung), die als Grundgerüst zum Verständnis des kommunikationswissenschaftlichen Arbeitens notwendig sind. Die beschriebenen Aspekte sind keinesfalls als abschließend zu verstehen, sie verdeutlichen nur wegweisende Schritte unserer Disziplin.

Zum besseren Verständnis wurden diese Aspekte – sofern möglich – an den relevanten Stellen bei der Erarbeitung der einzelnen Schritte des wissenschaftlichen Arbeitens eingebaut, um zu zeigen, dass diese grundlegenden Facetten Einfluss und Auswirkungen auf die eigene Forschung haben.

Schließlich ist es wichtig, sich mit den Wurzeln des Fachs zu beschäftigen, zu verstehen, nach welchen Spielregeln hier wissenschaftliches Arbeiten zu erfolgen hat und mit welchen zentralen Studien die kommunikationswissenschaftliche Forschung begonnen hat. Diese zentralen Studien werden in diesem Buch zum grundlegenden Verständnis unserer Disziplin vorgestellt.

Auf diesem Verständnis bauen alle weiteren Kapitel zum wissenschaftlichen Arbeiten auf, wobei alle wesentlichen Schritte des wissenschaftlichen Arbeitens thematisiert werden. Wissenschaftliches Arbeiten und Forschen erlernt man aber nur durch häufiges Üben und nicht nur durch das Studium eines Buches.

Deshalb kann und soll dieses Buch ein ständiger Begleiter während des Studiums der Publizistik- und Kommunikationswissenschaft sein und als Nachschlagewerk für das wissenschaftliche Arbeiten dienen. Seine Inhalte sind die Basis für jedes weitere wissenschaftliche Arbeiten im Studium der Publizistik- und Kommunikationswissenschaft. Dabei genügt es nicht, sie zu kennen oder bei einer Prüfung wiedergeben zu können, sondern das Wissen muss in allen Proseminar- und Seminararbeiten über die Bachelorarbeit bis hin zur Masterarbeit und Dissertation angewendet werden können.

Daher wird speziell auf die in der Publizistik- und Kommunikationswissenschaft üblichen Vorgehensweisen des wissenschaftlichen Arbeitens eingegangen; in anderen Disziplinen können andere Rahmenbedingungen gelten. Das Buch versteht sich als Orientierungshilfe, um sich mit den Anforderungen, die an das wissenschaftliche Arbeiten in der Publizistik- und Kommunikationswissenschaft gestellt werden, auseinandersetzen zu können. Wir hoffen, dadurch das Verständnis dafür, was wissenschaftliches Arbeiten ausmacht, zu fördern und zu zeigen, dass Wissenschaft einerseits nach bestimmten nachvollziehbaren Kriterien, oder salopp formuliert nach bestimmten Spielregeln abläuft, aber andererseits auch das Potenzial schafft, über gesellschaftlich relevante Fragestellungen nachzudenken, diese aufzuzeigen, zu reflektieren und möglicherweise auch Lösungsvorschläge bzw. Handlungsalternativen zu formulieren. Und – dieser Satz sei erlaubt – das Buch soll auch Freude am Erarbeiten von Forschungsinteressen wecken.

Zusätzlich zu den bereits angesprochenen Ausführungen finden sich in diesem Buch ganz grundsätzliche rechtliche Anforderungen zum rechtmäßigen Arbeiten, das seit 2018 durch die Europäische Datenschutzgrundverordnung (DSGVO) einen Bedeutungszuwachs erfahren hat. Schließlich ist noch der Hinweis auf einen wichtigen Aspekt des wissenschaftlichen Arbeitens im Bereich der Publizistik- und Kommunikationswissenschaft erforderlich: Für den Forschungsprozess ist das Wissen um Medien und ihre Inhalte unbedingt nötig. Vieles davon (bspw. Themen wie Medienkunde oder Medienlandschaft) kann man sich in Lehrveranstaltungen aneignen. Was man allerdings nicht lehren kann, ist das Interesse an Medien und den Inhalten, die dort täglich veröffentlicht werden, das Interesse an Vorgängen in allen Bereichen der Kommunikationswirtschaft und das Interesse an den Zusammenhängen von Politik und Medien. Dieses Interesse müssen Studierende mitbringen und durch Eigeninitiative professionell weiterentwickeln. Ohne dieses Interesse ist kommunikationswissenschaftliche Forschung nicht denkbar – es lassen sich keine Probleme identifizieren oder aktuelle Entwicklungen erkennen und beurteilen. Solche Alltagsbeobachtungen auch unserer Disziplin sind für den Forschungsprozess aber unbedingt nötig.

„Wir können wohl sagen, daß, während unser hypothetisches Wissen endlich ist, unser Nichtwissen unendlich ist" – sagte Karl Popper (2016/1983, S. 216), einer der bedeutendsten Wissenschaftsphilosophen des 20. Jahrhunderts. Und wir müssten – so Popper – den sokratischen Satz „Ich weiß, daß ich nichts weiß" ernst nehmen. In diesem Sinne: Es gibt viel zu erkennen und zu erforschen. Einen Tipp, der uns am Herzen liegt, möchten wir Ihnen ganz zu Beginn mitgeben. Es ist ein Satz, der sich bis jetzt aus unseren Erfahrungen immer bewährt hat: „Wer nichts liest, der schreibt schlecht." In diesem Sinne: lesen, lesen und lesen – denn Lesen ist, wie es eine Studierende einmal formuliert hat, der Schlüssel zum wissenschaftlichen Arbeiten.

Dieses Buch soll als Basis dienen, um sich mit den Grundlagen des wissenschaftlichen Arbeitens zu befassen und darauf aufbauend eigenständige wissenschaftliche Arbeiten verfassen zu können.

Unser Dank gilt allen Kolleginnen und Kollegen, die bei der Zusammenstellung der Inhalte dieses Buches beteiligt waren, insbesondere Klaus Lojka, Tanja Fabian, Albrecht Haller und Larissa Ruhani, sowie den Mitarbeiterinnen und Mitarbeitern des facultas Verlags.

Im Dienste einer erleichterten Lesbarkeit wurden die Personenbezeichnungen für Frauen und Männer in diesem Buch bunt gemischt – ganz wie im echten Leben.

Petra Herczeg & Julia Wippersberg Wien, Juli 2021

2 Publizistik- und Kommunikationswissenschaft als (Sozial-)Wissenschaft

Die Publizistik- und Kommunikationswissenschaft wird den Sozialwissenschaften zugerechnet und zählt damit zu einem bestimmten Wissenschaftstypus. Es gibt eine Vielzahl von Möglichkeiten, Wissenschaften zu typisieren (vgl. näher dazu Seiffert, 1997).

2.1 Was ist eigentlich eine Wissenschaft?

Sucht man nach Definitionen des Begriffs „Wissenschaft“, wird man rasch fündig. Allein im Brockhaus (eine der führenden deutschsprachigen Enzyklopädien) finden sich mehrere Begriffsbestimmungen: Demnach ist Wissenschaft der „Inbegriff menschlichen Wissens einer Epoche, das systematisch gesammelt, aufbewahrt, gelehrt und tradiert wird.“ Weiter heißt es: „Wissenschaft meint auch den method[ischen] Prozess intersubjektiv nachvollziehbaren Forschens und Erkennens aufgrund eines Interesses, die Wirklichkeit der Natur, der Gesellschaft oder des menschlichen Geistes zu erschließen, sowie die Institutionalisierung des Wissensbestandes und aller darauf bezogenen Aktivitäten im Rahmen einer Gesellschaft.“ (Brockhaus, 1998, S. 291)

Wenn vom „Interesse“ am Forschen und Erkennen die Rede ist, dann kann man nach dem Sinn und Zweck bzw. nach dem Ziel des wissenschaftlichen Wissenserwerbs fragen. Neben dem Hinweis auf das Entwickeln von Theorien wird in diesem Zusammenhang auch der praktische Nutzen von Wissenschaft angeführt: „Wissenschaft könnte somit allgemein als Erarbeitung von gesellschaftlich nutzbarem Wissen durch Theoriebildung, Forschung und Anwendung ihrer Erkenntnisse begriffen werden.“ (Dahinden & Hättenschwiler, 2001, S. 491)

Auch wenn die zitierten Definitionen nicht deckungsgleich sind, zeigen sie in Summe doch die wichtigsten Bestandteile des Begriffs „Wissenschaft“:

- die **Forschung**, als die systematische Erarbeitung von Wissen mithilfe bestimmter innerhalb der Wissenschaft anerkannter Forschungsmethoden bzw. Methoden der Erkenntnisgewinnung,
- die daraus resultierenden **Erkenntnisse** und Theorien, die das zu einem bestimmten Zeitpunkt vorhandene wissenschaftliche Wissen darstellen; eine **Theorie** ist dabei die Gesamtheit logisch zusammenhängender Urteile über Teile der Realität. Sie erfüllt drei Funktionen: Darstellungs-, Erklärungs- und Prognosefunktion. Der Theoriebegriff ist nach wie vor unscharf. Weil die Komplexität des Untersuchungsgegenstandes „soziale Realität" viel zu umfassend ist, um jemals Gesetzesaussagen naturwissenschaftlicher Strenge zuzulassen, herrscht mittlerweile Konsens darüber, dass selbst die bestgeprüften sozialwissenschaftlichen Theorien immer nur „Theorien mittlerer Reichweite" (Merton, 1968, zit. nach Burkart, 2019, S. 136) sein können, d. h., ihre Gültigkeit ist in der Regel raum- und/oder zeitabhängig,
- die systematische **Sammlung und Dokumentation** dieses Wissens,
- die **Lehre bzw. Weitergabe** dieses Wissens, insbesondere die Ausbildung der Studierenden an den Universitäten,
- das **institutionelle Gefüge** (Universitäten, Hochschulen, Forschungsinstitute ...), in dem all diese Tätigkeiten stattfinden,
- und die Nützlichkeit des Wissens **für die Gesellschaft**. Diese „Nützlichkeit" ist freilich nicht immer gleich einsehbar (bspw. im Fall von Grundlagenforschung), aber letztendlich ist jede Wissenschaft dazu da, Probleme mithilfe der gewonnenen Einsichten zu lösen oder wenigstens zu minimieren.

Nun ist es für die Tätigkeit der Wissenschaftler nicht unerheblich, welchen Ausschnitt der uns umgebenden Wirklichkeit sie untersuchen. Je nach Untersuchungsgegenstand (= Materialobjekt) und Untersuchungsperspektive (= Formalobjekt) werden verschiedene Wissenschaftsbereiche unterschieden, die zumeist auch mit bestimmten Forschungstraditionen verbunden sind. Als eine derartige Grobdifferenzierung kann gelten: Natur-, Technik-, Geistes- und Sozialwissenschaften. Innerhalb dieser Bereiche können dann wiederum vielfältige Fächer bzw. Disziplinen unterschieden werden.

Die grobe Einteilung in Abbildung 1 zeigt eine im vorliegenden Kontext sinnvolle Möglichkeit auf, unterschiedliche Typen von Wissenschaften zu unterscheiden.

Abb. 1: Typologisierung von Wissenschaften

Quelle: Eigene Darstellung.

Formalwissenschaften

Die Formalwissenschaften umfassen jene wissenschaftlichen Disziplinen, die sich nicht mit Dingen der realen Welt beschäftigen, dazu gehören die Logik, die Mathematik, die Linguistik und die theoretische Informatik. Allen Formalwissenschaften ist eigen, dass festgelegte, axiomatisch bestimmte Satzbildungs- und Ableitungsregeln befolgt werden, die der Forderung nach Widerspruchsfreiheit genügen müssen. Das heißt, diese Wissenschaften befassen sich mit formalen Systemen und mit abstrakten Objekten und den damit verbundenen Zusammenhängen.

Realwissenschaften

Die Realwissenschaften können in Natur-, Geistes-, Human-, Kultur- und Sozialwissenschaften unterteilt werden, sie befassen sich mit konkreten Gegenständen und gelten daher auch als Erfahrungswissenschaften. Das Ziel der Realwissenschaften ist es, allgemeine Gesetzmäßigkeiten der Realität zu erfassen. Albert fasst das in dem Sinne zusammen, dass man „nun überall nach der Erklärung von Zusammenhängen auf der Basis allgemeiner Gesetzmäßigkeiten [strebt] und sucht dazu möglichst umfassende Theorien von großer Erklärungskraft zu entwickeln, Theorien, die auf möglichst einfache Weise möglichst viel erklären“ (Albert, 1978, S. 50). Realwissenschaftliche Perspektiven generieren Aussagen über die Zustände der Realität und systematisieren dabei empirische Regelmäßigkeiten.

Naturwissenschaften
Der Gegenstand der Naturwissenschaften ist die unbelebte und die belebte Natur, also die anorganische Materie und das organische Leben. Die Gegenstände der Naturwissenschaften haben sich zunächst unabhängig vom Menschen und dessen Handeln entwickelt. Für die Naturwissenschaften ist eine bestimmte (in der Regel quantifizierende) Forschungsmethodik typisch: Zu Beginn des Forschungsprozesses werden Annahmen (Hypothesen) aufgestellt, die dann empirisch (erfahrungswissenschaftlich) überprüft werden. Ziel ist die Entwicklung möglichst allgemeingültiger Theorien, welche die untersuchten Phänomene erklären und Prognosen zukünftiger Entwicklungen erlauben. Beispiele für naturwissenschaftliche Fächer sind Physik, Chemie, Astronomie, Geologie sowie die biologischen Wissenschaften (allgemeine Biologie, Botanik, Zoologie etc., häufig auch „Lebenswissenschaften" genannt).

Strukturwissenschaften
In die sog. Strukturwissenschaften werden Disziplinen wie Mathematik und Informatik eingeordnet. Im Mittelpunkt stehen im Gegensatz zu anderen Wissenschaften nicht die Erforschung tatsächlicher Gegebenheiten in engerem Kontext, sondern die Methoden zu diesem Zweck. Zu den Strukturwissenschaften werden von den Befürwortern dieser Wissenschaftskategorie folgende Forschungsbereiche gezählt: Mathematik, Theoretische Informatik, Logik, Informationstheorie, Systemtheorie, Kybernetik, Synergetik.

Der Begriff „Strukturwissenschaft" wurde 1971 von Carl Friedrich von Weizsäcker geprägt. Bernd-Olaf Küppers beschrieb im Jahr 2000 Strukturwissenschaften als Bindeglied zwischen Natur- und Geisteswissenschaften. In früheren Zeiten sprach man von Vernunftwissenschaft, die man der Erfahrungswissenschaft entgegenstellte.

Technikwissenschaften/Ingenieurwissenschaften
Mit den Naturwissenschaften verwandt, aber doch eigenständig sind die Technikwissenschaften, auch Ingenieurwissenschaften genannt. Sie verstehen sich als angewandte Wissenschaften, deren zentrales Bestreben die Umsetzung der in den Naturwissenschaften gewonnenen Erkenntnisse und die Entwicklung konkreter Anwendungen sind. Typische Beispiele für die Ingenieurwissenschaften sind Maschinenbau, Elektrotechnik, Bauwesen und Verfahrenstechnik.

Kulturwissenschaften
Darunter fallen alle jene Disziplinen, die sich mit den Produkten des menschlichen Denkens und Handelns auseinandersetzen. Der große

Bereich der Kulturwissenschaften kann nochmals in Geistes- und Sozialwissenschaften unterteilt werden.

Geisteswissenschaften

Die Geisteswissenschaften beschäftigen sich mit dem menschlichen Geist und dessen Schöpfungen (seinen kulturellen Produkten, den sog. „Hervorbringungen des menschlichen Geistes“ oder „Artefakten“), wozu insbesondere Recht, Religion, Geschichte, Sprache, Literatur, Kunst, Kultur – und eben auch die entsprechenden Wissenschaften zählen. Die bewusste Abgrenzung von den Natur- und Technikwissenschaften und die Herausbildung einer eigenständigen Identität als „Geisteswissenschaften“ erfolgte erst im 19. Jahrhundert, als traditionelle Disziplinen wie Geschichte, Literatur-, Sprach- und Kunstwissenschaft durch die Erfolge der naturwissenschaftlichen Forschung herausgefordert wurden.

Nicht nur im Gegenstand (geistige Schöpfungen im Gegensatz zu (un-)belebter Natur), sondern auch in der Methodik grenzen sich die Geisteswissenschaften von den Naturwissenschaften ab. Nicht so sehr die Suche nach allgemeinen Gesetzen (nomothetisches Vorgehen) steht hier im Vordergrund, sondern das Verstehen und die genaue Beschreibung von Einmaligem (idiographisches Vorgehen).

Dabei bedienen sich die Geisteswissenschaftler hermeneutischer bzw. interpretativer Verfahren und historischer Forschungsmethoden. Die **Hermeneutik** ist die Wissenschaft und Kunst der Textauslegung, Textinterpretation. Ursprünglich war dies die Lehre vom Verstehen, Deuten oder Auslegen von Kunstwerken, wie literarischen Werken, Gemälden, Musikstücken, historischen Quellen, Filmen, Denkmälern, aber auch der mündlichen Rede.

Typische geisteswissenschaftliche Disziplinen sind alle geschichtswissenschaftlichen Fächer, sämtliche Sprachwissenschaften sowie Literatur- und Theaterwissenschaft.

Sozialwissenschaften/Gesellschaftswissenschaften

Im 19. und 20. Jahrhundert entwickelten sich die Sozialwissenschaften als eigenständiger Wissenschaftsbereich – etymologisch abgeleitet vom lateinischen *socius* (der Gefährte) oder *socialis* (gemeinschaftsbildend, die Gemeinschaft/Gesellschaft betreffend). Diese Wissenschaften werden deshalb auch als Gesellschaftswissenschaften bezeichnet. Im Zentrum steht „soziales Handeln“ – zielgerichtetes und bewusstes Handeln im Hinblick auf andere; Handeln, das auf andere/Dritte ausgerichtet ist (vgl. Weber, 1956).

Die Sozialwissenschaften rücken die Beziehungen zwischen den Menschen in den Mittelpunkt ihrer Betrachtung. Es geht ihnen um die Ursachen, Abläufe und Ergebnisse menschlichen Handelns. Sie sind damit typischerweise Gesellschaftswissenschaften. Untersucht werden die Beziehungen der Menschen untereinander, sei es auf individueller Ebene (Verhalten und Handeln einzelner Individuen) oder auf gesellschaftlicher Ebene (gesellschaftliche Institutionen und Systeme). Sozialwissenschaft beschäftigt sich also grob gesagt mit dem Zusammenleben der Menschen in Gemein- und Gesellschaften und damit, wie dieses organisiert ist sowie welche Gruppen, Rollen, Institutionen, Organisationen, Kommunikationen es gibt und wie sie miteinander in Beziehung stehen.

Die Methodik der Sozialwissenschaften orientiert sich einerseits sehr stark am naturwissenschaftlichen Forschungsideal (Hypothesenbildung und -überprüfung) und verwendet empirische Erhebungsmethoden wie Befragung, Inhaltsanalyse, Beobachtung und Experiment. Andererseits finden auch geisteswissenschaftliche Methoden (hermeneutisch-interpretative Verfahren, historische, phänomenologische Forschungsmethoden) Verwendung.

Typische sozialwissenschaftliche Fächer sind Soziologie, Politikwissenschaft, Psychologie, Pädagogik/Erziehungswissenschaft, Ethnologie, Kultur- und Sozialanthropologie, die Wirtschaftswissenschaften sowie eben die Publizistik- und Kommunikationswissenschaft. Darüber hinaus gibt es in natur- und geisteswissenschaftlichen Disziplinen Fachbereiche, die sich mit sozialen Zusammenhängen beschäftigen (Sozial-Geschichte, -Philosophie, -Geographie …).

Angesichts der Tendenzen zum interdisziplinären Arbeiten ist diese Unterscheidung bisweilen relativiert worden. Eine modernere Begriffsbildung fasst mit der Bezeichnung **Humanwissenschaften** alle Wissenschaften zusammen, die irgendeinen Aspekt der Menschen zum Untersuchungsgegenstand haben. Darunter fallen sowohl die Geistes- und Sozialwissenschaften als auch einige wenige Naturwissenschaften wie beispielsweise die Humanbiologie oder Medizin.

Bei manchen Disziplinen gibt es Einordnungsprobleme, bspw. bei der Psychologie. Sie ist eine empirische Wissenschaft. Sie beschreibt und erklärt das Erleben und Verhalten des Menschen, seine Entwicklung im Laufe des Lebens und alle dafür maßgeblichen inneren und äußeren Ursachen und Bedingungen. Psychologie ist als Wissenschaft bereichsübergreifend. Sie lässt sich nicht den Naturwissenschaften, Sozialwissenschaften oder den Geisteswissenschaften jeweils allein zuordnen.

2.2 Kommunikationswissenschaft

Wie kann nun die Disziplin Publizistik- und Kommunikationswissenschaft definiert werden? Welchen Ausschnitt der uns umgebenden Wirklichkeit analysiert dieses Fach?

Unter Kommunikationswissenschaft wird die wissenschaftliche Beschäftigung mit dem Prozess der menschlichen Kommunikation verstanden. Ziel kommunikationswissenschaftlicher Forschung ist ein besseres Verständnis des Kommunikationsprozesses, seiner Teile, seiner Rahmenbedingungen, seiner Ursachen und Auswirkungen, seiner Funktionen sowie seines Wandels im Lauf der Geschichte. Die Kommunikationswissenschaft beschäftigt sich dabei mit den unterschiedlichen Formen menschlicher Kommunikation: Sowohl die unmittelbare, interpersonelle Kommunikation als auch die Kommunikation mithilfe von (Massen-)Medien sowie die Online-Kommunikation (via Computer und Netzwerke) werden untersucht.

2.2.1 Publizistik- und Kommunikationswissenschaft (PKW)

Bei der Publizistik- und Kommunikationswissenschaft steht die öffentliche, (massen-)medial vermittelte Kommunikation stärker im Vordergrund, die heute immer häufiger auch online erfolgt. Es werden vor allem Prozesse der öffentlichen Kommunikation – mit anderen Worten der Massenkommunikation – untersucht. Dies legt schon der Begriff „Publizistik" nahe: Er steht für die via Massenmedien öffentlich verbreiteten Aussagen.

Der Begriff „Publizistik" lässt sich etymologisch auf das lateinische Verbum *publicare* (veröffentlichen, öffentlich machen) bzw. das lateinische *publicus* (öffentlich) zurückführen und verweist damit auf einen öffentlichen Kommunikationsprozess.

„Öffentlich" heißt in diesem Zusammenhang vor allem „öffentlich zugänglich": Gemeint ist damit, dass grundsätzlich „alle" die Chance haben, an einem Kommunikationsprozess teilzunehmen, oder – umgekehrt formuliert – dass man niemals genau weiß, wer tatsächlich an einem Kommunikationsprozess teilnimmt und wer nicht.

Freilich sind individuelle Kommunikation und Massenkommunikation nicht isoliert voneinander zu verstehen, weshalb auch im Rahmen der Publizistikwissenschaft Phänomene der individuellen Kommunikation Berücksichtigung finden (vor allem wenn Letztere im Rahmen massenmedialer Kommunikation von Bedeutung sind). Vor diesem Hintergrund entstand auch die Bezeichnung „Publizistik- und Kommunikationswissenschaft" (PKW).

2.2.2 Unterscheidung Medienwissenschaft – Kommunikationswissenschaft

In den 1970er-Jahren entstand die geisteswissenschaftliche Form der Medienwissenschaft aus der textorientierten Germanistik und der Theaterwissenschaft als Pendant zur sozialwissenschaftlichen Publizistik- und Kommunikationswissenschaft; die Medienwissenschaft fokussiert auf die kulturellen Ausprägungen.

Bei der Medienwissenschaft steht die Untersuchung der Gestaltung der Medien im Vordergrund. Im Mittelpunkt der Forschung sind dabei vor allem Printmedien, Hörfunk, Fernsehen, Video sowie Internet, Online-Medien und Spiele (Games). Viele Medienwissenschaftler zählen auch die Filmwissenschaft zu ihrer Disziplin.

Der Begriff „Medienwissenschaft" wird teilweise als Gegenstück zur empirisch-sozialwissenschaftlichen Publizistik- und Kommunikationswissenschaft verstanden. In diesem Sinne wird er für einen Ansatz verwendet, der stärker sprach-, geistes- und kulturwissenschaftlich angelegt ist und sich weniger durch den Einsatz empirischer, sondern hauptsächlich hermeneutischer („verstehender") Methoden (bspw. Textanalyse, Filmanalyse) auszeichnet. Tatsächlich bezeichnen sich heutzutage aber auch viele der publizistikwissenschaftlichen Tradition entstammenden Forscherinnen, Institute und Studiengänge gleichfalls als „medienwissenschaftlich".

Es wäre also falsch, an dieser Stelle den Eindruck von der Existenz klarer Grenzen zu vermitteln. Fraglos sind es unterschiedliche wissenschaftliche Traditionen, die hier aufeinandertreffen, aber sie scheinen mehr und mehr zusammenzuwachsen.

2.3 Alltagswissen vs. wissenschaftliches Wissen

Wie verhalten sich Alltagswissen und wissenschaftliches Wissen zueinander? Beginnend mit unserer Geburt (sieht man von pränatalen Erfahrungen einmal ab) erwerben wir Wissen. Zunächst eher zufällig und beiläufig im Rahmen von (primären) Erfahrungen, die in der jeweiligen Umgebung, in die man hineingeboren wurde, bereitgestellt werden. Das im Rahmen dieser (frühen) alltäglichen Erfahrungen erworbene Wissen wird auch als „Alltagswissen" bezeichnet.

Das Denken basiert normalerweise auf Alltagswahrnehmungen und ist subjektiv und (unreflektiert) selektiv. Dabei sind die Auswahlkriterien dieser Selektion (von jenem, was man wahrnimmt) meist nicht explizit bzw. nicht offensichtlich. Sie haben bestimmte Filter, einen impliziten

„Bias" (eine systematische Abweichung) eingeschrieben. Das führt, aus wissenschaftlicher Perspektive gesehen, zu unzulänglichen Wahrnehmungswirklichkeiten, weil das Alltagswissen immer (aber unbewusst) perspektivisch ist (dies kann aber auch in der Wissenschaft nicht immer gänzlich ausgeschlossen werden).[1] Es gibt also je nach Betrachterperspektive unterschiedliche Wirklichkeiten (bspw. unterschiedliche politische Einstellungen) und gewisse (unreflektierte) Selbstverständlichkeiten. Wissenschaft verlangt nun, dass man von diesem Alltagsdenken Abstand nimmt (und den „gesunden Menschenverstand" kritisch analysiert) und sich ein gewisses wissenschaftliches Vorgehen aneignet.

Einen Zwischenschritt auf dem Weg von Alltags- zu wissenschaftlichem Wissen stellt eine „Lehre" oder „Kunde" dar. Diese lässt sich definieren als eine Verallgemeinerung von Handlungs-, Strategie- und Denkregeln, zusammengesetzt aus kollektiv gesammelten Erfahrungen, die sich als praktikabel erwiesen haben und üblicherweise erfolgreich waren.

So haben auch „Alltagstheorien" und „Praktikertheorien" (auch „Berufstheorien") einen gewissen berechtigten Stellenwert. Praktikertheorien systematisieren berufliche Erfahrungen, haben in der Regel normativen oder beschreibenden, aber keinen erklärenden Charakter. Sie haben meist die Form von Richtlinien, „Goldenen Regeln" etc., dienen dazu, vorhandene Berufsinstrumente und -techniken passend einzusetzen, und werden zumeist in Praktikerhandbüchern weitergegeben. Sie werden durch berufliche Erfahrungen sicherer und zutreffender, aber im Gegensatz zu wissenschaftlichen Theorien nicht systematisch durch bestimmte Verfahren überprüft (vgl. Bentele & Nothhaft, 2008, S. 50–51).

Alltags- und Praktikertheorien sind häufig Ausgangspunkt für die Entwicklung von wissenschaftlichen Theorien. Vorurteile, Einstellungen und Erfahrungswerte sollen durch „überlegte Erkenntnisse" ersetzt werden. Dazu braucht es bestimmte Spielregeln der Wissenschaft und mit diesen Spielregeln befassen sich die Wissenschaftstheoretiker. In ihrem Fachgebiet, der Wissenschaftstheorie (vgl. etwa Seiffert & Radnitzky, 1994), überlegen sie, welche Regeln wissenschaftlichen Erken-

1 Zur Frage der Subjektivität: Bereits Popper hat darauf hingewiesen, dass die Festlegung der Forschungsfragen und das Aufstellen von Hypothesen immer bereits etwas mit der Subjektivität der Forscher zu tun hat. Wissenschaftler sind in ein bestimmtes Umfeld eingebettet und verfügen über Wertvorstellungen, die implizit in den Forschungsprozess einfließen. Daher ist auch die intersubjektive Nachvollziehbarkeit wichtig. Es geht dabei um die Gütekriterien sozialwissenschaftlicher Forschung: Objektivität, Reliabilität, Validität. Die einzelnen Gütekriterien sind aufeinander bezogen, denn ohne Objektivität ist keine Reliabilität und ohne Reliabilität ist keine Validität möglich. Und seit Max Weber wird in den Sozialwissenschaften intensiv darüber diskutiert, welche Bedeutung Werte und Werturteile in der Forschung haben.

nens und Forschens existieren und unter welchen Bedingungen sie Gültigkeit für sich beanspruchen können oder sollen. Wissenschaftstheoretiker können auch als „Beobachter 2. Ordnung“ bezeichnet werden: Sie beobachten, wie wir im Alltag unsere Umwelt beobachten und wie wir unser Handeln danach einrichten. Sie beobachten aber auch, wie Wissenschaftlerinnen die Welt betrachten, wenn sie forschen. Im Grunde ist Forschen eine Alltagstätigkeit, wir alle „forschen“ eigentlich ständig: im Supermarkt nach Produktangaben und Preisen, als Studierende an der Universität nach den richtigen Lehrveranstaltungen und wann wir eine Prüfung ablegen sollen, als Mobilitätswillige, welches Rad, Auto etc. wir kaufen sollen – indem wir Daten, Preise, Meinungen usw. einholen und vergleichen.

Wissenschaftliches Wissen hebt sich von diesem Alltagswissen dadurch ab, dass es das, was es zu wissen gilt, und den Weg dorthin systematisiert. Es gibt also je nach Vorgangsweise verschiedene Regeln, die man einhalten muss, um seine Ergebnisse „wissenschaftlich“ nennen zu dürfen. Tabelle 1 veranschaulicht den Unterschied zwischen Alltagswissen und wissenschaftlichem Wissen.

Auf die Parallelitäten zwischen wissenschaftlicher Forschung und journalistischer Recherche sei an dieser Stelle hingewiesen: Hannes Haas und Klaus Lojka haben ein Konzept erarbeitet, das die kommunikationswissenschaftliche Vorgehensweise und den Journalismus (stellvertretend für die Kommunikationsberufe) gemeinsam betrachtet, um durch die Gegenüberstellung sowohl mögliche Berufsinteressen der Studierenden als auch die wissenschaftliche Grundausbildung miteinander zu verbinden (vgl. Haas & Lojka, 1988, S. 3).

Tab. 1: Alltagswissen vs. wissenschaftliches Wissen

Alltagswissen	Wissenschaftliches Wissen
intuitiv	theoriebasiert
„gesunder Menschenverstand“	strukturiertes Wissen
frei	systematisiert (Regeln)
spontan	geplant
selektiv	(zumeist) objektiv
„magisches“ Denken	wissenschaftliches Denken
unkontrolliert, unvollständig	kontrolliert, (so) logisch (wie möglich)
Fokus auf persönliche Entscheidungen	Fokus auf Erfassung der Wirklichkeit

Quelle: Berger, 2000, S. 6; eigene Übersetzung.

Im Journalismus geht es, wie die beiden Autoren ausführen, um „einen Modus von Erkenntnisgewinnung durch Recherche“ (Haas & Lojka, 1988, S. 4) und auf (kommunikations-)wissenschaftlicher Seite um die praktische Umsetzung des Kritischen Rationalismus. Zwar sind für diese beiden „Verfahren *Forschen* [in der Wissenschaft; Anm. d. Verf.] und *Recherchieren* [im Journalismus; Anm. d. Verf.] gleichermaßen Alltagsphänomene der Ausgangspunkt, doch unterscheiden sie sich hinsichtlich des professionellen Procederes (Forschungszwang versus Erkenntnisgewinn um des Gewinnes willen)“ (Haas & Lojka, 1988, S. 4). Als Zielsetzung sind dabei im wissenschaftlichen Kontext die Strukturierung des Erkenntnisprozesses zu benennen und für den Journalismus die Entwicklung eines Rechercheplanes. Dazu wurden für den Journalismus sieben Schritte der Recherche konzipiert – ausgehend von dem Input: Aussendung, Gerücht, Hinweis, Auffälligkeiten, der zum Output führt (bzw. führen soll): Artikel, Interview, Reportage, Story (vgl. Haas & Lojka, 1988, S. 6).

Im wissenschaftlichen Bereich gehen die sieben Schritte wissenschaftlichen Forschens vom Input des wissenschaftlichen Problems aus und der Output ist hier die Seminararbeit, Diplom- bzw. Masterarbeit, Dissertation (vgl. Haas & Lojka, 1988, S. 7). Dabei können auch als didaktisches Modell in den jeweiligen sieben Schritten die Gemeinsamkeiten und Unterschiede der wissenschaftlichen und journalistischen Verfahrensweisen festgemacht werden. In ihrem Aufsatz erörtern die beiden Autoren exemplarisch den ersten Schritt – Gewichten:

„Auf dieser Ebene geht es um eine Problematisierung und Bewertung (um das *Gewichten*) von Alltagserfahrungen, die persönliche Aufmerksamkeit durch unmittelbares Erleben erregt haben. Im journalistischen und wissenschaftlichen System gibt es unterschiedliche und je spezifische Muster der Bewertung. Während bei der Wissenschaft die kommunikationswissenschaftliche Relevanz einer Thematik zu untersuchen ist, ist es beim Journalismus die öffentliche Relevanz, die sich durch Interessenslagen und Betroffenheit manifestiert.“ (Haas & Lojka, 1988, S. 4)

Sowohl in der wissenschaftlichen als auch in der journalistischen Betrachtungsweise ist es entscheidend, dass die diesbezüglichen Prozesse anhand von konkreten Beispielen dokumentiert werden. Dabei beziehen sich Haas & Lojka auf die klassische Studie „Die Arbeitslosen von Marienthal“ (Jahoda et al., 1975)[2], die in den 1930er-Jahren von

2 Die Studie „Die Arbeitslosen von Marienthal“ gilt als eine Pionierarbeit der sozialwissenschaftlichen Forschung. 1930 erschien eine Sozialreportage über die Schließung der Textilfabrik in Marienthal, die auch einen Beitrag zur wissenschaftlichen Konzeption der Studie geleistet hat. Durchgeführt wurde die Studie unter der Leitung von Paul F. Lazarsfeld, der sie 1933 gemeinsam mit Marie Jahoda und Hans Zeisel unter dem Titel *Die Arbeitslosen von Marienthal. Ein soziographischer Versuch über die Wirkungen langandauernder Arbeitslosigkeit* publizierte.

Marie Jahoda, Paul F. Lazarsfeld und Hans Zeisel durchgeführt wurde, die reichhaltiges journalistisches Material – u.a. Sozialreportagen – enthält und bei der außerdem unterschiedliche Methoden eingesetzt wurden. Lazarsfeld nahm dazu selbst Stellung und schrieb in der Einleitung der Marienthal-Studie, dass es den Forschern darum gegangen sei, eine Brücke „zwischen den nackten Ziffern der offiziellen Statistik und den allen Zufällen ausgesetzten Eindrücken der sozialen Reportage“ (Jahoda et al., 1975, S. 24) zu schlagen. Und genau da setzen Haas und Lojka an und zeigen, wie einerseits Problemstellungen, die mit Forschungsschwerpunkten verbunden sind, umgesetzt werden können und wie dies in ähnlicher Weise in der journalistischen Wirklichkeit der Berichterstattung realisiert wird.[3]

3 In ihren Ausführungen verweisen sie auch auf die historische Kontinuität und die Arbeit von Eric W. Allen, der 1927 im *Journalism Bulletin* „Journalismus als angewandte Sozialwissenschaft“ beschrieb (vgl. Allen, 1927).

3 Publizistik- und Kommunikationswissenschaft – Anmerkungen zum Fach

3.1 Das Selbstverständnis der PKW: Was ist sie und was tut sie?

Kommunikationswissenschaft beschäftigt sich mit den Phänomenen der **Kommunikation** als einer Form des **„sozialen Handelns“** (Burkart, 2019, S. 25–28), wobei die massenmedial vermittelte, also öffentliche Kommunikation – so die mehrheitliche Auffassung der Fachvertreter – im Mittelpunkt steht. Dabei ist zu berücksichtigen, dass das Fach in verschiedenen Ländern verschiedene Institutionalisierungen erfahren hat und sich unterschiedliche Schwerpunkte gebildet haben. Die Problematik des fachlichen Selbstverständnisses beginnt bei seinem konstitutiven Begriff, von dem unzählige Definitionen existieren.

Kommunikation kann mit Gerhard Maletzke (1963, vgl. dazu Burkart, 2019, S. 21–23) als „Bedeutungsvermittlung zwischen Lebewesen“ begriffen werden. Mit dieser Definition ist zum einen bereits gesagt, dass in unserer Wissenschaft Kommunikationsprozesse zwischen „Nicht-Lebewesen“ (wie bspw. datenverarbeitenden Maschinen) ausgeklammert werden. Zum anderen wird damit auf den „sozialen“ Aspekt von Kommunikation verwiesen: Ein Kommunikationsprozess benötigt stets (mindestens) zwei Partner.

Handeln bezeichnet die Fähigkeit von Menschen, bewusst und absichtsvoll Ziele zu verfolgen. Der wesentliche Unterschied zwischen Mensch und Tier besteht gemäß dieser Perspektive in der Instinktgebundenheit tierischen Verhaltens und in der – relativen – Instinkt*un*gebundenheit menschlichen Handelns. Der Begriff des **„sozialen Handelns“** meint, dass sich das Handeln in seinem Ablauf an der Existenz bzw. am Handeln anderer Personen orientiert – m. a. W. „der Andere“ (lat. *socius* = der Gefährte) ist in der Vorstellung des Handelnden (mental) stets präsent. Spätestens seit Max Weber ist der Begriff des „sozialen Handelns" ein zentraler Begriff der Soziologie. Gleichsam in Entsprechung dazu ist der Begriff des „kommunikativen Handelns" ein zentraler Begriff der Kommunikationswissenschaft (vgl. dazu Burkart, 2019, S. 25–33).

Die für den deutschsprachigen Raum maßgebliche „Deutsche Gesellschaft für Publizistik- und Kommunikationswissenschaft" (DGPuK) definiert den Gegenstandsbereich der Kommunikationswissenschaft in ihrem Selbstverständnispapier wie folgt:

> Die Kommunikations- und Medienwissenschaft beschäftigt sich mit den sozialen Bedingungen, Folgen und Bedeutungen von medialer, öffentlicher und interpersonaler Kommunikation. Der herausragende Stellenwert, den Kommunikation und Medien in der Gesellschaft haben, begründet die Relevanz des Fachs.
>
> Die Kommunikations- und Medienwissenschaft versteht sich als theoretisch und empirisch arbeitende Sozialwissenschaft mit interdisziplinären Bezügen. Sie leistet Grundlagenforschung zur Aufklärung der Gesellschaft, trägt zur Lösung von Problemen der Kommunikationspraxis durch angewandte Forschung bei und erbringt Ausbildungsleistungen für eine seit Jahren dynamisch wachsende Medien- und Kommunikationsbranche. Geschichte, Gegenwart und Zukunft der gesellschaftlichen Medien- und Kommunikationsverhältnisse stehen im Mittelpunkt von Forschung und Lehre.
>
> Forschung und Lehre in der Kommunikations- und Medienwissenschaft verändern sich, da sich Kommunikation, Medien und Gesellschaft durch Digitalisierung, Globalisierung, Individualisierung, Mediatisierung und Ökonomisierung wandeln. Vor diesem Hintergrund hat sich die DGPuK, die Fachgesellschaft der Kommunikations- und Medienwissenschaft, auf Eckpunkte für ein Selbstverständnis des Faches geeinigt.
>
> Diese Eckpunkte sind weit ausgelegt, denn eine Fachgesellschaft sollte die Vielfalt der Fachgemeinschaft widerspiegeln. Das Selbstverständnis der Fachgemeinschaft bildet einen weiten Rahmen. Einzelne Lehr- und Forschungseinrichtungen können und sollen ein spezifisches Profil ausbilden und kommunizieren, auch um ihren verschiedenen Anspruchsgruppen eine klare Orientierung geben zu können. (DGPuK, 2008)

Aber auch diese Definition wird von unterschiedlichen Seiten kritisiert, etwa mit Blick auf die Nichteinbeziehung der direkten Kommunikation. So plädiert Hipfl dafür, dass sich die PKW nicht auf die indirekte, medial vermittelte Kommunikation beschränken soll, sondern

„auch tatsächlich Kommunikation als Ausgangspunkt ihrer Untersuchungen und Analysen" (Hipfl, 2002, S. 13) nehmen soll. Allerdings hat Rühl in diesem Zusammenhang schon längst deutlich gemacht, dass mit dieser fraglos richtigen Hinwendung zum Kommunikationsprozess keineswegs der Anspruch verbunden sein kann, für jedwede Problematik aus dem Bereich der Humankommunikation zuständig zu sein (vgl. Rühl, 1985). Das erinnert ein wenig an den Wiener Ordinarius der 1970er-Jahre Kurt Paupiè, der die Publizistikwissenschaft selbstkritisch als „Bisserl-Wissenschaft" bezeichnet hat und damit auf die Notwendigkeit verwies, sich auf ausgewählte Forschungsbereiche zu konzentrieren.[4]

Wie stark sich die Dynamiken der gesellschaftlichen Entwicklungen auf das Fach der Publizistik- und Kommunikationswissenschaft selbst ausgewirkt haben, wird deutlich, wenn man sieht, welche unterschiedlichen Fachgruppen sich mittlerweile in der DGPuK etabliert haben: Digitale Kommunikation; Gesundheitskommunikation; Internationale und interkulturelle Kommunikation; Journalistik/Journalismusforschung; Kommunikation und Politik; Kommunikations- und Medienethik; Kommunikationsgeschichte; Medien, Öffentlichkeit und Geschlecht; Medienökonomie; Medienpädagogik; Mediensport und Sportkommunikation; Mediensprache – Mediendiskurse; Methoden der Publizistik- und Kommunikationswissenschaft; PR- und Organisationskommunikation; Rezeptions- und Wirkungsforschung; Soziologie der Medienkommunikation; Visuelle Kommunikation; Werbekommunikation und Wissenschaftskommunikation (vgl. DGPuK, 2021). Diese Auflistung zeigt deutlich, wie die Publizistik- und Kommunikationswissenschaft auf die gesellschaftlichen Herausforderungen reagiert hat.

4 Quelle: Persönliche Mitteilung von Prof. Dr. Roland Burkart. Mit der Bezeichnung „ein bisserl" (Wienerisch für „ein wenig") erwies sich Paupiè als Visionär in einem doppelten Sinn: Einerseits erkannte er die damals aufkeimende Diskussion um Inter- und Transdisziplinarität von (insbesondere: Sozial-)Wissenschaften und andererseits richtete er seinen Blick mit dieser Etikettierung auf die ebenfalls zu dieser Zeit stattfindende Auseinandersetzung über unterschiedliche Wissenschaftsbegriffe – speziell in den Natur- und Geisteswissenschaften – und die damit jeweils präferierten methodischen (quantitativen sowie qualitativen) Vorgehensweisen.

3.2 Facetten der PKW

Wie weiter oben erwähnt, kann der Gegenstand der Publizistik- und Kommunikationswissenschaft über ihr Materialobjekt und über ihr Formalobjekt bestimmt werden. **Materialobjekte** sind die einzelnen Mediengattungen (bspw. Print, Audiovisuell, Online), Gespräche zwischen Menschen („Kommunikationsakte") sowie institutionalisierte kommunikative Handlungen wie der Journalismus. **Formalobjekte** zeichnen sich dagegen dadurch aus, dass man die Materialobjekte aus einem bestimmten Blickwinkel/einer bestimmten Perspektive heraus betrachtet – also ob Kommunikationsprozesse bspw. für die Öffentlichkeit bestimmt sind, ob sie beeinflussen wollen, ob sie Objektivität für sich beanspruchen usw. (vgl. dazu Bonfadelli et al., 2010, S. 7–8).

Tab. 2: Facetten der (Massen-)Kommunikations-, Medien- und Publizistikwissenschaft

Materialobjekte	Einzelne Medien Presse, TV, Radio etc.	Kommunikationsakte interpersonale vs. Massenkommunikation		Institution „Journalismus"	
Formalobjekte	alle Kommunikationsprozesse	für die Öffentlichkeit bestimmte Aussagen	durch Medien hergestellte Öffentlichkeit		
Analyse-Ebenen	Akteure (mikro)	Organisationen (meso)	Gesellschaft (makro)		
Methodische Zugriffe	quantifizierende sozialwissenschaftliche Methoden		qualitative phänomenologisch-hermeneutische Verfahren		
Fachbezeichnungen	Publizistik-Wissenschaft	(Massen-)Kommunikationswissenschaft	Medienwissenschaft	Journalistik	Medien-Psychologie, Medien-Soziologie etc.

Quelle: Bonfadelli et al., 2010, S. 8.

3.3 Die „Lasswell-Formel" – eine „klassische" Differenzierung der PKW

Neben der Einteilung in Formal- und Materialobjekte kann man die Kommunikationswissenschaft auch ganz grob entlang der sog. „Lasswell-Formel" (Harold Lasswell, 1948, vgl. dazu Burkart, 2019, S. 419–421) in bestimmte Forschungsfelder einteilen, wobei man diese Formel als Orientierungshilfe und nicht als letztgültige Abgrenzung und Eingrenzung des Faches sehen darf. Sie lautet: „Who says what in which channel to whom with what effect?" – und ist vermutlich der meistzitierte (Frage-)Satz aus unserer Fachtradition. Die Frage bezieht sich auf die Struktur der (öffentlichen) Kommunikationsprozesse:

Who	–	Kommunikator
says what	–	Inhalt; Aussage
in which channel	–	Medium
to whom	–	Rezipient
with what effect	–	Wirkung

- Kommunikator – **Kommunikatorforschung**
  Hier stehen die Medienschaffenden (Akteure) in ihrem engeren oder weiteren Berufsfeld im Mittelpunkt (Vertreterinnen von Journalismus, Public Relations, Werbung), es geht zentral um Prozesse der Produktion von Medienbotschaften. Kommunikatoren können bspw. Parteien, Verbände, Kirchen, Unternehmen etc. sein.
- Inhalt; Aussage – **Medieninhalts- bzw. Aussageforschung**
  In diesem Bereich interessieren vor allem die durch Massenmedien in Form von manifesten und latenten Aussagen produzierten Medienrealitäten (Kommunikate).
- Medium – **Medienforschung**
  Hier werden die vielfältigen Organisationen des Mediensystems, die Strukturen im Mediensystem und deren Entwicklung untersucht. Dazu gehören auch die formalen Angebotsweisen sowie die technisch bedingten Eigengesetzlichkeiten und Funktionsweisen.
- Rezipient – **Nutzungsforschung**
  Unter Rezipienten versteht man die Leser, Hörer und Seher von Medien, also die verschiedenen Publika. Die Publika der Massenmedien, ihre Strukturen und Muster der Mediennutzung und die dahinter stehenden Wünsche und Erwartungen (Motivations- und Gratifikationsforschung) stehen hier im Vordergrund des wissenschaftlichen Interesses.
- Wirkung – **Wirkungsforschung**
  Von Interesse sind hierbei die individuellen und sozialen, intendierten und zufälligen, kurz- wie langfristigen, sozial erwünschten, aber auch schädlichen Effekte der Massenmedien auf Wissen, Einstellungen, Emotionen und Verhaltensweisen. Es geht also um die kurz- und langfristigen Folgen der Medienzuwendung für den Menschen und die Gesellschaft (bspw. psychologische Einstellungsforschung, soziologische Diffusionsforschung).

Dabei ist allerdings zu berücksichtigen, dass sich eben nicht alle kommunikationswissenschaftlich relevanten Forschungsinteressen in diesem Modell unterbringen lassen: So ist bspw. die Frage nach dem **Warum** nicht gestellt, d. h., dass Motive und Interessen der am Kommunikationsprozess Beteiligten keine Berücksichtigung finden, und ebenso wird hier die Reziprozität, also der interaktive Charakter, ausgeblendet. Kommunikation ist keine „Einbahnstraße“, d. h., man darf sich diesen Prozess niemals nur einseitig von A nach B (von Sender zu Empfänger) ablaufend vorstellen (vgl. dazu Burkart, 2019, S. 420–422). Dies wurde jedenfalls lange Zeit (falsch) mit Blick auf die „legendäre“ Lasswell-Formel unreflektiert unterstellt. Bisweilen geschieht dies auch heute noch.

Darüber hinausgehend stellen auch die politischen und rechtlichen Rahmenbedingungen, innerhalb derer sich Massenkommunikation abspielt, sowie die ökonomischen Voraussetzungen und die medientechnologische Basis einen Gegenstand der Forschung dar.

3.4 Teildisziplinen und Praxisbereiche der PKW

Von den Forschungsfeldern zu unterscheiden sind die sog. **Teildisziplinen** der Kommunikationswissenschaft (vgl. Langenbucher, 1994):

- Kommunikationstheorie
- Methoden der Kommunikationsforschung
- Medienlehre und Medienkunde
- Kommunikations- und Mediengeschichte
- Kommunikations- und Medienpolitik
- Kommunikations- und Medienökonomie
- Kommunikations- und Medienpraxis

Diese klassische Unterteilung wird zeitgemäß ergänzt durch Kommunikations- und Medienpsychologie, Kommunikations- und Medienethik, Medienpädagogik und Kommunikationssoziologie.

Hier zeigt sich auch ganz deutlich die Interdisziplinarität der Publizistik- und Kommunikationswissenschaft. Die Kommunikationswissenschaft versteht sich als eine interdisziplinäre Sozialwissenschaft, d. h., es ist kaum möglich, sie begrifflich und vom Objektbereich her von anderen Wissenschaften abzutrennen. Fragestellungen reichen in andere verwandte Wissenschaften hinüber: Im engsten Kreise der Verwandtschaft stehen Soziologie, Psychologie und Politikwissenschaft, aber auch die Wirtschaftswissenschaften, die Geschichtswissenschaft, Pädagogik, Sprachwissenschaft bis hin zur Rechtswissenschaft teilen mit ihr Forschungsgebiete. Dieser Umstand wird im Allgemeinen als positiv befruchtend aufgefasst, weil er erlaubt, bei der Erforschung der kommunikativen Realität verschiedenste Perspektiven einzunehmen.

> Die Allgegenwart medialer Kommunikation ermöglicht vielfältige Beziehungen zu anderen wissenschaftlichen Disziplinen. Besonders enge Kooperationsbeziehungen bestehen zu Fächern, mit denen die Kommunikations- und Medienwissenschaft gemeinsame Forschungsfelder oder Studiengänge ausgebildet hat. Beispiele für Forschungsfelder sind Kommunikations- und Medienethik, Kommunikationspolitik, Mediengeschichte, Medienlinguistik, Medienökonomie, Medienpädagogik, Medienpsychologie, Medienrecht, Mediensoziologie und Medientechnologie, politische Kommunikationsforschung und visuelle Kommunikation; von großer Bedeutung ist auch die Kooperation mit der geisteswissenschaftlich orientierten Medienwissenschaft. In allen diesen Bereichen findet ein erfolgreicher Austausch auf theoretischer und empirischer Ebene statt. Die Kommunikations- und Medienwissenschaft greift in Forschung und Lehre gesellschaftliche Wandlungsprozesse auf. Zentrale Stichworte sind hier Digitalisierung, Globalisierung, Individualisierung, Mediatisierung und Ökonomisierung. (DGPuK, 2008)

3.5 Generelle wissenschaftstheoretische Positionen mit Fokus auf die Sozialwissenschaften

3.5.1 Wissenschaftstheoretische Blitzlichter

Wissenschaftstheorie ist ganz basal formuliert die Wissenschaft von der Wissenschaft in all ihren Ausformungen und Facetten. Wissenschaft bedeutet, dass die Frage nach dem Warum gestellt wird, es ist das systematische und methodische Weiterfragen, und dies seit der klassischen griechischen Antike, der Geburtsstätte „unserer abendländischen rationalen Kultur“ (Poser, 2001, S. 11). Das Aufgabenverständnis der Wissenschaftstheorie kann dahingehend beschrieben werden, dass es um die Aufklärung über Wissenschaft geht, nämlich „über die Bedingungen ihres Funktionierens, ihrer Stagnation, Degeneration und Progression. […] Sie ist keine Metatheorie, keine Überwissenschaft, keine Methodologie a priori“ (Fischer, 1995, S. 254).

Dies führt in weiterer Folge dazu, dass man sich mit Fragen der Erkenntnis auseinandersetzen muss. Denn Wissenschaftstheorie ist immer auch ein Teil der Erkenntnistheorie, auch wenn Fragestellungen nach Erkenntnis viel weiter zurückgehen als Fragen der Wissenschaft selbst.

Das Ziel der Wissenschaft ist es, Erkenntnis zu gewinnen. Wie man zu Erkenntnissen gelangt, wird in der Wissenschaftstheorie intensiv diskutiert, es gibt dazu unterschiedliche Zugänge und Vorstellungen.

Nur um zu illustrieren, wie sich wissenschaftstheoretisches Denken entwickelt hat und wie lange es die Beschäftigung mit derartigen Fragen schon gibt, soll auf die drei großen Denker Griechenlands verwiesen werden: Sokrates, Platon und Aristoteles, wobei „von denen der Jüngere jeweils der Schüler des Älteren war" (Störig, 1999, S. 137). Diese Zeitspanne (Philosophie der Antike) war prägend für die gesamte philosophische Entwicklung, da sowohl Logik, Metaphysik, Ethik, Natur- und Gesellschaftspolitik, Ästhetik und Pädagogik (vgl. Störig, 1999) ausgebildet wurden. Diese Bereiche bilden das Fundament, auf dem auch heute noch die unterschiedlichen Wissenschaften aufbauen, ihre unterschiedlichen Entwicklungen beeinflussen unser heutiges Wissenschaftsverständnis.

Platon geht davon aus, dass Erkenntnis durch Begriffe erzielt wird, aber nicht durch Wahrnehmung. Aristoteles hingegen geht davon aus, dass Menschen von sich aus nach Wissen („theoretische Neugier") und damit nach Erfahrung streben. Bereits Aristoteles suchte nach sicheren Begründungen: „Er geht von der Welt unserer Erfahrungen aus, vom gesunden Menschenverstand und nicht von kühnen Thesen" (Hauk, 2003, S. 80). Mit Aristoteles kann der Beginn der Verwissenschaftlichung der Welt angesetzt werden (vgl. Störig, 1999).

Ausgehend von diesen sehr frühen, aber sehr grundsätzlichen Auseinandersetzungen haben sich zahlreiche Wissenschaftsströmungen entwickelt: Positivismus, Empirismus, Rationalismus, Logischer Empirismus/Logischer Positivismus, Kritischer Rationalismus, Kritische Theorie, Grounded Theory. Auf diese Strömungen soll an dieser Stelle nicht im Detail eingegangen werden, es sollen nur ein paar grundlegende Fakten festgehalten werden: Es gibt nicht *das eine* Konzept, das Erkenntnis- und Wissenschaftstheorie darstellt, sondern nur mehrere Zugänge und Ansichten dazu. Das Verständnis von Wissen und wie es erzeugt wird, ist auch immer geprägt von den gesellschaftlichen und politischen Rahmenbedingungen. Aus diesem Grund haben sich eben die verschiedenen Strömungen entwickelt, die verschiedene Begründungen für Erkenntnis und Theorie anführen (vgl. dazu bspw. Lauth & Sareiter, 2005; Schülein & Reitze, 2021; Steininger & Hummel, 2015).

Im Kern drehen sich die zentralen – und hart diskutierten – *Unterschiede aller wissenschaftstheoretischen Positionen* um die Frage, *wie und unter welchen Bedingungen Erkenntnis erlangt werden kann*. Die Grundfrage ist also, ob Erkenntnis durch Erfahrung, also durch Wahrnehmungen erlangt werden kann (Empirismus) oder ob die Quelle der Erkenntnis der Verstand ist (Rationalismus), die Erkenntnis also auf Sätzen gründet, deren Wahrheit im Lichte der Vernunft „selbstevident“ sind.

In einer sehr (!) reduzierten Beschreibung basiert der **Empirismus** auf der Annahme, dass jede Erkenntnis und alles Wissen über die Welt nur durch die innere oder äußere Empfindung/Wahrnehmung/Erfahrung möglich ist. Alles Wissen entsteht damit erst durch die Erfahrung. Sinneserfahrung und Beobachtung gelten als Erkenntnisquelle. Im **Rationalismus** ist die „Ratio“, sind das Denken und die Vernunft die einzige oder wichtigste Erkenntnisquelle. Aus diesen Zugängen leiten sich auch die „klassischen Vorgänge“ für die Begründung und Überprüfung von Hypothesen/Theorien ab: die axiomatische Wissenschaft und die empirische Wissenschaft.

Die axiomatische Wissenschaft folgt dem Konzept einer nicht-empirischen (erfahrungsunabhängigen) Begründung der wissenschaftlichen Erkenntnis (v.a. in Mathematik und Naturwissenschaft), die Erkenntnis folgt aus logischen Folgerungen, dies erfordert formale Logik. Der zentrale Begriff der formalen Logik ist dabei die logische Folgerung (Deduktion). In der axiomatischen Theorie gibt es eine Liste von Axiomen, das sind grundlegende Annahmen der Theorie über den jeweiligen Geltungsbereich. Aus diesen Axiomen können alle anderen Aussagen der Theorie als logische Deduktion abgeleitet werden. Diese Aussagen sind Theoreme. Die Gültigkeit der Theoreme ist sichergestellt, vorausgesetzt, die Axiome sind korrekt. Die Verifikation der Axiome erfolgt nicht durch formallogische Vorgänge, sondern durch die Berufung auf unmittelbare Evidenz oder auf Erfahrung und Experiment. Das (große) Problem dabei ist: Axiome sind letztlich Basissätze, die nur per Konsens, damit letztlich dogmatisch begründet werden (aber weder induktiv noch deduktiv). Die empirische Wissenschaft folgt dem Modell einer empirischen Begründung und Überprüfung von wissenschaftlichen Theorien. Die Zuschreibung von Wahrheitswerten zu den Axiomen einer wissenschaftlichen Theorie erfolgt auf empirischer Basis, also auf Grundlage von Beobachtungen, Messungen, Experimenten, die Axiome sollen durch Induktion begründet werden, also durch eine induktive Verallgemeinerung von empirischen Befunden (vgl. Lauth & Sareiter, 2005, S. 18–20).

Beide Strömungen haben zahlreiche Befürworter und Kritiker gefunden, die Diskussion wurde im 20. Jahrhundert noch durch eine große Frage erweitert: Sind naturwissenschaftliche Methodenideale auf die Methoden der Sozialwissenschaften übertragbar? Können absolute, unbeeinflusste Fragen gestellt und derartige Aussagen getroffen werden? Dabei geht es im Kern um den Einfluss von Werten, d.h. von persönlichen Meinungen, politischen Anschauungen etc., auf die wissenschaftliche Arbeit. Daraus entwickelten sich wirkungsmächtige Diskurse: der sog. **Positivismusstreit** und die **Werturteilsproblematik**.

Der **Positivismusstreit** wird den beiden damals wie heute herausragenden Theoretikern Theodor W. Adorno und Karl Popper zugeschrieben, schreibt sich de facto aber bereits seit über hundert Jahren durch die sozialwissenschaftliche Debatte fort. In dieser Auseinandersetzung, die zwischen Karl Popper, Vertreter des Kritischen Rationalismus, und Theodor W. Adorno, Vertreter der Kritischen Theorie der Frankfurter Schule, in den 1960er-Jahren ausgetragen wurde, ging es um die Zielsetzungen und das Methodenverständnis der Sozialwissenschaften. Für Popper hatte die Theorie zwar einen wichtigen Stellenwert, aber er war der Meinung, dass mit den Methoden der Naturwissenschaften gesellschaftliche Probleme untersucht werden können, um Problemlösungen zu finden. Adorno plädierte für die Veränderung der gesamten gesellschaftlichen Verhältnisse („Totalität der Gesellschaft"), denn jede Beobachtung der Gesellschaft sei von der Forscherperspektive beeinflusst. Auch Popper war klar, dass werturteilsfreie Wissenschaft nicht möglich ist, da Forscher nicht unvoreingenommen sind, aber durch das Falsifikationsprinzip könnten – so Popper – bestehende Ergebnisse immer wieder in Frage gestellt und es könnte somit die Wirklichkeit/Realität besser verstanden werden.

Bei der **Werturteilsproblematik**, einer Diskussion, die zu Beginn des 20. Jahrhunderts in Deutschland intensiv geführt wurde, ging es darum, inwieweit persönliche Wertvorstellungen und politische Einstellungen die wissenschaftliche Arbeit beeinflussen. Max Weber versuchte zwischen Tatsachen und Werturteilen zu unterscheiden, also zwischen Erfahrungswissen und Werturteil. Eine Tatsachenbehauptung „vermag niemanden zu lehren, was er *soll*, sondern nur, was er *kann* und – unter Umständen – was er *will*" (Weber, 1968, S. 6) und ist in diesem Sinne objektiv und wertfrei. Werturteile sind Aussagen, sind Soll-Sätze, die objektiv nicht begründbar sind, wie bspw.: Eine Sozialwissenschaftlerin sollte sich nicht an Spekulationen beteiligen.

In den Sozialwissenschaften werden zwei Positionen vertreten. Die eine, die mit Max Weber und auch Vertretern des Kritischen Rationalismus wie Karl Popper zu verbinden ist, tritt für das Postulat der Wertfreiheit ein. Die Vertreter der Kritischen Theorie, wie Theodor W. Adorno oder Jürgen Habermas, lehnen das Wertfreiheitspostulat ab, denn eine Kritik an der Gesellschaft sei ohne die Vermischung von Wert- und Sachaussagen grundsätzlich nicht möglich (vgl. Opp, 2014). Das Wertfreiheitspostulat von Opp lautet, dass ein Wissenschaftler deutlich machen soll, „welche Äußerungen Wertungen und welche seiner Äußerungen objektsprachliche, d. h. Sachaussagen sind“ (Opp, 2014, S. 242). In der Frage der Werturteilsproblematik ist wesentlich – so wie auch Opp (2014) argumentiert –, dass Sachaussagen und Werturteile voneinander zu trennen sind und dass es natürlich nicht möglich ist, dass Wissenschaft völlig frei von Werten ist.

3.5.2 Wissenschaftstheoretische Voraussetzungen in der PKW

Steininger und Hummel (2015, S. 38) systematisieren die Fragen der Wissenschaftstheorie in der Kommunikationswissenschaft und formulieren diesbezüglich folgende Einzelfragen, die leicht adaptiert so lauten:

- Welche Ziele gibt es?
- Wie wird Erkenntnis gewonnen?
- Welche Methoden können angewandt werden?
- Welche Merkmale und Voraussetzungen liegen vor?
- Wie wird Erkenntnis überprüft?
- Wie wird Erkenntnis systematisiert?

Daraus ableitend folgern die beiden Autoren, dass es notwendig sei, sich mit der Wissenschaftsgeschichte und Wissenschaftsforschung (Wissenschaftssoziologie) der Kommunikationswissenschaft zu befassen, und sie verweisen darauf, dass es eben „keine allumfassende wissenschaftstheoretische Theorie [gibt], die wir in Stellung bringen, es ist vielmehr ein Überblick über die Probleme des Erkennens und der Wissenschaft, der uns als Hintergrundfolie dient“ (Steininger & Hummel, 2015, S. 39–40).

Dennoch ist einer der wissenschaftstheoretischen Zugänge, der sich in der Kommunikationswissenschaft vor allem etabliert hat, der Kritische Rationalismus. „Theorien dürfen im Kritischen Rationalismus durchaus spekulativ sein, aber sie müssen sich an der empirischen Wirklichkeit messen lassen und dürfen nicht einfach ohne methodisch systematische Empirie diskutiert werden, sollen sie einen wissenschaftlichen Wert haben und über ihren spekulativen Charakter hinausweisen (vgl. Popper, 1995, S. 120)“ (Scholl, 2016, S. 92). Der Kritische Rationalismus ist der Rationalität verpflichtet und die vorläufige Bewährung oder Falsifikation von theoriegeleiteten Annahmen ist durch die Methode bedingt. Karl Popper gilt als Begründer des Kritischen Rationalismus, der von dem Modell des Falsifikationismus ausgeht. Dieses Modell besagt, dass es nicht um eine „kontinuierliche Anhäufung von Tatsachen und Gesetzen [geht], sondern durch die

Ersetzung schlechter Hypothesen durch bessere nähern wir uns nach Poppers ‚*Logik der Forschung*' der Wahrheit" (Fischer, 1995, S. 232) an.

Poppers *Logik der Forschung* (1973) zählt zu den wichtigsten wissenschaftstheoretischen Arbeiten des 20. Jahrhunderts. Der Kritische Rationalismus lässt sich als eine Philosophie beschreiben, „die das menschliche Mitwissen betont, die *Fehlbarkeit* in der menschlichen Erkenntnis. [...] Er [Popper] sah es als das Ziel der Wissenschaft an, zu immer besseren Theorien zu gelangen, die der Wahrheit immer näher kommen, die immer zutreffendere Darstellungen der objektiven Realität geben." (Gadenne, 2013, S. 125) Das Kernstück des Kritischen Rationalismus ist die Konzeption der Kritik. Ausgangspunkt jeglicher Forschung ist die problemorientierte Erkenntnissuche.

Wissenschaft ist die Suche nach **Wahrheit und Erkenntnis**. Theorien sind dabei „das Netz, das wir auswerfen, um ‚die Welt' einzufangen" (Popper, 1973, S. 31). Um Theorien empirisch überprüfen zu können, müssen diese in Hypothesen bzw. Gesetzesaussagen formuliert werden. Allaussagen können nach Popper nie verifiziert werden. Und Poser präzisiert: „Nicht nach Wahrheitsbeweisen ist in den Erfahrungswissenschaften zu suchen, denn diese sind dort grundsätzlich unmöglich; vielmehr müssen sogenannte Naturgesetze ausschließlich als Hypothesen betrachtet werden, die so lange beibehalten werden, als sie nicht falsifiziert sind." (Poser, 2001, S. 120)

Um das Gegenteil zu beweisen, ist ein einziges Beispiel ausreichend. Das dabei in der Literatur zitierte Lieblingsbeispiel ist das Schwanenbeispiel. Wenn die Hypothese lautet: „Alle Schwäne sind weiß", dann bedeutet dies, dass es logisch ist, dass es keine nicht-weißen Schwäne gibt. Jedoch gibt es in Australien schwarze Schwäne, sodass die Hypothese, dass alle Schwäne weiß sind, falsifiziert ist. Falsifizierbarkeit kann damit als „Abgrenzungskriterium zwischen Wissenschaft und Spekulation" (Steininger & Hummel, 2015, S. 71) benannt werden. Auch sind Entwicklungen nur dann möglich, wenn es nie absolute Gewissheit gibt – diese Annahme gehört zur Lehre des Fallibilismus. Nach Popper ist Erkenntnisfortschritt immer erst aus Versuch und Irrtum möglich. Wissen ist immer Vermutungswissen. Dabei geht Popper nicht von einem naiven Falsifikationismus aus, denn die falsifizierenden Befunde müssen methodisch gesichert sein, so etwa durch wiederholte Experimente oder durch die Kontrolle von möglichen Fehlerquellen (vgl. Gadenne, 2013, S. 135). Das Ziel eines jeden Wissenschaftlers sollte es laut Poppers *Logik der Forschung* sein, dass unablässig nach der Wahrheit gesucht wird (vgl. Popper, 1973).

3.5.3 Die kommunikationswissenschaftliche Fachgeschichte

Nach dem Zweiten Weltkrieg entwickelte sich die Kommunikationswissenschaft in den USA „unter den Titeln: *Communications, Communication Science, Study of Communication*, seltener *Communicology*" (Rühl, 2008, S. 13). Rühl zitiert in seinen Ausführungen dann Lasswell, der im Rahmen einer Festrede 1958 festhielt: „No change in the academic world has been more characteristic of the age than the discovery of communication as a field of research, teaching, and professional employment." (Lasswell, 1958, S. 245, zit. nach Rühl, 2008, S. 13) Dies zeigt bereits, welche Bedeutung dem Fach Kommunikationswissenschaft zugekommen ist.

An der Universität Erlangen-Nürnberg wurde 1964 der *kommunikations*wissenschaftliche Lehr- und Forschungsbetrieb aufgenommen. In ihrer Analyse der ersten beiden Jahrzehnte nach dem Zweiten Weltkrieg kommen Meyen & Löblich zu dem Schluss, dass sich die *Zeitungs- bzw. Publizistik*wissenschaft damals in einer Krise befunden habe (vgl. Meyen & Löblich, 2006).

Sie resümieren: „Die sozialwissenschaftlichen Ansätze, die am Ende der Weimarer Republik von zumeist jüngeren Forschern entwickelt worden waren, sind durch Emigration und durch die Annäherung der akademischen Disziplin Zeitungswissenschaft an die Propagandalehren der Nationalsozialisten verloren gegangen." (Meyen & Löblich, 2006, S. 10) Es wird deutlich, dass es eine kontinuierliche Entwicklung des Faches nicht gegeben hat.

Wie die Kommunikationswissenschaft als Fach begriffen werden kann, dazu gibt es divergierende Zugänge und kontroversielle Befunde. 1980 verweist Maletzke auf die historisch-hermeneutische, geisteswissenschaftliche Verortung der Kommunikationswissenschaft in Deutschland. Als bei näherer Betrachtung brüchig beschreiben Steininger & Hummel (2015) in Anlehnung an Maletzke die Beschaffenheit des Bodens der Kommunikationswissenschaft. Und sie zitieren dabei u. a. Schweiger et al. (2009), die konstatieren, dass die Selbstverständnisdebatten im Fach kontrovers geführt werden. Primär geht es um „die Begrifflichkeiten Sozialwissenschaft, Interdisziplinarität, Integrationswissenschaft und Unüberschaubarkeit der Disziplinen" (Steininger & Hummel, 2015, S. 5), wenn es um das Ringen um eine Fachidentität geht. Einerseits wird die Kommunikationswissenschaft als „interdisziplinär angelegtes Integrationsfach" (Steininger & Hummel, 2015, S. 6) beschrieben, Hepp sieht in dieser Definition allerdings eher eine „Proklamationsethik", da aus seiner Sicht die Kommunikationswissenschaft kontinuierlich an einer eigenständigen und transdisziplinär ausgerichteten Theoretisierung arbeiten müsste (vgl. Hepp, 2005, S. 6, zit. nach Steininger & Hummel, 2015, S. 6). Um die Entwicklung des Faches zu verstehen, ist es notwendig sich mit seiner Geschichte zu befassen. Wobei Fachgeschichte dabei weder eine Art Weltgericht ist noch bestimmte Rezepte vorzugeben hat. „Vielmehr soll sie das Reflexionsniveau hoch ansetzen, um die Grundlagen der fachlichen Tätigkeit angemessen in historischer Perspektive zu erörtern." (Bohrmann, 2005, S. 179)

Für die Auseinandersetzung mit der Fachgeschichte können aktuell unterschiedliche Initiativen beobachtet werden, wie Averbeck-Lietz & Löblich (2017) in ihrem Sammelband über Kommunikationswissenschaft im internationalen Vergleich schreiben. Das Interesse für die institutionelle Absicherung des Faches ist gestiegen, sowohl auf Jahrestagungen der Deutschen Gesellschaft für Publizistik- und Kommunikationswissenschaft (DGPuK) als auch auf europäischer und internationaler Ebene werden dafür unterschiedliche Aktivitäten unternommen. „Diese Geschichtsschreibung erfolgt bisher allerdings weitgehend unsystematisch, aufgehängt an oft eher zufällig rekrutierten Einzelstudien und bei knappen Ressourcen – was indes miteinander zusammenhängt" (Averbeck-Lietz & Löblich, 2017, S. 3). Um kurz darauf zu verweisen, was es bedeutet, die unterschiedlichen kommunikationswissenschaftlichen Traditionen miteinander zu vergleichen, soll zur Illustration ein Überblick über Modelle kommunikationswissenschaftlicher Forschung gegeben werden:

- „German Model": publizistikwissenschaftlich – politische Kommunikation
- „French Model": semiotisch-linguistisch – Mediensemiotik und -kultur, interpersonale Kommunikation
- „British Model": kulturwissenschaftlich – Medienaneignungsprozesse
- „Euro-American Model": sozialwissenschaftlich-interdisziplinär, integrative Forschungsgegenstände

(vgl. Averbeck-Lietz & Löblich, 2017, S. 13)

Diese Übersicht verdeutlicht die unterschiedlichen internationalen Wissenschaftskulturen sehr gut und wie diese die jeweiligen kommunikationswissenschaftlichen Ausrichtungen geprägt haben. Über alle unterschiedlichen kommunikationswissenschaftlichen Fokussierungen hinweg kann als gemeinsamer Nenner die Institutionalisierung der Medienberufe, vor allem der Journalistenausbildung, „die Verbindung von Markt und Medien, den entsprechenden technologischen Innovationen, ihrem sozioökonomischen Wandel und ihrer politischen Regulierung" (Averbeck-Lietz & Löblich, 2017, S. 14) festgemacht werden.

Besonders großes Interesse sowohl der Kommunikationswissenschaftlerinnen als auch der Öffentlichkeit besteht immer an den „Wirkungen“ von Medien. Daher werden an dieser Stelle Klassiker „der Medienwirkungen“ kurz vorgestellt und besprochen:

3.5.4 Wiener RAVAG-Studie. Von Paul F. Lazarsfeld (1932)

Paul F. Lazarsfeld hat bereits 1932 eine Hörerstudie für die RAVAG (Österreichische Radio-Verkehrs-A. G., Vorgängerin des ORF) durchgeführt. Das 52-seitige Manuskript galt jahrzehntelang als verschollen und der Herausgeber Desmond Mark schreibt, dass die Publikation „eine österreichische Pionierarbeit der Rundfunkforschung [ist], die als die Geburtsstunde der modernen Mediennutzungs- und Medienwirkungsforschung bezeichnet wurde“, und weiter: „Die vermutete historische Priorität der Wiener empirischen Medienforschung wird durch eine Analyse der internationalen Rundfunkliteratur der dreißiger Jahre bestätigt.“ (Mark, 1996, S. 102) Interessant ist dabei, dass auch methodische Bezüge zwischen der RAVAG-Studie und der Marienthal-Studie (siehe Kap. 3.5), die beide in den 1930er-Jahren durchgeführt wurden, festgestellt werden konnten. In der Befragung ließen die Hörerinnen und Hörer der RAVAG ihre Programmwünsche zukommen, die nach bestimmten Kriterien – wie nach den soziodemographischen Daten Wohnort, Beruf, Alter, Geschlecht – ausgewertet wurden.

Lazarsfelds damaliger Mitarbeiter Paul Neurath schreibt dazu: „Das war sozusagen der eigentliche Moment, in dem die Forschungsrichtung der Wiener RAVAG-Studie von 1932, mit ihrem Schwergewicht auf der Differenzierung von Hörerpräferenzen nach sozialer Schichtung usw., die zukünftige Ausrichtung der amerikanischen Hörer- und im weiteren Verlauf der öffentlichen Meinungsforschung entscheidend beeinflussen sollte. Daß diese Forschungsrichtung sich dann von Amerika aus erst in Europa und schließlich auf der ganzen Welt verbreitete, führte dazu, wie Lazarsfeld Jahrzehnte später einmal als eine Art Kuriosum anmerkte, daß diese ursprünglich österreichische Forschungsrichtung nun in aller Welt, und auch in Österreich als ‚typisch amerikanisch‘ galt und zum Teil bis heute noch gilt.“ (Neurath, 1996, S. 19) In den USA war Lazarsfeld Direktor des Princeton Radio Projects und er war u. a. als Professor an der Columbia University in New York City tätig. Zahlreiche Studien zur Radioforschung wurden von ihm und seinen Mitarbeitern durchgeführt.

3.5.5 The People's Choice. How the Voter Makes Up His Mind in a Presidental Campaign. Von Paul F. Lazarsfeld, Bernard Berelson und Hazel Gaudet (1944)

Einen weiteren wichtigen Schritt in der kommunikationswissenschaftlichen Forschung setzte Lazarsfeld mit der Studie „The People's Choice" (1944). In dieser Studie wurde von Lazarsfeld et al. der US-amerikanische Wahlkampf im Jahr 1940 untersucht. Im Mittelpunkt der Studie stand die Fragestellung, wie individuelle Wahlentscheidungen zustande kommen und welchen Einfluss dabei unterschiedliche Quellen wie Medien haben. Für die damalige Zeit wurde ein Methodendesign eingesetzt, das revolutionär war: Es wurden Paneldesigns verwendet, d. h., die gleichen potenziellen Wähler wurden über einen längeren Zeitraum von Mai bis November 1940 in sieben Wellen mehrmals befragt.

„Die Studie begründet einen Meilenstein in der kommunikationswissenschaftlichen Forschung, da sie den Grundstein für einen Paradigmenwechsel legt, nämlich die Abkehr von der Annahme des Publikums als Masse, die den Einflüssen der Massenmedien ausgeliefert ist, hin zu den ‚limited effects' der Medien." (Taddicken, 2016, S. 25) Das in der Studie entwickelte Konzept „The people's choice" ist auch heute noch in der Kommunikationswissenschaft aktuell, wenn es um die „These der selektiven Zuwendung des Publikums zu Medieninhalten, um das Meinungsführerkonzept und um die These vom Zweistufenfluss der Kommunikation geht." (Taddicken, 2016, S. 25) Die empirische Arbeit ist auch als „Erie-County-Studie" bekannt – benannt nach der Erhebungsgegend, in der der Präsidentschaftswahlkampf zwischen dem republikanischen Kandidaten Willkie und dem demokratischen Kandidaten Roosevelt untersucht wurde.

Bei der Untersuchung wurden sowohl quantitative als auch qualitative Befragungsdesigns eingesetzt. Dazu wurden auch noch drei Kontrollgruppen eingerichtet, um Paneleffekte zu vermeiden. Taddicken resümiert die Bedeutung der Studie dahingehend, dass in der Untersuchung die „Idee der Massenkommunikation mit der interpersonalen Kommunikation [verbunden und] damit die Idee von ungefilterten und direkten Effekten von Medieninhalten auf Menschen in Frage" (Taddicken, 2016, S. 33) gestellt wurde.

Angesichts der Entwicklungen im Social Media-Bereich kann das Konzept der Meinungsführerschaft auch heute wieder als ein wichtiges theoretisches Bezugssystem in der kommunikationswissenschaftlichen Forschung genutzt werden.

3.5.6 The Invasion from Mars. A Study in the Psychology of Panic. Von Hadley Cantril unter der Mitarbeit von Hazel Gaudet und Herta Herzog (1940)

Eine weitere Studie, die in der Kommunikationswissenschaft und in der Öffentlichkeit eine intensive Rezeption erfahren hat, ist „The Invasion from Mars“ (1940). Ausgangspunkt dieser Studie bildete eine Ausstrahlung des Radiohörspiels „The War of the Worlds“ von Orson Welles zu Halloween 1938, das eine Adaption des gleichnamigen Romans von H. G. Wells (1898) war. Angeblich wurde durch das Hörspiel eine Massenpanik bei den Zuhörern hervorgerufen, da sie die Invasion der Marsmenschen, die dramaturgisch als Live-Reportage inszeniert wurde, für real hielten.

„In der Kommunikationswissenschaft oftmals unreflektiert als wissenschaftlicher Beweis für die angeblich starken Medienwirkungen ins Feld geführt, wirft die Studie jedoch ein differenziertes Licht auf die Ereignisse.“ (Herbers, 2016, S. 13) Paul Lazarsfeld war zunächst selbst in die Studie involviert, da er gemeinsam mit Frank Stanton, der eine Leitungsfunktion bei CBS innehatte, zum Studio fuhr, vor dem Journalisten, Polizei und Studiomitarbeiter versuchten, die Menschen zu beruhigen. Beide führten gemeinsam ad hoc eine Studie zur „Panik“ während der Sendezeit und danach durch. Die Daten wurden nicht veröffentlicht und sind noch heute bei CBS unter Verschluss, die Studie diente allerdings Hadley Cantril als Ausgangspunkt für seine eigene Untersuchung.[5]

Cantril, ein Psychologe, der im Bereich von Meinungs- und Umfrageforschung tätig war, beschäftigte sich vor allem mit den „individuellen Veränderungen in kognitiver und emotionaler Hinsicht, die sich aus der Rezeption des Hörspiels ergaben“ (Herbers, 2016, S. 16), weiter berücksichtigt wurden auch „die Handlungen, die im Anschluss oder während der Sendung von den Zuhörern durchgeführt wurden, inklusive intervenierender und kontextualisierender Variablen“ (Herbers, 2016, S. 16). Die Forschergruppe befasste sich mit der individuellen Panik und der kollektiven Panik, die zumindest im medialen Diskurs thematisiert wurde. Bei den Ergebnissen wurde deutlich, dass „das im Journalismus und in der Kommunikationswissenschaft perpetuierte Ergebnis einer kollektiven Panik in der Studie selbst nicht beschrieben wird“ (Herbers, 2016, S. 16). In der Untersuchung zeigen sich aber auch Defizite, die damit zusammenhängen, dass keine exakten Angaben über die Grundgesamtheit der Zuhörer gemacht werden konnten und die

5 Auf das angespannte Verhältnis zwischen Lazarsfeld und Cantril soll an dieser Stelle nicht näher eingegangen werden, sondern es sei auf den Beitrag von Martin R. Herbers (2016) verwiesen.

Frage, die an die Zuhörer gestellt wurde, lautete: „At the time you were listening, did you think this broadcast was a play or a real news report?“ (Herbers, 2016, S. 17) Es wird eben nicht danach gefragt, ob die Menschen in Panik verfielen, sondern ob sie das Hörspiel für real oder fiktional hielten. Die Studie, die in der Kommunikationswissenschaft eine zum Teil sehr unreflektierte Rezeption erfahren hat und vor allem „im Gedächtnis jedes Erstsemesters haften“ (Neuberger, 2009, S. 239) bleibt, hat überwiegend methodische Schwächen. Denn: „Viele der Befragten gaben an, die im Radio präsentierten Ergebnisse durch eigenständige Background-Checks überprüft zu haben [...]. Diese Handlungen sind in solchen (angenommenen) Krisensituationen nicht ungewöhnlich. Folgt man diesem Argument, so kann die Studie in gegenwärtigen, kommunikationswissenschaftlichen Kontexten weniger als ‚klassische‘ Wirkungsstudie verwendet werden, sondern als (historische) Beschreibung von Handlungen, die eine gewisse ‚public connectedness‘ (Couldry et al., 2007) in Zeiten der Krise ermöglichen.“ (Herbes, 2016, S. 21) Die Studie ist daher eher als eine Aneignungs- bzw. Rezeptionsstudie zu klassifizieren, die nicht als Grundlagenstudie für vermeintlich starke Medienwirkungen im Fach selbst rezipiert werden kann.

3.5.7 Torches of freedom. Von Edward Bernays (1929)

Als weiteres Beispiel soll auf „torches of freedom“ (1929) eingegangen werden, mit dem sehr gut illustriert werden kann, wie sich Öffentlichkeitsarbeit „um gesellschaftliche Einflussnahme bemüht“ (Becker, 2014, S. 108). Societal Relations bedeutet, dass „es um die Beziehungen (relations) des Unternehmens zur Öffentlichkeit“ (Becker, 2014, S. 108) geht. Societal Relations haben sich aus den Public Relations herausentwickelt. Als ein legendäres Beispiel dafür gelten die „torches of freedom“. Der PR-Pionier Edward Bernays (in Wien geborener Neffe von Sigmund Freud, dessen Eltern in die USA ausgewandert waren) hat versucht, psychologische Erkenntnisse für die PR-Arbeit zu nutzen. Sein Ansatz war, dass er PR-Arbeit in einem massenpsychologischen Kontext verortete und dabei „die Bedeutung unbewusster menschlicher Bedürfnisse“ (Lies, 2015, S. 184) betonte. In seinem Buch über *Propaganda* schrieb er: „Human desires are the steam which makes the social machine work. [...] Only by understanding them can the propagandist control that vast, loose-jointed mechanism which is modern society.“ (Bernays, 1928, S. 52–53)

1929 arbeitete Bernays für die American Tobacco Company, die damals zu einem der größten US-Unternehmen zählte. Um weitere Zielgruppen zu generieren, sollten Frauen zum Rauchen motiviert werden, denen es zur damaligen Zeit verboten war, in der Öffentlichkeit zu rauchen. Bernays entwickelte daraufhin eine Aktion mit dem Namen „torches of freedom". „Er engagierte Models, die während der Osterparade in New York öffentlich rauchten, [...]. Bernays ließ Fotos machen, verschickte sie weltweit und packte drumherum die Geschichte von den Fackeln der Freiheit: Frauen sollten sich emanzipieren und als Symbol ihrer Unabhängigkeit öffentlich rauchen. Jede Zigarette sei eine Fackel der Freiheit." (Becker, 2014, S. 109) Die Kampagne ging auf, überall in den USA wurde über die Aktion „torches of freedom" berichtet und der Anteil der an Frauen verkauften Zigaretten stieg von 5 % auf 12 % im Jahr 1929 und hatte 1933 einen Anteil von 18 %. Für PR- und Marketingexperten gilt diese Aktion als ein Meilenstein in der Geschichte der PR. Auch wenn dazu angemerkt werden muss, dass durch die gesellschaftlichen Entwicklungen – wie den Feminismus – der Anstieg der rauchenden Frauen kontinuierlich in den 1920er-Jahren angestiegen war – unabhängig von den PR-Aktivitäten von Edward Bernays. Dieser verstand es aber sehr gut die in der Gesellschaft vorherrschenden Trends und Erwartungen aufzugreifen und in Kampagnen umzusetzen.

3.5.8 Unterhaltungs-, Werbe- und Motivationsforschung. Von Herta Herzog

Herta Herzog gilt mit ihren Studien als Mitbegründerin der Uses-and-Gratifications-Forschung, d. h. der Untersuchung der Motive, warum sich Menschen bestimmten Medien und Inhalten zuwenden. Sie hat sich als eine der Ersten mit Unterhaltungssendungen und deren Bedeutung für die Rezipienten befasst. In „Professor Quiz – A Gratification Study" (1940) hat Herzog die in den USA damals sehr populäre Radiosendung „Prof. Quiz" untersucht, indem sie mit qualitativen Interviews die Zuhörer befragte und herausfinden konnte, dass diese aus verschiedenen Anreizen heraus die Sendung hörten. Für die empirische Untersuchung von Soap Operas „On Borrowed Experience. An Analysis of Listening to Daytime Sketches" (1941) führte Herzog 100 Intensivinterviews mit Frauen durch und konnte zeigen, dass die Soap Opera z. B. dazu genutzt wurde, um dem Alltag zu entfliehen oder sich einfach nur zu entspannen. Auch in ihrer Studie „What Do We Really Know About Daytime Serial Listeners?" (1944) wandte sich Herzog dem Publikum zu, da es nicht nur darum gehen könne, statistische Daten über die Mediennutzung zu sammeln, sondern: „We turn therefore to a summary of such studies which are concerned not with listener characteristiscs but with listeners' own reports of their listening experience" (Herzog, 1944, S. 23). Herzogs Verdienste bestehen vor allem darin, dass sie sich mit „populären Unterhaltungsprogrammen und deren HörerInnen“ (Klaus, 2008, S. 240) befasste, durch Intensivinterviews die Rezipienten selbst zu Wort kommen ließ und sich nicht nur auf quantitative Daten und große Stichproben verließ (vgl. Klaus, 2008, S. 240). Die daraus gewonnenen Erkenntnisse konnte Herzog ab 1943 bei der Anzeigenagentur McCann-Erickson weiter ausbauen, 1948 wurde sie Leiterin der McCann-Erickson Forschungsabteilung und etablierte in den 1950er-Jahren die Motivationsforschung in der Werbeforschung. „MarktforscherInnen benötigten ein dynamischeres Wissen über KonsumentInnen als es statistische Daten vermitteln“ (Klaus, 2008, S. 242). Durch den Einsatz von Tiefeninterviews sollten die Wünsche der Konsumenten ermittelt werden, d. h., es sollte nicht erforscht werden, was sie gekauft haben, sondern warum sie etwas gekauft haben. Das Vorgehen von Herta Herzog war multidimensional angelegt, zunächst wurden Zielgruppen- und Marktanalysen vorgenommen, daran anschließend wurden Tiefeninterviews und projektive Persönlichkeitstests mit den Konsumenten durchgeführt und in einem weiteren Schritt wurden Anzeigenentwürfe bei ihnen getestet. Mit ihren Studien lieferte Herzog wesentliche Beiträge für die Marktforschung, indem sie die Vermarktung von Produkten mit den Erwartungen, Wünschen und Lebenssituationen der Menschen in einen Zusammenhang setzte.

Viele Jahrzehnte später – Herta Herzog war von den USA nach Europa zurückgekehrt – wendete sie sich wieder der Unterhaltungsforschung zu. In ihrer Studie „Der Stich ins Böse: Dallas und Denver Clan: Garantiert anders als der Alltag“ (1990) wurden qualitative Interviews kombiniert mit einem projektiven Persönlichkeitstest durchgeführt und es wurde eruiert, welchen Stellenwert diese Serien im Leben der befragten Zuschauer einnahmen.

Herta Herzog hat mit ihrer Publikumsforschung einen wichtigen Beitrag für die Rezeptionsforschung geleistet, der in der Wissenschaft lange Zeit nicht ausreichend erkannt und gewürdigt wurde (vgl. Klaus, 2008). In der Marktforschung wurde Herzog zur „Gray Eminence of Market Research“ und sie wurde „in die ‚Hall of Fame‘ des *Market Research Council* aufgenommen“ (Klaus, 2008, S. 242). Ihre Ansätze über die Motive und Entscheidungen von Konsumenten haben auch heute noch in der Marktforschung große Bedeutung.

4 Forschungsprozess

Zu Beginn des Forschungsprozesses steht professionelle, wissenschaftliche Neugier: das „Wissen-Wollen". Wissenschaft wird spannend und interessant, weil man sich Gedanken zu bestimmten Themen macht, Zusammenhänge entdeckt oder eigene Erklärungen findet. Dieser Wunsch, etwas Neues wissen zu wollen, führt zum „Wissen-Schaffen". Das Schaffen von Wissen erfolgt nach bestimmten Regeln des Forschungsprozesses, häufig sogar nach recht strengen Regeln (bspw. Datenauswertung).

Mit diesen Abläufen beschäftigt sich das folgende Kapitel. Innerhalb dieser Abläufe benötigt es verschiedene Fertigkeiten und Fähigkeiten sowie Kompetenzen zur Erarbeitung des gewählten Themas bzw. Forschungsinteresses. Die einzelnen Schritte der Bearbeitung werden in den folgenden Unterkapiteln behandelt.

Vor diesen einzelnen Arbeitsschritten muss allerdings ein grundlegendes Thema der Forschungsabläufe thematisiert werden: die zwei Paradigmen der empirischen Sozialforschung.

Wissenschaftliche Forschung in den Sozialwissenschaften erfolgt üblicherweise innerhalb dieser zwei Paradigmen der empirischen Sozialforschung: der quantitativen und der qualitativen Forschung. Häufig werden die beiden Paradigmen einander streng gegenübergestellt und es wird häufig darüber diskutiert, welcher Zugang der bessere oder „der richtige" ist.

Es sei hier explizit festgehalten, dass die beiden Forschungszugänge unterschiedliche Dinge leisten können und somit nicht in einem hierarchischen Verhältnis zueinander stehen. Vielmehr bieten beide Zugänge verschiedene Möglichkeiten, Aussagen über die soziale Realität zu treffen – dies in unterschiedlicher Tiefe, unterschiedlicher Aussagekraft und mit unterschiedlichen Ansprüchen.

Die beiden Paradigmen sind von zentraler Bedeutung für verschiedene Aspekte des Forschungsprozesses, insb. sind sie relevant für die Bildung von Forschungsfragen und Hypothesen sowie die methodische Umsetzung des Forschungsvorhabens. Die Unterscheidung von qualitativer und quantitativer Forschung wird häufig „nur" mit der Methodenauswahl und dem Methodendesign in Zusammenhang gesetzt, sie ist aber viel weitreichender, da sie mit einem unterschiedlichen Forschungsanspruch verbunden ist.

Aus diesem Grund muss man sich ausführlich damit auseinandersetzen. Wichtig ist, sich nicht einem „(methodischen) Lager" zuzuordnen, sondern die Potenziale jedes Zugangs zu kennen und die jeweils dem Forschungsvorhaben adäquate Vorgehensweise zu wählen. Die zu starke Fixierung auf eine bestimmte (methodische) Vorgehensweise führt dazu, womöglich schon bevor man überhaupt Ziele definiert hat, nur bestimmte Aspekte des Forschungsproblems zu erkennen und sich selbst zu stark einzuschränken. (Als Forscherin muss man ohnehin das Arbeiten in beiden Paradigmen „draufhaben".) Zudem ist die Konzentration der Unterscheidung von qualitativem und quantitativem Paradigma auf die Methoden verkürzend.

4.1 Die zwei Paradigmen

Die zwei Paradigmen der empirischen Sozialforschung findet man in der Literatur auch häufig unter den Stichworten quantitative und qualitative Forschungsansätze bzw. deduktive und induktive Vorgehensweisen. Der zentrale Unterschied zwischen qualitativen und quantitativen Forschungsvorhaben liegt v. a. im unterschiedlichen Anspruch an die Forschung und die Ergebnisse der empirischen Untersuchung.

4.1.1 Quantitative und qualitative Forschung

Quantitative Forschung ist generalisierend und zielt (idealerweise) auf Gesetzmäßigkeiten ab. (Wobei diese in den Sozialwissenschaften aber quasi niemals erreichbar sind.) Anspruch solcher Forschungsvorhaben ist die Überprüfung und die (vorläufige) Bestätigung von vorhandenem Wissen, um damit das bestehende Wissen zu stärken und punktuell weiterzuentwickeln. Es gibt bereits zahlreiche Vorarbeiten, Forschungsansätze und Studienergebnisse, weshalb zu dem konkreten eigenen Forschungsinteresse also schon sehr viel Material vorhanden ist. Dieser Umstand ermöglicht es, dass man deduktiv vorgehen kann, man kann Forschungsfragen, Hypothesen, Operationalisierungen und Methodendesign aus diesem Bestand an Vorwissen ableiten.[6]

Unter der quantitativen Forschung ist jene Forschung zu verstehen, die Daten durch Messen und Zählen erfasst. Diese erfassten Daten wer-

6 All diese Begriffe werden in den folgenden Kapiteln ausführlich dargestellt.

den dann mittels statistischer Verfahren analysiert und aufbereitet. Grundsätzlich versteht man unter Messen Quantifizieren. Merkmale/ Eigenschaften werden von der Gesamtheit gelöst und bezüglich ihrer spezifischen Ausprägungen in Relation gesetzt (durch Zahlen oder Wörter wie größer/kleiner bzw. älter/jünger).

Die **qualitative Forschung** kann nicht auf einen so großen Bestand an Vorwissen zum konkreten Forschungsinteresse aufbauen. Der Anspruch an solche Forschungen ist es, gründlich zu verstehen, neue Zusammenhänge herzustellen und aus dem Einzelfall heraus auf größere Zusammenhänge zu schließen. Sie ist auf das gründliche Verstehen im kleinen Maßstab gerichtet.

Damit kann sie nicht (ausschließlich) deduktiv vorgehen, sondern arbeitet induktiv.

Qualitative Untersuchungen zielen nicht darauf ab, vorhandenes Wissen zu überprüfen, Daten standardisiert zu erheben und diese dann mittels statistischer Verfahren auszuwerten, sondern bspw. eine Typenbildung zu erarbeiten.

Es ist essenziell festzuhalten, dass sich qualitative und quantitative Vorgehen sinnvoll ergänzen; bei der dogmatischen (!) Unterscheidung von qualitativen und quantitativen Methoden handelt es sich um einen konstruierten Gegensatz, den bspw. in der US-amerikanischen scientific community niemand nachvollziehen kann. Sehr häufig finden sich somit auch Forschungsinteressen, die mit Aspekten sowohl der quantitativen als auch der qualitativen Methoden zu erarbeiten sind.

Tabelle 3 mit ihren Begriffspaaren zeigt einen guten Überblick über die Unterschiede der beiden Paradigmen und bezieht dabei methodische Aspekte bereits stark mit ein.

Tab. 3: Unterschiede der Methoden

Quantitatives Vorgehen	Qualitatives Vorgehen
lineare Forschungsstrategie	zirkuläre Forschungsstrategie
vorhandenes Wissen überprüfen und erklären	vorgefundene Phänomene (erstmalig) verstehen
deduktiv	induktiv
hypothesenprüfend	hypothesengenerierend
Stichproben	Einzelfall
Variablen messen	Variablen beschreiben

Quelle: Eigene Darstellung.

Ein **quantitatives Vorgehen** verfolgt eine lineare Forschungsstrategie, dabei soll vorhandenes Wissen überprüft und/oder erklärt werden. Da es bereits ausreichend Forschung zu diesem Thema und Forschungsinteresse gibt, kann deduktiv gearbeitet werden: Man kann also auf Vorhandenem aufbauen. (Ansonsten wäre eine Überprüfung des Wissens ja gar nicht möglich.) Es werden (geprägt durch die bereits existierenden Arbeiten zu diesem Thema) Hypothesen aufgestellt, die im Laufe der Arbeit geprüft werden („hypothesenprüfendes Arbeiten"). Für die methodische Umsetzung werden Stichproben aus der Grundgesamtheit gezogen, die interessierenden Variablen werden gemessen. Die Daten werden statistisch ausgewertet, es können daraus Rückschlüsse auf die Grundgesamtheit gezogen werden.

Ein **qualitatives Vorgehen** basiert auf einer zirkulären Forschungsstrategie, derartige Vorhaben sind durch Überarbeitungen auch der Vorgehensweise gekennzeichnet. Man kann sie nicht einfach linear „durchexerzieren". Im Vordergrund steht der Wunsch, in der sozialen Realität vorgefundene Phänomene erstmalig oder genauer zu verstehen. Zu diesen Aspekten gibt es noch nicht ausreichend Vorarbeiten, daher wird induktiv gearbeitet, also „aus dem vorgefundenen Material heraus". Daher können die Hypothesen auch erst nach der Durchführung der eigenen empirischen Forschung aufgestellt werden, es gibt ja noch zu wenig Material, auf dessen Basis sie für eine Überprüfung aufgestellt werden könnten („hypothesengenerierendes Arbeiten"). Für die methodische Umsetzung werden Einzelfälle herangezogen, die tiefere Einblicke in das interessierende Phänomen geben. Aus diesen kann aber nicht verlässlich auf die Grundgesamtheit geschlossen werden. Die Variablen werden daher genau beschrieben.

4.1.2 Induktion und Deduktion

Die Unterscheidung zwischen qualitativer und quantitativer Forschung beinhaltet auch die Unterscheidung zwischen einem induktiven und einem deduktiven Forschungsverlauf. Die Begriffe Induktion und Deduktion eignen sich auch sehr gut, um die grundlegenden Forschungszugänge zu verstehen.

Was bedeutet **Induktion**? Der Begriff kommt von lateinisch *inductio* (Hereinführung). Methodisch gesehen bedeutet es qualitativ, also hypothesen- und/oder theoriegenerierend zu arbeiten. Ein Gedanke vom Einzelwissen und vom speziellen Wissen führt zum allgemeinen Wissen. Das bedeutet, dass aus dem vorgefundenen Material heraus gearbeitet wird. Man widmet sich diesem Material sehr ausführlich und sucht nach den interessierenden Variablen. Man geht aber nicht mit aus der Literatur abgeleiteten Kategorien an diese Suche heran (zumindest nicht nur oder nur in groben Zügen), sondern sucht, was im Material selbst steckt. Dabei geht es v. a. um ein Beschreiben und Verdichten der aufgefundenen Variablen.

Was bedeutet **Deduktion**? Dieser Begriff leitet sich von lateinisch *deductio* (Hinwegführung) ab. Methodisch gesehen bedeutet es, quantitativ, also hypothesenprüfend zu arbeiten. Spezielle Erkenntnis wird aus allgemeinen Theorien gewonnen. Dies bedeutet, dass es zum gewählten Forschungsinteresse bereits eine Fülle an Material gibt. Auf dieses kann (muss!) aufgebaut werden, aus diesem werden jene Faktoren abgeleitet, die in der empirischen Untersuchung überprüft (und idealerweise) weiterentwickelt werden.

Kurz zusammenfassend kann also gesagt werden: Deduktion bedeutet das Schließen vom Allgemeinen auf das Besondere (den Einzelfall). Induktion hingegen bedeutet das Schließen vom Besonderen (dem Einzelfall) auf das Allgemeine.

Neben der „wahrheitsbewahrenden" (und deswegen sichereren, aber weniger innovativen) Deduktion und der potenziell „wahrheitserweiternden" (und deswegen weniger sicheren) Induktion gibt es eine weitere Form des Schließens: die Abduktion. Sie hat den Anspruch, genuin neues Wissen zu erzeugen, und ist deshalb potenziell „wahrheitserzeugend". Sie stellt damit einen Zugewinn an Wissen dar; sie schließt von beobachtbaren Fakten nicht auf weitere ähnliche Fakten, sondern auf allgemeine Prinzipien und Hintergründe, die die Fakten erklären könnten. „Die Abduktion ist also ein kreativer Prozess der Generierung neuer Hypothesen aus Daten, wobei vor allem die geistige Haltung der Forschenden entscheidend ist [...]." (Döring & Bortz, 2016, S. 35) Diese Erklärungen haben aber immer stark spekulativen Charakter.

4.2 Forschungsabläufe

Je nach gewähltem Zugang ergeben sich nun zwei verschiedene Abfolgen im wissenschaftlichen Arbeiten. Auch wenn sich die beiden Vorgehensweisen in der Abfolge der einzelnen Schritte unterscheiden, so gibt es doch auch wesentliche Gemeinsamkeiten.

Es gibt außerdem Forschungsarbeiten, bei denen beide Zugänge kombiniert werden, weil es (nur) so sinnvoll ist, die gewählte Fragestellung zu untersuchen.

> Die Wahl des Forschungsprozesses und der Methode hängt vom gewünschten Ziel, dem Forschungsstand und den Forschungsfragen ab.

4.2.1 Typisches quantitatives Arbeiten

Quantitatives Forschen folgt typischerweise dem in Abbildung 2 dargestellten Ablauf.

Ein typischer quantitativer Forschungsablauf beginnt mit der Erfassung des Forschungsstandes, der Definition des konkreten Themas basierend auf einem (Forschungs-)Problem und der Formulierung des Zieles bzw. des Erkenntnisinteresses.

Ausgehend von einem soliden und ausreichend vorhandenen Forschungsstand können Forschungsfragen formuliert, Hypothesen gebildet, Variablen definiert und eine Operationalisierung vorgenommen werden.

Daran schließt die Entwicklung des Untersuchungsdesigns an, das in der Feldarbeit umgesetzt wird. Die erhobenen Daten müssen ausgewertet, das Ergebnis muss präsentiert und interpretiert werden. Anhand der durch die eigene empirische Arbeit gewonnenen Daten werden die Forschungsfragen beantwortet bzw. die Hypothesen (vorläufig) bestätigt oder falsifiziert.

Die Ergebnisse müssen auch in einen Zusammenhang mit den schon in der Literatur vorliegenden Daten gebracht werden.

4.2.2 Typisches qualitatives Arbeiten

Qualitatives Forschen folgt typischerweise dem in Abbildung 3 dargestellten Ablauf.

Abb. 2: Quantitativer Forschungsablauf

Lesen, Literatur erfassen und prüfen, exzerpieren, nachdenken

- Problem benennen
- Forschungsstand erfassen
- eigenes Thema definieren
- Erkenntnisinteresse/Ziel formulieren
- Forschungsfragen aufstellen
- Hypothesen erarbeiten
- Variablen und Ausprägungen ableiten
- Operationalisieren
- Feldarbeit durchführen
- Daten auswerten
- Ergebnisse präsentieren
- Forschungsfragen beantworten
Hypothesen überprüfen
- Zusammenhang von eigenen Daten
mit vorhandener Literatur herstellen

Quelle: Eigene Darstellung.

Abb. 3: Qualitativer Forschungsablauf

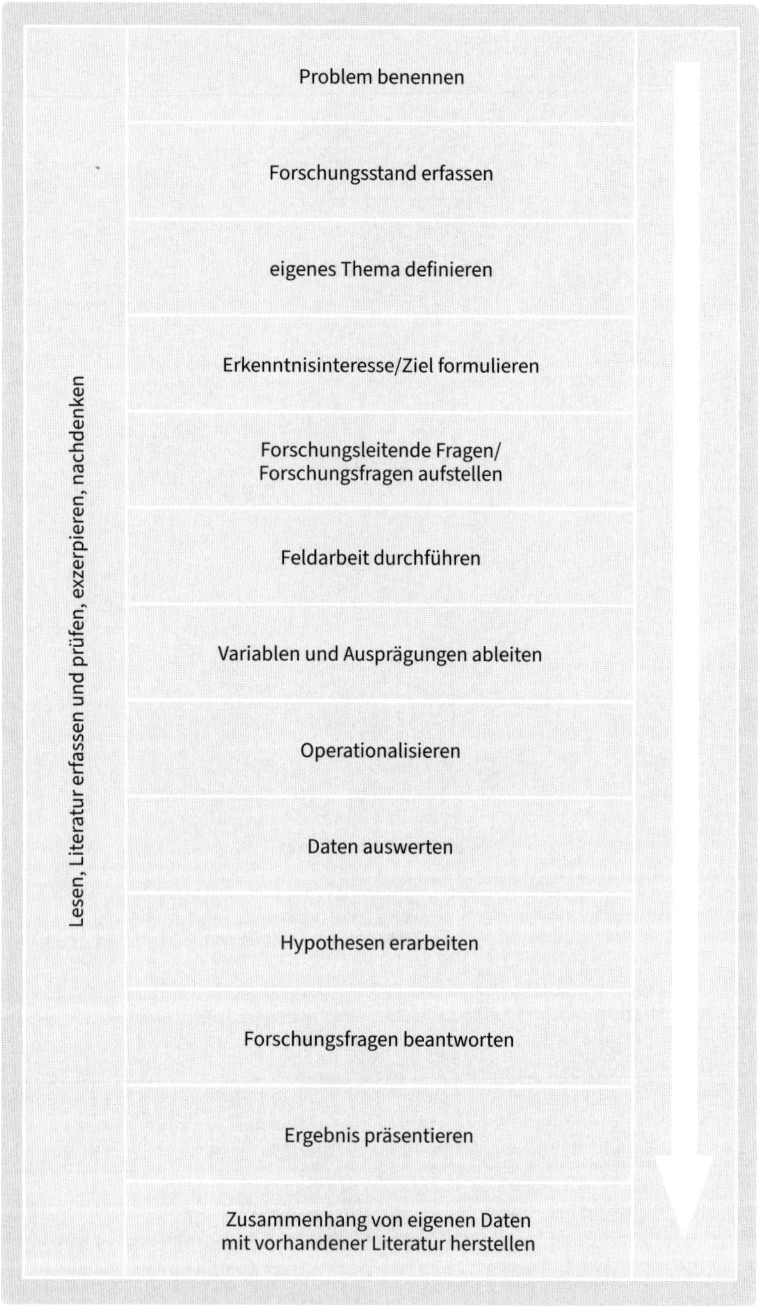

Lesen, Literatur erfassen und prüfen, exzerpieren, nachdenken

Problem benennen

Forschungsstand erfassen

eigenes Thema definieren

Erkenntnisinteresse/Ziel formulieren

Forschungsleitende Fragen/
Forschungsfragen aufstellen

Feldarbeit durchführen

Variablen und Ausprägungen ableiten

Operationalisieren

Daten auswerten

Hypothesen erarbeiten

Forschungsfragen beantworten

Ergebnis präsentieren

Zusammenhang von eigenen Daten
mit vorhandener Literatur herstellen

Quelle: Eigene Darstellung.

Auch bei einem qualitativen Forschungsablauf steht die Erfassung des Forschungsstandes, die Definition des konkreten Themas basierend auf einem (Forschungs-)Problem und die Formulierung des Zieles bzw. des Erkenntnisinteresses am Anfang der wissenschaftlichen Arbeit. Auch hier wird eine Forschungsfrage formuliert, die bei diesem Vorgehen häufig als forschungsleitende Frage bezeichnet wird.

Da beim qualitativen Arbeiten meist nicht in ausreichendem Umfang Studien und Untersuchungen vorliegen, um Hypothesen aufzustellen, muss die empirische Untersuchung bereits zu diesem Zeitpunkt durchgeführt werden, um eine Basis für die Formulierung von Hypothesen zu gewinnen. Das heißt, dass zunächst das Untersuchungsdesign erarbeitet und die Feldarbeit durchgeführt wird. Das gewonnene Material kann mit unterschiedlichen Auswertungskonzepten[7] durch die Festlegung von Codierregeln (auch hier gibt es verschiedene Verfahrensmöglichkeiten) differenziert ausgewertet, interpretiert und präsentiert werden. Daran schließt die Beantwortung der Forschungsfragen an und im Anschluss werden Hypothesen aufgestellt.

Der Prozess ist dabei aber typischerweise nicht linear, sondern zirkulär bzw. iterativ. Daher bietet sich für einen qualitativen Forschungsablauf besser die in Abbildung 4 präsentierte Darstellung an.

Abb. 4: Zirkuläres Modell des qualitativen Forschungsablaufs

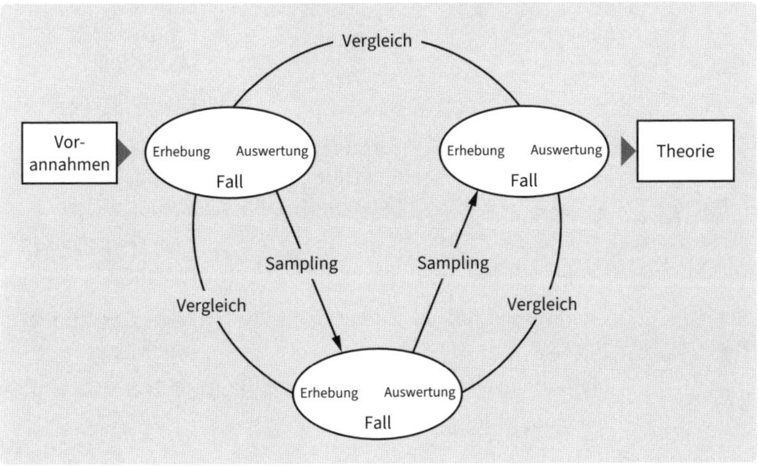

Quelle: Flick, 2016, S. 128.

7 Es soll in diesem Kontext nicht näher auf die unterschiedlichen qualitativen Auswertungsmethoden eingegangen, sondern nur darauf verwiesen werden, dass das Spektrum hierbei von theoriegenerierenden und -prüfenden Verfahren (Grounded Theory) bis zur qualitativen Inhaltsanalyse (Mayring) reicht.

4.2.3 7-Schritte-Modell eines typischen Forschungsablaufs

Das 7-Schritte-Modell zeigt die typischen Forschungsabläufe für (sowohl quantitative als auch qualitative) Arbeiten. Dabei werden nicht nur die Unterschiede hervorgehoben, sondern auch die (beträchtlichen!) Gemeinsamkeiten dargestellt.

Tab. 4: 7-Schritte-Modell eines Forschungsablaufs

	Quantitativ & Qualitativ	**Typisch quantitative Forschung**	**Typisch qualitative Forschung**
Schritt Problematisieren	Selbstprüfung Problemkontext Kommunikationswissenschaftliche Relevanz	Was? Warum? Erkenntnisinteresse Deduktiv	Was? Warum? Erkenntnisinteresse Induktiv (abduktiv) Umfassende Beschreibung (Deskription) des Gegenstandsbereichs
Schritt Vorerhebung	Literaturrecherche	Beschäftigung und Darstellung relevanter Theorien	Vorverständnis Offenheit Introspektion Ganzheit des Menschen Quantifizierbarkeit
Schritt Forschungsfragen	Forschungsfragen Rahmenbedingungen	Formulierung von Forschungsfragen und Hypothesen	Weite Formulierung von Forschungsfragen Keine Hypothesenbildung
Schritt Planung	Literaturbeschaffung Methodenwahl Forschungsdesign	Operationalisierung Messinstrumente	Keine Operationalisierung Feldzugang
Schritt Materialsammlung	Quellenstudium Beobachtung, Befragung, Experiment, Inhaltsanalyse	Statistik	Transkription Reflexion

Schritt Datenauswertung		Hypothesenprüfung mittels Computerprogramm (bspw. SPSS, Excel) Falsifikation/vorläufige Verifikation der Hypothesen	Auswertung und Interpretation des Datenmaterials mit qualitativen Auswertungsmethoden (bspw. qualitative Inhaltsanalyse) Hypothesengenerierung
Schritt Schreibphase	Logischer Aufbau Formale Gestaltung Zitierweise Verwertbarkeit der Ergebnisse Anregungen zur weiteren Forschung	Beschreibung der statistischen Auswertungsverfahren	Beschreibung der qualitativen Auswertungsverfahren Reflexion

Quelle: adaptiert nach Haas & Lojka, 1988, S. 2–3 und Mayring, 2016, S. 24–27.

4.3 Ansprüche an wissenschaftliches Arbeiten – wissenschaftliche und methodische Gütekriterien

Wissenschaft ist fundierte, systematische und nachvollziehbare Befriedigung von Neugier. (Das „Wissen-Schaffen", das dem „Wissen-Wollen" folgt, läuft nach bestimmten Regeln ab.) Dabei gilt das **„Dogma der Wiederholbarkeit"**! Der gesamte Forschungsprozess muss daher so klar dargelegt und beschrieben werden, dass bei einer Wiederholung (von sachkundigen Forschern) dasselbe Ergebnis herauskommt. So muss jeder Arbeitsschritt offengelegt und dokumentiert werden.

Die systematische Vorgehensweise beim wissenschaftlichen Arbeiten ist somit insbesondere nachvollziehbar, wiederholbar, überprüfbar, auffindbar, kritisierbar, verbesserbar, (möglichst) vollständig und methodisch. Das Ergebnis ist relevant, nützlich, neu – es bringt einen Erkenntnisgewinn.

Dieses systematische, wissenschaftlich korrekte Arbeiten erfolgt nach bestimmten Regeln (vgl. u. a. Forschungsfragen, Hypothesenbildung, Verwendung von korrekten Methoden). Für die Verwendung von bereits vorhandenem Material (Literatur, Studien etc.) gibt es eigene Regeln für den Umgang mit diesen Quellen.

4.3.1 Die „klassischen“ Ansprüche

Jene Vorgaben, die man einhalten muss, damit ein Forschungsprozess wissenschaftlich ist, nennt man wissenschaftliche und methodische Gütekriterien. Für wissenschaftliches Arbeiten gelten die in Abbildung 5 dargestellten zehn grundlegenden Ansprüche bzw. Gütekriterien, die eng zusammenhängen und teilweise ineinander übergehen.

Abb. 5: Ansprüche an das wissenschaftliche Arbeiten

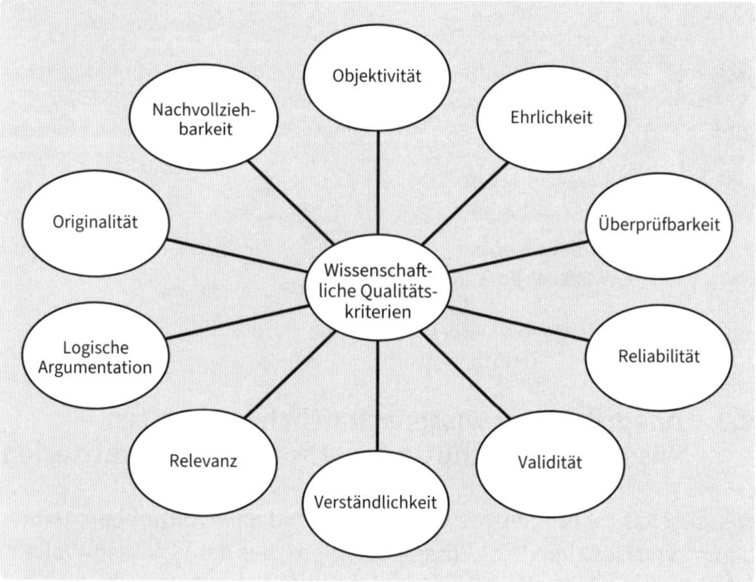

Quelle: Balzert et al., 2008, S. 9.

Im Detail versteht man unter diesen Qualitätskriterien die folgenden Ausprägungen (vgl. bspw. Balzert et al., 2008, S. 10–42):

Objektivität

Bei diesem Gütekriterium geht es um die Frage, ob die Ergebnisse unabhängig von Einflüssen der Forscherin oder der Erhebungssituation bei der Durchführung, Auswertung und Interpretation zustande gekommen sind. Die Inhalte von wissenschaftlichen Arbeiten müssen so neutral, sachlich, unabhängig, vorurteilsfrei und unvoreingenommen wie nur möglich sein. Persönliche Vorlieben oder Befindlichkeiten des Verfassers dürfen in eine wissenschaftliche Arbeit nicht miteinfließen. Dabei ist eine gewisse Subjektivität nie ganz auszuschließen, da der Forscher ja immer eine bestimmte Position einnimmt; es muss aber versucht werden, diese Subjektivität so gut wie möglich auszuschließen.

Als objektiv gelten Messinstrumente oder empirische Verfahren, wenn die damit erzielten Ergebnisse unabhängig sind von der Person, die die Messinstrumente anwendet.

Ehrlichkeit
Wer wissenschaftlich arbeitet, muss seine Ergebnisse und Beobachtungen wahrheitsgemäß wiedergeben, dies schafft Glaubwürdigkeit. Plagiate, Fälschungen, Täuschungen und Datenmanipulationen oder Ghostwriting sind unredliches wissenschaftliches Verhalten. Irrtümer – bei grundsätzlich korrektem wissenschaftlichem Vorgehen – sind dabei aber leider nicht ausgeschlossen. Dieses Gütekriterium steht im engen Zusammenhang mit der wissenschaftlichen Redlichkeit.

Überprüfbarkeit
Wissenschaftliche Aussagen müssen überprüft (falsifiziert oder vorläufig bestätigt) werden können. Dafür müssen alle Schritte des wissenschaftlichen Arbeitens offengelegt werden, damit die Forschung wiederholt, überprüft und ggf. verbessert werden kann. Zudem ist es unabdingbar notwendig, dass korrekt zitiert wird und alle verwendeten Quellen dargelegt werden.

Reliabilität
Reliabilität bedeutet die Zuverlässigkeit der Messung. Wissenschaftliches Arbeiten muss unter gleichen Bedingungen gleiche Ergebnisse hervorbringen. Reliabilität bezieht sich üblicherweise auf ein Messinstrument und beschreibt die Zuverlässigkeit der Messung, die mit diesem Instrument durchgeführt wird. Wenn dasselbe Messinstrument an ein und derselben Person zweimal dasselbe Ergebnis bringt, gilt es als reliabel (unter der Voraussetzung, dass sich die Variable nicht geändert hat).

Es ist auch möglich, die Reliabilität in Form eines Paralleltests zu überprüfen (wenn dieser gleiche Ergebnisse von zwei getrennten Gruppen zur selben Zeit liefert, ist das Messinstrument reliabel). Das Erzielen von gleichen Ergebnissen gilt als Idealfall, tatsächlich ist aber jede empirische Messung mit einem Zufallsfehler behaftet, daher wird die Reliabilität als ein Koeffizient zwischen 0 und 1 beschrieben.

Für die Überprüfung von Reliabilität gibt es verschiedene standardisierte Testverfahren.

Validität
Validität bedeutet Gültigkeit. Sie stellt sicher, dass man mit dem Messinstrument wirklich das misst, was man messen möchte. Forschungs- und Erhebungsinstrumente müssen genau das erheben, was sie erheben sollen. Die Prüfung der Validität erfolgt nicht durch Koeffizienten

oder standardisierte Testverfahren, sondern durch die Verbesserung des Messinstruments, indem man überprüft, ob die Variablen „die richtigen" sind und man mit ihnen auch das messen kann, was einen interessiert.

Verständlichkeit
Wissenschaftliche Arbeiten müssen verständlich sein. Dazu tragen eine logische Gliederung und eine folgerichtige Struktur, verständliche Sprache und zweckmäßige Aufbereitung der Literatur (selbstverständlich unter Verwendung des entsprechenden Fachvokabulars) und eine gute Navigation durch die Arbeit (Inhaltsverzeichnis) bei.

Relevanz
Eine wissenschaftliche Arbeit ist dann relevant, wenn sie im Fachgebiet neues Wissen schafft, zum wissenschaftlichen Fortschritt beiträgt, einen hohen Informationswert aufweist und wenn sie hilft, Probleme der wissenschaftlichen Disziplin zu lösen. Gerade im Bereich der Gesellschaftswissenschaften zeigen sich hier viele aktuell relevante Aspekte.

Logische Argumentation
Eine logische, somit folgerichtige Argumentation ist für jede wissenschaftliche Arbeit essenziell. Dies bedeutet, eigene Behauptungen ausreichend, sorgfältig und plausibel zu begründen, korrekte Schlussfolgerungen zu ziehen. Dazu ist es auch notwendig, alle verwendeten Argumente offenzulegen. So können Fehlschlüsse vermieden werden und die Arbeit erscheint nicht als „beliebig".

Originalität
Eine wissenschaftliche Arbeit muss eine eigenständige Leistung vorlegen, die ein neuer Entwurf, eine neue Lösung oder eine neue Zusammenstellung unter einem neuen Blickwinkel sein kann.

Nachvollziehbarkeit
Jede wissenschaftliche Arbeit muss für die Leser nachvollziehbar sein. Dies bedeutet, dass sich die Arbeitsschritte für die Leser erschließen. Im Kriterium der Nachvollziehbarkeit finden sich alle oben angeführten Merkmale wieder.

4.3.2 Rechtmäßigkeit, insbesondere Datenschutz

Die hier vorgestellten zehn Gütekriterien müssen um einen wesentlichen Aspekt ergänzt werden: die **Rechtmäßigkeit**. Damit ist einerseits der korrekte Umgang mit fremden Quellen gemeint (siehe dazu sehr ausführlich Kap. 9), andererseits sind aber auch Fragen des Datenschutzes angesprochen, die hier kompakt dargestellt werden sollen.

Der Datenschutz verfolgt das Ziel, persönliche oder gar sensible Daten von Personen (hier in concreto von Personen, die befragt oder beobachtet wurden) zu schützen. Die wissenschaftliche Antwort auf den Datenschutz ist grundsätzlich insb. die Anonymisierung von erhobenen Daten. Auf diese Anforderung ist bereits bei der Erarbeitung der Fragestellung, spätestens jedoch vor (!) dem Erhebungsprozess unbedingt Rücksicht zu nehmen!

Bei der Durchführung von Befragungen stellen sich zwei Fragen:

- Wie kann man Menschen dazu anregen, an einer Befragung teilzunehmen, um die gewünschte Stichprobe zu erreichen?
- Wie ist die Befragung durchzuführen, damit der Datenschutz bestmöglich gewährleistet ist?

Bei Befragungen ergibt sich ja häufig die Herausforderung, wie man Personen anregen kann, an einer Befragung teilzunehmen. Das direkte Anschreiben von fremden Personen per E-Mail bspw. ist sehr problematisch, da (insb. personalisierte) E-Mail-Adressen bereits zu den persönlichen Daten zählen. In diesem Fall müssten diese Personen vorab zugestimmt haben, dass man ihnen derartige Fragebögen schicken darf. Diese Zustimmung ist bei studentischer wissenschaftlicher Forschung wohl kaum jemals gegeben. Fragebögen in Online-Foren oder auf Social Media-Plattformen zu publizieren ist hingegen unbedenklich, da ja die potenziellen Befragten nicht direkt kontaktiert werden. Dabei sind die jeweils gültigen AGB der Plattformen zu berücksichtigen. (Hier zeigt sich, dass die Frage der Datenqualität und die Frage der Erfüllung von rechtlichen Voraussetzungen zwei unterschiedliche Bereiche darstellen!) Des Weiteren besteht die Möglichkeit, Personen persönlich (face to face) zu befragen. Wenn dazu bspw. ein standardisierter Fragebogen verwendet wird, den Personen, die zufällig auf der Straße angesprochen werden, ausfüllen, dann ist diese Befragung sogar anonym. Es ist ja kein Rückschluss auf eine einzelne Person möglich, die einzelnen Personen sind weder identifiziert noch identifizierbar.

Bei Fokusgruppen-Gesprächen ist dies bspw. anders. Zumeist ist also auch hierfür eine Einwilligung erforderlich (siehe dazu gleich unten).

Bleibt die Frage, wie Befragungen datenschutzkonform erstellt und durchgeführt werden können. Die Europäische Datenschutzgrundverordnung (DSGVO) ist am 25. Mai 2018 in allen EU-Mitgliedsländern in Kraft getreten. Die DSGVO hat zum Ziel, personenbezogene Daten bestmöglich zu schützen und den Menschen die Möglichkeit zu geben, selbst zu entscheiden, wer personenbezogene Daten haben und verarbeiten darf. Gem. Art 4 DSGVO sind

> *„personenbezogene Daten" alle Informationen, die sich auf eine identifizierte oder identifizierbare natürliche Person (im Folgenden „betroffene Person") beziehen; als identifizierbar wird eine natürliche Person angesehen, die direkt oder indirekt, insbesondere mittels Zuordnung zu einer Kennung wie einem Namen, zu einer Kennnummer, zu Standortdaten, zu einer Online-Kennung oder zu einem oder mehreren besonderen Merkmalen, die Ausdruck der physischen, physiologischen, genetischen, psychischen, wirtschaftlichen, kulturellen oder sozialen Identität dieser natürlichen Person sind, identifiziert werden kann.*

In sozialwissenschaftlichen Untersuchungen werden nun tatsächlich häufig derartige Merkmale erhoben, aber sie werden grundsätzlich in anonymer oder anonymisierter Form ermittelt und v. a. verarbeitet. Das heißt, ein Rückschluss auf einzelne Personen ist nicht möglich und darf mit erlaubten technischen Hilfsmitteln auch nicht möglich sein.

Hier zeigt sich, dass die Kriterien von korrekter wissenschaftlicher Sozialforschung diesem Anspruch schon immer genügt haben. Die Sozialwissenschaft verspricht ihren Befragten stets, dass alle Daten nur in anonymisierter Form verwendet werden. Es interessiert ja gerade nicht die erkennbare Einzelperson, sondern es werden Aussagen über eine größere Gesellschaftsgruppe angestrebt.

Dennoch gilt es auch zu prüfen, ob alle Rechtsgrundlagen eingehalten werden, und ggf. entsprechende Maßnahmen zu setzen, um rechtssicher zu agieren.

Die Erhebung und Verarbeitung personenbezogener Daten im Rahmen von sowohl quantitativer als auch qualitativer studentischer Forschung (Seminar- und wissenschaftliche Arbeiten, Bachelorarbeiten, Abschlussarbeiten) ist in Österreich nach dem Forschungsorganisations-Gesetz (FOG) explizit erlaubt: Mit dem § 2f Abs 5 Forschungs-Organisations-Gesetz (FOG) wird studentische Forschung im Rahmen der Lehre besonders geschützt.

Um nun als Studierende Befragungen durchführen zu können, sind technische, inhaltliche und formale Aspekte zu berücksichtigen, die aber sehr gut mit den wissenschaftlichen Standards und Konventionen harmonieren und daher keinen großen zusätzlichen Aufwand bedeuten. Die „Anleitungen zur studentischen sozialwissenschaftlichen Forschung: Auswirkungen der DSGVO für die Praxis" werden mit ausdrücklicher Zustimmung des Büro Studienpräses an dieser Stelle wortwörtlich, aber gekürzt wiedergegeben (Büro Studienpräses, 2018).

„Anleitungen zur studentischen sozialwissenschaftlichen Forschung: Auswirkungen der DSGVO für die Praxis" des Büro Studienpräses der Universität Wien, Stand 2018

Pseudonymisierte Daten/anonyme bzw. anonymisierte Daten
Pseudonymisierte Daten liegen dann vor, wenn sich personenbezogene Daten nicht mehr ohne zusätzliche Information einer Person zuordnen lassen. Bei dieser zusätzlichen Information handelt es sich um eine „Verschlüsselung" oder einen „Code" der Daten, ohne die man die personenbezogenen Daten nicht mehr den einzelnen Personen zuordnen kann. Der dafür notwendige Code ist technisch wie organisatorisch getrennt von den pseudonymisierten Daten aufzubewahren.
Bei anonymen bzw. anonymisierten Daten ist kein Rückschluss auf konkrete Personen möglich. Entweder ist keine Person zu den Daten bekannt (= anonym) oder der „Code" wird gelöscht (= anonymisiert). Wenn ausschließlich anonyme Daten erhoben werden, dann sind die Regelungen der DSGVO gar nicht anzuwenden.
In der sozialwissenschaftlichen Forschung können sowohl pseudonymisierte als auch anonyme/anonymisierte Daten vorkommen. Beide Formen dürfen in der studentischen Forschung verarbeitet werden, es ist aber dafür Sorge zu tragen, dass die Daten zumindest pseudonymisiert werden – es dürfen in der Verarbeitung der Daten (und natürlich in der Auswertung und Präsentation der Ergebnisse) keine Rückschlüsse auf identifizierbare Personen möglich sein.

Dies gilt auch, wenn im Rahmen einer qualitativen Untersuchung nur wenige Personen befragt werden, wobei hier besondere Aufmerksamkeit auf das Vermeiden einzelner Angaben zu legen ist, von denen auf bestimmte Personen geschlossen werden kann. Wenn dies unvermeidbar ist, müssen die Interviewpartner/innen der Erhebung und Verarbeitung der personenbezogenen Daten zustimmen.

Bei Experteninterviews, aber auch bspw. Zeitzeugen-Interviews ist die Anonymisierung/Pseudonymisierung ebenfalls nicht immer möglich oder sinnvoll. Hier empfiehlt es sich, die explizite Zustimmung zur Verarbeitung der personenbezogenen Daten einzuholen.

Datenminimierung
Der Grundsatz der Datenminimierung besagt, dass personenbezogene Daten in Erhebungen grundsätzlich minimiert werden müssen

– sie müssen „dem Zweck angemessen und erheblich sowie auf das für die Zwecke der Verarbeitung notwendige Maß beschränkt sein“ (Art 5 Abs 1 lit c DSGVO).
Für die Erstellung einer Befragung bedeutet dies also, dass nur jene personenbezogenen Daten erhoben werden sollten, die auch tatsächlich für die Erreichung des Forschungsziels notwendig und sinnvoll sind. Das betrifft insb. die soziographischen Daten.

Keine Weitergabe von Daten an Dritte
Die erhobenen Daten dürfen nicht an Dritte weitergegeben werden (außer zur Verarbeitung zu im öffentlichen Interesse liegenden Archivzwecken, zu wissenschaftlichen oder historischen Forschungszwecken oder zu statistischen Zwecken).

Einwilligung der betroffenen Personen
Grundsätzlich ist eine Einwilligung der betroffenen Personen nicht notwendig, da die Erhebung von personenbezogenen Daten laut FOG für studentische sozialwissenschaftliche Forschung erlaubt ist, es somit eine gesetzliche Grundlage gibt.

Datenschutzmitteilung
Im Sinne der Information jener Personen, von denen personenbezogene Daten erhoben werden, hat jede Befragung eine Datenschutzmitteilung zu enthalten.
Bei mündlichen Befragungen ist diese mündlich mitzuteilen und wohl idealerweise schriftlich auszuhändigen (zumindest auf Nachfrage), bei Online-Befragungen empfiehlt es sich, diese mittels Link in den Fragebogen einzubauen. Bei Paper-Pencil-Befragungen bietet sich die Rückseite der 1. Seite oder eine vergleichbare Position an (dabei muss aber auf der 1. Seite klar erkennbar darauf hingewiesen werden).

Zustimmung bei Experteninterviews, Zeitzeugeninterviews etc.
Gerade bei Interviews mit Expert/innen (die ja wie Publikationen verwendet und zitiert werden und somit eine andere Funktion haben als bspw. qualitative Interviews), liegt es in der Natur der Sache, dass die Namen der Expert/innen genannt und eben nicht pseudonymisiert/anonymisiert werden.
Auch darüber hinaus kann es für den Kontext der Untersuchung notwendig oder sinnvoll sein, befragte Personen mit Namen zu nennen (bspw. Zeitzeugen).
In diesen Fällen muss die Zustimmung zur Erhebung und Verarbeitung der personenbezogenen Daten eingeholt werden.

Vorlagen für Datenschutzmitteilungen, die an der Universität Wien empfohlen werden, finden sich unter https://studienpraeses.univie.ac.at/infos-zum-studienrecht/wissenschaftliche-arbeiten/datenschutz-in-der-sozialwissenschaft/. Es ist aber möglich, dass andere Universitäten eigene Mustertexte zur Verfügung stellen. Zudem kann es an Fakultäten oder Instituten noch weiter ausdifferenzierte Mustertexte für die Datenschutzmitteilungen geben.

Achtung:
Diese Regelungen gelten zum aktuellen Zeitpunkt in Österreich (unverändert seit Juni 2018). Es ist Pflicht jedes Studierenden bzw. jeder Person, die zu wissenschaftlichen Zwecken Befragungen durchführt, sich aktiv über etwaige Veränderungen und andere (nationale) Rechtsgrundlagen zu informieren!

Wenn Daten nicht in der notwendigen Art und Weise anonymisiert werden können, wenn also auf jeden Fall eruierbar ist, welche Person welche Antwort gegeben hat, dann muss man sich die Frage stellen, ob man diese Untersuchung überhaupt durchführen kann. Solche Fälle sind denkbar, wenn sehr kleine Personengruppen untersucht werden, bei denen aufgrund bestimmter Merkmale klar ist, dass nur eine ganz bestimmte Person diese Antwort gegeben haben kann.

Gerade bei wissenschaftlichen Abschlussarbeiten, die ja (zumindest) in den Universitätsbibliotheken veröffentlicht werden, können ungeklärte Datenschutzfragen große rechtliche Probleme aufwerfen. Auch wenn es möglich ist, Abschlussarbeiten sperren zu lassen, so gilt dies nur für einen bestimmten Zeitraum – danach leben die datenschutzrechtlichen Probleme wieder auf.

Derartige Fragen sind bei Abschlussarbeiten unbedingt vorab mit dem Betreuer zu klären. Wenn sich keine zufriedenstellende Lösung (vor allem für die Betroffenen) finden lässt, ist davon abzuraten, das gewünschte Thema zu bearbeiten.

5 Problem und Forschungsinteresse, Erkenntnisinteresse und Ziel

Über welches Thema soll ich meine Arbeit schreiben? Diese Frage steht häufig am Anfang einer wissenschaftlichen Arbeit – und ist meist die falsche, zumindest aber eine sehr verkürzende Frage. Denn „das Thema“ ist oft gar nicht so schwierig, vielmehr gilt es, ein präzises Forschungsinteresse – innerhalb dieses Themas! – herauszuarbeiten. Dies ist aber tatsächlich eine anspruchsvolle Tätigkeit.

Das Ermitteln des Forschungsinteresses ist eine essenziell wichtige Phase bei der Erstellung einer wissenschaftlichen Arbeit.

Manchmal gibt es in Seminaren Überthemen, von denen man sein konkretes Arbeitsthema bzw. sein Forschungsinteresse ableiten muss, häufig aber ist die Themenwahl frei. Und gerade bei Abschlussarbeiten (Masterarbeiten und Dissertationen, häufig auch Bachelorarbeiten) muss man sich sein Forschungsinteresse bzw. den konkret interessierenden Themenausschnitt selbst stellen. Manchmal ist das übergeordnete Thema ganz klar, weil man seit vielen Semestern ein eindeutiges fachliches Interesse hat, häufig muss man das grundsätzliche Thema mitsamt dem Forschungsinteresse erst finden bzw. es sich erarbeiten.

Auch in diesem Bereich des wissenschaftlichen Forschungsprozesses ist es wichtig, die Begrifflichkeiten gut zu trennen. Die Begriffe Problem und Forschungsinteresse, Erkenntnisinteresse und Ziel der Arbeit werden in der Folge genau erläutert.

Bleibt der Terminus „Thema“. Dabei handelt es sich um jenen inhaltlichen Bereich, in dem es ein Problem geben kann, das dann in ein Forschungsinteresse umgewandelt wird. Bei allen Forschungsinteressen gibt es prinzipielle Erkenntnisinteressen, die anzeigen, was mit dieser Forschung grundlegend bezweckt wird und mit welchen Absichten man an sein Forschungsinteresse herangeht. Schließlich gibt es für jedes Forschungsinteresse, das behandelt wird, ein ganz konkretes Ziel für die Arbeit.

Und all das spielt sich in jenem Thema ab, für das man sich entschieden hat. Dabei ist zu beachten, dass bspw. „Journalismus" als Thema zu groß ist, es handelt sich dabei eher um eine ganze Forschungsdisziplin, unter der man viele verschiedene Themen findet.

Obwohl der Begriff „Forschungsinteresse" viel präziser ist, wird sehr häufig (v.a. in Lehrveranstaltungen) der Begriff „Thema" verwendet. Wenn man diese Begrifflichkeit verwenden möchte, muss man gut darauf achten, dass damit genau jener Themenaspekt (aus einem größeren Kontext) verstanden wird, um den sich die ganze eigene Forschung dreht. Es ist dann also ein konkretes Arbeitsthema.

Ein geeignetes Forschungsinteresse zu finden, das man im Rahmen der gegebenen Möglichkeiten gut bearbeiten kann, ist gar nicht so einfach. Das konkrete Arbeitsthema für eine wissenschaftliche Arbeit muss gewissen Kriterien entsprechen und sollte auch spannend in der Erarbeitung sein, schließlich muss man sich einige Wochen oder Monate damit befassen. Ein klares Forschungsinteresse entscheidet zudem maßgeblich über die Qualität der Arbeit, über den Arbeitsverlauf, die Gefahr, sich zu verzetteln, und über die Ergebnisse.

Wenn man sich einmal festgelegt hat, kann man sein Forschungsinteresse bzw. sein Arbeitsthema nicht einfach so, quasi nach Belieben abändern. Darum empfiehlt es sich, ausreichend Zeit zum Nachdenken in diesen Arbeitsschritt zu investieren, schließlich hängen alle weiteren Arbeitsschritte davon ab, zum Teil auch sehr aufwändige wie die methodische Umsetzung.

5.1 „Das Problem" – Problemorientierte Erkenntnissuche

Zur Entwicklung eines Forschungsinteresses braucht man zunächst ein Problem, das bearbeitet werden soll. Denn es gilt: Wissenschaft beginnt mit Problemen, Fragen und Zweifeln und *nicht* mit Fakten oder gar Ergebnissen! **Das Problem ist der Ausgangspunkt für die gesamte weitere wissenschaftliche Beschäftigung.**

Im Gegensatz zum „echten" Leben ist ein Problem in der Wissenschaft also etwas Gutes – und Notwendiges. Ein Problem ist etwas, das in einem bestimmten Kontext unerklärlich, ungewöhnlich oder seltsam erscheint, eine Information oder eine Begebenheit, die eine Spannung oder Diskrepanz zu anderen vorhandenen Informationen darstellt, oder etwas, das besonders hervorsticht und erklärungsbedürftig ist.

Dieses Problem kann zunächst auch ein Alltagsproblem oder eine Alltagsbeobachtung sein (gerade in unserer Disziplin ist das auch häufig der Fall), es muss dann aber „verwissenschaftlicht", also auf eine allgemeinere Ebene gebracht werden. So wird aus dem (vorwissenschaftlichen) Problem ein wissenschaftliches Forschungsinteresse: Dieses darf nicht nur auf eine individuelle Handlung bezogen sein, vielmehr muss es intersubjektiv gültig sein, also nicht nur die Interessen und Werte des Forschers oder einer untersuchten Person wiedergeben.

Wichtig ist allerdings, dass es sich tatsächlich um ein Problem handelt, das eine noch ungelöste Spannung beinhaltet, das also nicht von anderen Forscherinnen schon längst bearbeitet und vielleicht sogar gelöst wurde. Um festzustellen, ob ein solches „neues Problem" vorliegt, muss man gezielt lesen, um zu überprüfen, welche Studien, Untersuchungen und Forschungsarbeiten es zum interessierenden Thema bereits gibt.

Was aber ist ein **„Problem"**? Lässt sich das überhaupt so allgemein beantworten? Laut Karl Popper (1962, 1972), dem Begründer des Kritischen Rationalismus, ist Wissenschaft die Suche nach Erkenntnis bzw. die Suche nach Wahrheit. Wissenschaftliche Erkenntnis beginnt nicht mit Wahrnehmungen oder Beobachtungen oder der Sammlung von Daten oder Tatsachen – sondern eben mit Problemen (vgl. Popper 1962, 1972).

Popper hat versucht, allgemein zu definieren, was ein Problem ist: Ein Problem liegt vor, wenn etwas in unserem Wissen (er spricht sogar vom „vermeintlichen" Wissen) nicht in Ordnung ist. Wenn wir etwas nicht tun können, das wir gerne tun möchten, dann suchen wir nach Lösungsmöglichkeiten, wie wir zu dem entsprechenden Wissen kommen können – und dann tritt vielfach „Wissenschaft" bzw. wissenschaftliches Forschen auf den Plan, damit dieses Problem (wenigstens teilweise) gelöst werden kann. Ein sog. „wissenschaftliches Fach" ist also im Sinne von Popper nichts anderes als „ein abgegrenztes und konstruiertes Konglomerat von Problemen und Lösungsversuchen" (Popper, 1962, S. 84).

All dieses Wissen um Lösungsversuche ist jedoch stets vorläufig, weil wir ja niemals endgültig wissen können, ob sie auch in Zukunft für entsprechende Problemlösungen taugen. Der auf Popper zurückgehende sog. Kritische Rationalismus hat sich daher das Zweifeln an gewonnenen Erkenntnissen und an erworbenem Wissen zur Maxime gemacht. Unser gesamtes Wissen ist nach Popper vorläufig, wir verfügen bloß über „Hypothesen" (Annahmen), die (im besten Fall) mehr oder weniger gesichert sind, die wir aber niemals endgültig bestätigen können. Warum? Weil wir niemals in der Lage sind, alle nur erdenklichen Situationen, für die unsere Theorie gültig sein soll, zu überprüfen. Wir sollten daher – so Popper – stets versuchen, Situationen zu finden, in denen die gefundene Problemlösung gerade *nicht* funktioniert, damit wir unsere vorläufige Hypothese verändern bzw. verfeinern und damit in der Folge unsere Theorie verbessern können. Nur wenn das, was wir auf Basis des vorhandenen Wissens vermutet haben (und auch zu Recht vermuten konnten), *nicht* zutrifft, kann sich Wissenschaft entwickeln. Wenn man immer nur bereits bestätigtes Wissen weiter bestätigt, wird das Wissen nicht erweitert.

Das klingt auf den ersten Blick ein bisschen seltsam, dass man zunächst versucht, jene Lösung oder Erklärung für ein Problem zu suchen, die eigentlich zutreffen müsste – man dann aber mit viel Aufwand versucht, genau diesen Zugang zu widerlegen. Bei genauerem Hinsehen ist dieser Vorgang aber völlig einsichtig: Wenn wir immer nur das bestätigen, was es schon gibt, dann kann kein neues Wissen entstehen und es gibt keine Fortschritte.

5.2 „Generierung“ von Problemen

Probleme, die die Grundlage für ein wissenschaftliches Forschungsinteresse sind, können in ganz unterschiedlichen Situationen auftreten: bei der Beobachtung von Menschen beim Medienkonsum, bei der Nachrichtennutzung, im Gespräch mit Familie oder Freunden, bei der Lektüre von wissenschaftlichen Texten. Jedes dieser konkreten Probleme, die man in diesen Situationen beobachtet oder bemerkt, kann der Ausgangspunkt für eine wissenschaftliche Arbeit sein. Man kann aber auch ganz gezielt nach einem (noch unerforschten) Problem suchen und sich so einer Themenstellung nähern. Dazu gibt es mehrere Möglichkeiten (wobei es empfehlenswert ist, diese Möglichkeiten parallel durchzuführen):

Persönliche Strategien

Ausgangspunkt sind hier primär eigene Erfahrungen und persönliche Interessen. Zudem können „im Feld“ beobachtete Alltagsphänomene zur Problemfindung beitragen. Gerade in den Sozialwissenschaften bieten sich Alltagsphänomene durchaus als Ausgangspunkt für eine wissenschaftliche Beschäftigung an, bspw. die Beobachtung, wie Freundinnen oder Familienmitglieder Medien nutzen, oder ein Aspekt der eigenen Berufstätigkeit.

Achtung:
Alltagsphänomene können ein guter Ausgangspunkt für eine wissenschaftliche Beschäftigung mit diesen Phänomenen sein. Es ist dafür aber dringend notwendig, dass das interessierende Alltagsphänomen in ein wissenschaftliches Forschungsinteresse umgewandelt wird. Dazu ist ein Abgehen vom Detail hin zu größeren, allgemeineren Zusammenhängen notwendig.

Interpersonelle Strategien
Probleme können sich auch durch Gespräche mit Studienkollegen, Professorinnen etc. ergeben, bspw. wenn man nicht einer Meinung ist und so eine Diskrepanz in den Ansichten entsteht. Auch Vorträge auf Tagungen und Konferenzen und anschließende Gespräche mit den Referenten können zu solchen offenen Punkten führen.

Literaturbasierte Strategien
Man stellt fest, welche Vorarbeiten es zu einem Thema, das einen interessieren könnte, gibt, prüft, welche Aspekte ein noch unbearbeitetes Problem darstellen könnten, und erstellt das konkrete Thema bzw. das Forschungsinteresse aufgrund bereits vorhandener Literatur.

Hier empfiehlt es sich, besonders auf aktuelle Beiträge in Fachzeitschriften einzugehen, da diese schneller auf neue Entwicklungen reagieren können als Bücher.

Achtung:
Eine ausführliche Literaturrecherche ist bei jeder dieser Strategien absolut unerlässlich! Die erste Phase bei der Erstellung einer wissenschaftlichen Arbeit ist stets das Studium der Literatur. Man muss ja schließlich Bescheid wissen, wer schon zu diesem Thema gearbeitet hat und welche Literatur es bereits dazu gibt.

Grundsätzlich gilt: „Je begrenzter das Gebiet, um so besser kann man arbeiten und auf um so sichererem Grund steht man." (Eco, 2020, S. 22)

5.3 Forschungsinteresse

Das Problem ist zunächst eine individuelle, aber nicht zwingend wissenschaftliche Beobachtung und stellt den Ausgangspunkt für die weitere wissenschaftliche Arbeit dar. Man kann dieses Problem aber nicht direkt zum Forschungsinteresse deklarieren, denn es ist ja eben noch vorwissenschaftlich. Vielmehr muss man aus diesem Problem das wissenschaftliche Forschungsinteresse entwickeln und das konkrete Problem auf eine wissenschaftliche Ebene heben.

Das Forschungsinteresse ist jener Aspekt, der im Mittelpunkt der Arbeit bzw. des Forschungsvorhabens steht. Es ist sehr konkret, aber nicht auf Einzelfälle bezogen. So kann der Ausgangspunkt (das Problem) der Arbeit bspw. die berufspraktische Beobachtung sein, dass in einem Unternehmen die interne Kommunikation nicht gut durchgeführt wird. Das Forschungsinteresse ist nun nicht, das Problem für genau dieses Unternehmen zu lösen, sondern die Thematik „Interne Kommunikation“ und welche Gründe es geben kann, warum diese in Unternehmen generell nicht gut funktioniert. Es wird also vom einzelnen Unternehmen abstrahiert und allgemein untersucht. Durchaus wünschenswert ist es aber, am Ende der Arbeit wieder auf das konkrete Unternehmen zurückzukommen und zu diskutieren, was die Ergebnisse der wissenschaftlichen Beschäftigung mit diesem Thema für das einzelne Unternehmen bedeuten könnten und ob sie zur Lösung des konkreten Problems eingesetzt werden können.

Das konkrete Forschungsinteresse ist also auch für andere (scientific community; die Gesellschaft; Nutzer oder Anwender etc.) relevant. Eine (zu) starke persönliche Involvierung in das Problem – im Sinne einer persönlichen Betroffenheit – genügt nicht; im Gegenteil, sie ist sogar oft hinderlich. Wissenschaftliche Probleme erkennt man nur aus einer gewissen Distanz.

Um das konkrete Problem auf die Ebene des Forschungsinteresses zu heben, braucht es also einen Schritt in Richtung „Vogelperspektive“.

Häufig hört man auch den Begriff „Forschungslücke“. Dabei handelt es sich um eine sehr prägnante Bezeichnung für die Anforderung, dass in einer wissenschaftlichen Arbeit ein Aspekt erforscht werden muss, der bis dato eben noch nicht untersucht wurde.

Eine kleine Wiederholung: Das Forschungsinteresse wird häufig auch als „Thema der Arbeit“ bezeichnet – was üblich, aber nicht ganz treffgenau ist. Das Thema der Arbeit ist vielmehr der grundsätzliche, nicht allzu große Bereich, in dem das Forschungsinteresse zu finden ist.

In diesem Buch wird statt dem Begriff Forschungsinteresse gelegentlich Arbeitsthema verwendet.

5.3.1 Anforderungen an ein Forschungsinteresse

Für wissenschaftliche Arbeiten gibt es die Anforderung, ein konkretes Problem eben nicht praktisch zu lösen, sondern die zugrunde liegende wissenschaftliche Fragestellung zu behandeln.

Ein brauchbares Arbeitsthema für eine wissenschaftliche Arbeit muss somit folgenden Anforderungen entsprechen (vgl. Dahinden et al., 2013, S.57; Ebster & Stalzer, 2017, S.21–22; Eco, 2020, S.40–42):

- Die Untersuchung behandelt einen erkennbaren Gegenstand, der so genau umrissen ist, dass er auch für Dritte erkennbar ist (= Forschungsgegenstand).
- Die Untersuchung muss über diesen Gegenstand Dinge sagen, die noch nicht gesagt worden sind (neue Aussagen zu einem Thema), oder sie muss Dinge, die schon gesagt worden sind, aus einem neuen Blickwinkel betrachten und schon gestellte Fragen anders beantworten (neue Zusammenstellung oder neue Betrachtung des Themas).
- Ein kompilatorisches Werk („zusammentragen, was andere geschrieben haben") hat nur Sinn, wenn es ein solches in dieser Zusammenstellung noch nicht gibt, es muss also eine neue Perspektive entwickelt werden. Wenn Themen mit eigenen Gedanken, Argumentationen, Kommentaren, Gegenüberstellungen erarbeitet werden, kann auch durch die Montage von vorhandenem Material ein neuer Text entstehen. Die bloße Montage von fremden Textteilen erfüllt diesen Anspruch jedoch nicht.
- Die Untersuchung muss für andere von Nutzen sein, sie muss zu dem, was schon bekannt ist, etwas hinzufügen.

5.3.2 Vom Problem zum Forschungsinteresse

Wie kann man nun vom Problem zum Forschungsinteresse gelangen? Häufig legt das Problem ein ganz bestimmtes Forschungsinteresse nahe, manchmal gehen vom Problem aber verschiedene Themenstränge aus, die alle interessant sind und für die Forschungs-Community wichtig sein könnten.

Es ist daher wichtig, sein Problem und die davon ableitbaren Themenstränge/möglichen Forschungsinteressen umfassend zu betrachten, um sich begründet entscheiden zu können, welche Aspekte des Themas man untersuchen und zu seinem Forschungsinteresse machen möchte – und welche gerade nicht.

Das Eingrenzen des Themas und die Fokussierung auf ein konkretes Forschungsinteresse ist ein zentraler und besonders wichtiger Teil beim Erstellen einer wissenschaftlichen Arbeit. Um spätere Probleme und Unklarheiten zu vermeiden, sollte diesem Schritt ausreichend Zeit gewidmet und er sollte keinesfalls unterschätzt werden. Erst die angemessene Eingrenzung eines Themas und die Ableitung des Forschungsinteresses ermöglicht es, ein Thema wissenschaftlich und arbeitstechnisch zu bewältigen.

Bevor man sich für einen konkreten Aspekt eines Themenbereiches entscheidet, sollte man versuchen, alle interessierenden Aspekte herauszufiltern, um sich dann für jenen zu entscheiden, der intensiv bearbeitet werden soll. Dazu bieten sich Methoden wie Brainstorming, Mind-Mapping oder Clustering an. Besonders nützlich ist das „Abklopfen" des Themas auf verschiedene Themenstränge hin entlang bestimmter wissenschaftlicher Muster. Dies ermöglicht dann bereits eine erste, sehr grobe Einordnung und wissenschaftliche Verortung des Arbeitsthemas. Sinn dieses Vorgangs ist es, das Thema auf mögliche relevante Themenaspekte und Forschungsinteressen „abzuklopfen", um sich dann wieder einzuschränken und das konkrete Arbeitsthema zu identifizieren. Dieser Arbeitsschritt ermöglicht es, sich wissentlich für einen bestimmten Themenaspekt zu entscheiden – und gegen viele andere. Es zeugt von wissenschaftlicher Kompetenz, sich zunächst zu überlegen, was in einem Themenaspekt alles „drinsteckt", um sich dann eben wissend auf ein Forschungsinteresse zu konzentrieren.

Ausgangspunkt für diese Phase der „Themenexploration" kann bspw. die Lasswell-Formel sein. Jeder einzelne Aspekt dieser Formel bietet Möglichkeiten für die Themenfindung: „Who says what in which channel to whom with what effect?" (siehe Kap. 3.3)

Dabei ist allerdings zu berücksichtigen, dass sich eben nicht alle kommunikationswissenschaftlich relevanten Forschungsinteressen in diesem Modell unterbringen lassen: So ist bspw. die Frage nach dem Warum nicht gestellt, d. h., dass Motive und Interessen der am Kommunikationsprozess Beteiligten keine Berücksichtigung finden. Gerade diese fehlenden Aspekte in der Lasswell-Formel bieten aber weitere Ausgangspunkte für die Themengenerierung.

Bonfadelli et al. (2010, S. 12–13) haben grundsätzliche Problembereiche im Fach der Publizistik- und Kommunikationswissenschaft aufgestellt, die die Grundlage für die Formulierung von konkreten Fragen bilden können:

- Medien und Gesellschaft:
  Die politischen und rechtlichen Rahmenbedingungen, innerhalb derer sich Massenkommunikation abspielt, sowie die ökonomischen Voraussetzungen und die medientechnologische Basis
- Medienforschung:
  Die Organisationen des Mediensystems und Strukturen im Mediensystem und deren Entwicklung
- Kommunikatorforschung (Journalismus, PR und Werbung):
  Die Prozesse der Produktion von Medienbotschaften

- Aussagenforschung:
  Die durch Massenmedien in Form von manifesten und latenten Aussagen produzierten Medienrealitäten
- Publikumsforschung:
  Die Publika der Massenmedien, ihre Strukturen und Muster der Mediennutzung und die dahinter stehenden Wünsche und Erwartungen
- Wirkungsforschung:
  Die individuellen und sozialen, intendierten und zufälligen, kurz- wie langfristigen, sozial erwünschten, aber auch schädlichen Effekte der Massenmedien auf Wissen, Einstellungen, Emotionen und Verhaltensweisen

Eine gute Methode, um das Arbeitsthema auf den Punkt zu bringen und somit das Forschungsinteresse zu konkretisieren, ist, so viele Fragen wie möglich an das Thema zu stellen. Wenn sich die Fragen nicht auf ein bzw. einige wenige Fragenkomplexe konzentrieren lassen, ist der Themenaspekt wahrscheinlich zu groß gewählt.

Mögliche Strategien zur Themeneingrenzung sind beispielsweise: eine spezielle Perspektive einnehmen, einen begrenzten Zeitraum betrachten, einen ausgewählten Aspekt untersuchen, einen Überblick geben, eine begrenzte Anzahl von Theorien oder Positionen vergleichen, eine bestimmte Altersgruppe wählen, auf einen speziellen Bildungshintergrund oder einen geographischen Raum fokussieren. Daraus ergeben sich viele Forschungsinteressen!

Bei der Festlegung auf ein Forschungsinteresse bzw. auf einen Aspekt eines Themenbereichs muss man sich immer dessen bewusst sein, dass ein Thema niemals bis in die kleinste Verästelung erschöpfend behandelt werden kann. Einer der größten Fehler bei der Wahl von Arbeitsthema bzw. Forschungsinteresse ist die Festlegung auf ein viel zu großes Thema. Es kommt also darauf an, sich auf eine/einige wenige wichtige Fragestellungen zu konzentrieren – und sich damit auf ein konkretes Forschungsinteresse festzulegen.

5.3.3 Tipps zur Fokussierung auf ein Arbeitsthema bzw. ein konkretes Forschungsinteresse

Ein Arbeitsthema sollte … (vgl. bspw. Dahinden et al., 2013, S. 55–56)

- nicht gänzlich unbekannt sein:
  Es gibt sonst häufig Probleme mit der Fokussierung und es ist eine lange Einarbeitungszeit zu berücksichtigen, damit Wichtiges von Unwichtigem getrennt und die Literatur korrekt beurteilt werden

kann. (Diese Anforderung ist zu Beginn des Studiums bzw. beim bewussten Erarbeiten eines neuen Themas nicht leicht umzusetzen; hier ist genug Zeit für die Einarbeitungsphase einzuplanen.)

- nicht zu groß sein:
  Sonst erlaubt es keine klare und deutliche Auseinandersetzung, weil man sich viel zu viel vorgenommen hat, was man nicht bewältigen kann. (Hier gibt es auch Hilfe durch die Seminar-Leitung oder die Betreuung einer wissenschaftlichen Arbeit.)
- interessant sein:
  Sonst ist eine längere Beschäftigung damit sehr unerfreulich. Bei heftiger Abneigung gegen ein Arbeitsthema ist von der Bearbeitung abzuraten.
- nicht zu persönlich sein:
  Sachverhalte müssen nüchtern, unbefangen und unparteiisch dargestellt werden können, zu große eigene Betroffenheit von einem Thema ist meist sehr hinderlich. Betroffenheit von einem Thema ist klar zu unterscheiden von Interesse für ein Thema!
- nicht zu ehrgeizig sein:
  Die Ziele sind realistisch einzuschätzen; man darf sich selbst und den Text nicht überfordern.
- in der vorgesehenen Zeit zu bewältigen sein:
  Irgendwann möchte (oder muss) man ja auch fertig werden …
- nach Allgemeingültigkeit streben:
  Die Beschäftigung mit Einzelfällen ohne zumindest den Versuch zu machen, eine gewisse Verallgemeinerung zu erzielen, reicht nicht aus. Es genügt also nicht, Einzelfälle zu beschreiben, sehr wohl können Einzelfälle aber als Beispiele für allgemeine Ausführungen herangezogen werden bzw. kann ein Problem anhand eines Einzelfalls grundsätzlich bearbeitet werden.
- theoriegeleitet sein:
  Jedes Arbeitsthema muss von bereits vorhandenen Überlegungen ausgehen und sich eine Forschungslücke suchen. Wissenschaft baut stets auf vorhandenem Wissen auf, keine wissenschaftliche Arbeit kann im „theoretisch luftleeren Raum“ entstehen.

Die Definition des Forschungsinteresses bzw. des Arbeitsthemas ist kein einmaliger, sondern ein iterativer Prozess. So kann sich das Arbeitsthema während der Bearbeitung aufgrund des Literaturstudiums durchaus verändern und verschieben (aber nicht mehr zu jedem beliebigen Zeitpunkt während der weiteren Bearbeitung). Dies ist nicht negativ, sondern ein üblicher Prozess im Rahmen der Themenfindung.

Folgende Fragen können schließlich dabei helfen, das konkrete Arbeitsthema bzw. das Forschungsinteresse genau zu präzisieren:

Inhaltliche Fragen sind am bzw. vor Beginn jeder wissenschaftlichen Arbeit von großer Wichtigkeit:

- Was will ich wissen? Welches Erkenntnisinteresse habe ich? (Zum Erkenntnisinteresse siehe Kapitel 5.4).
- Was will ich nicht wissen?
- Warum will ich es wissen?
- Was ist an diesem Themenaspekt besonders interessant?
- Für wen könnte dieses Forschungsinteresse noch von Relevanz sein?
- Welche Aspekte könnten vernachlässigt werden?

Außerdem sind Fragen zum **persönlichen Wissensstand** über das Thema bzw. den Forschungsstand zu berücksichtigen:

- Was weiß ich bis jetzt zu diesem Thema?
- Was habe ich bereits dazu gelesen/gelernt?
- Was weiß ich noch nicht, was muss ich noch lesen?
- Wie hoch wird vermutlich der Aufwand dafür sein?

Es stellen sich aber auch eher **organisatorische** bzw. ganz **praktische Fragen**:

- Wie viel Zeit habe ich für meine Arbeit?
- Welchen Umfang soll meine Arbeit haben?
- Ist die notwendige Literatur vorhanden und zugänglich?
- Ist die Literatur für mich verständlich? (Stichwort fremdsprachige Literatur)

5.4 Erkenntnisinteresse

Neben dem problembegründeten Forschungsinteresse und der Zielformulierung gibt es im Zusammenhang mit dem zu bearbeitenden Themenaspekt noch eine weitere Ebene zu berücksichtigen, die Einfluss auf das Forschungsvorhaben hat: das Erkenntnisinteresse.

5.4.1 Exkurs Wissenschaftstheorie: Erkenntnis und Erkenntnisinteressen

Um das Erkenntnisinteresse besser zu verstehen, ist ein Exkurs in die Wissenschaftstheorie notwendig. Unter dem zentralen Begriff Erkenntnis wird „das begründete Wissen eines Sachverhaltes" (Mittelstraß, 1995, S. 575) verstanden, „weil eine Erkenntnis eine als wahr nachgewiesene Aussage ist“ (Poser, 2001, S. 22). Diese einzelnen Aussagen stehen nicht für sich allein, sondern sind Teil eines Systems von Aussagen, die eine Einheit bilden. „Wissenschaft, wo immer und wie immer sie betrieben wird, zielt also ab auf Aussagensysteme oder Theorien, die *begründet* sind.“ (Poser, 2001, S. 22)

Ziel der Wissenschaft ist immer Erkenntnisgewinn oder Erkenntniszuwachs (auch über die Bedingungen der Kenntnisgewinnung), das „begründete Wissen“ soll also erweitert werden. Hinter diesem Ziel stehen Erkenntnisinteressen, denn es stellt sich die Frage, in welchem Interesse Wissenschaft betrieben wird. Was soll mit der gewonnenen Erkenntnis geschehen? Wofür soll die gewonnene Erkenntnis genutzt werden?

Jürgen Habermas hat in seinem Buch *Erkenntnis und Interesse* (1968) beide Begriffe voneinander getrennt, da es ihm einerseits um die Unterscheidung zwischen empirisch-analytischer und historisch-hermeneutischer Forschung ging und andererseits um Aufklärung, eben darum, wie eine emanzipierte Gesellschaft agieren kann. „Erkenntnis“ und „Interesse“ sind stark miteinander verbunden, genauso wie Erkenntniskritik und Gesellschaftstheorie.

Auch wenn es die Wissenschaftstheorie eigentlich bereits immer schon gegeben hat, so ist die Auseinandersetzung mit wissenschaftstheoretischen Positionen in den 1960er-Jahren dringlicher geworden. Dies kann u. a. darauf zurückgeführt werden, dass verstärkt Fragen aufkamen, warum überhaupt Wissenschaft (in welchem Interesse?) betrieben wird (vgl. Poser, 2001). Wissenschaft ist kein Selbstzweck, es geht auch nicht um den wissenschaftlichen Fortschritt um jeden Preis, sondern um einen reflektierten Zugang zu den Erkenntnismöglichkeiten, die existenzielle Bedürfnisse der Menschheit inkludieren.

Das **Erkenntnisinteresse**, die **Fragestellung** und die **Definition des Erkenntnisgegenstandes** (vgl. Habermas, 1968) beziehen sich aufeinander, sie bilden eine Einheit (eigentlich eine Dreiheit, „Triade“) und stehen in Verbindung zueinander. Dabei findet Wissenschaft nicht in einem wertfreien Raum statt, sondern ist immer auch von der Zugangsweise bestimmt, wie und warum welche Fragen gestellt und bearbeitet werden. Dies betrifft immer auch den Bereich des Interesses. Es geht um „erkenntnisleitende Interessen“ (Habermas, 1969, S. 155). Das Bestreben von Wissenschaft ist es zu verstehen und zu erklären. Der Bereich des **Verstehens** zielt auf die Auseinandersetzung damit ab, wie sich Menschen in der Welt orientieren und was ihre grundsätzlichen Ziele und Vorstellungen ausmacht. Das **Erklären** zielt auf die Erkenntnis der Mechanismen des menschlichen Zusammenlebens ab, deren Gesetzmäßigkeiten und auf die Beeinflussungszusammenhänge.

Jürgen Habermas (1969) unterscheidet drei verschiedene Erkenntnisinteressen: Die Hypothesenüberprüfung ist für Habermas das technische Erkenntnisinteresse, die Verständigung über Probleme das praktische Erkenntnisinteresse und Selbstreflexion ist von einem emanzipatorischen Erkenntnisinteresse geprägt. Das **technische Erkenntnisinteresse** orientiert sich an der technischen Verwertbarkeit und der Kontrollierbarkeit von Ereignissen und ist den Naturwissenschaften und den empirisch-analytischen Sozialwissenschaften zuzuordnen. Das generierte Wissen und daher auch die Erkenntnis wird nach seiner technischen Verwertbarkeit beurteilt. Das **praktische Erkenntnisinteresse** ist bei den historisch-hermeneutischen (Geistes-)Wissenschaften angesiedelt. Das Verstehen und die Interpretation der gewonnenen Erkenntnisse steht hierbei im Vordergrund, ebenso die Frage, wie ein praktischer Nutzen für die Gesellschaft erbracht werden kann. Ziel ist damit, eine bessere Verständigung in der Lebenspraxis zu erreichen. Generiertes Wissen und damit auch Erkenntnis wird nach seiner praktischen Verwertbarkeit für die Gesellschaft beurteilt. Das **emanzipatorische Erkenntnisinteresse** ist für kritisch orientierte Wissenschaften wie die Kritische Theorie und die kritischen Sozialwissenschaften charakteristisch. Es ist an der Behebung gesellschaftlicher Missstände sowie der Aufklärung und Emanzipation der Gesellschaft interessiert und will das technische Erkenntnisinteresse überwinden (vgl. Habermas, 1969).

Eberhard (1999) hat ebenfalls drei Arten von Erkenntnisinteressen definiert: phänomenales, kausales und aktionales Erkenntnisinteresse. Das **phänomenale Erkenntnisinteresse** fragt nach faktischen Gegebenheiten, ihren Merkmalen und Eigenschaften sowie nach Erscheinungen und ihren Beschreibungen, ggf. im Querschnitt, im Längsschnitt oder im Zeitverlauf. Die zentralen Fragen dabei sind: „Was ist los? Was geschieht?“ Das **kausale Erkenntnisinteresse** fokussiert auf Ursachen der Phänomene (rückwärtsgerichtes Warum?), aber auch auf den Zweck (vorwärtsgerichtetes Wozu?). Kennzeichnende Fragen hierbei sind: „Warum ist es so? Warum geschieht es?“ Hier sei auf die generelle Problematik der Kausalität hingewiesen und vor einem zu schnellen Behaupten von Kausalzusammenhängen gewarnt (Stichwort Schein-Kausalität). Das **aktionale Erkenntnisinteresse** beschäftigt sich mit den Möglichkeiten des Handelns/der Praxis sowie mit der strategischen Beeinflussung/Beeinflussbarkeit von Phänomenen. Dabei interessieren generative (erzeugende) und präventive (verhindernde) Aktionen („Was ist zu tun?“). Die Antworten auf diese Fragestellungen führen zu phänomenalen, kausalen und aktionalen Theorien (vgl. Eberhard, 1999, S. 17–19).

5.4.2 Erkenntnisinteressen in wissenschaftlichen Forschungsarbeiten

Es besteht ein enger Zusammenhang zwischen dem Wissenschaftsverständnis sowie der Erkenntnis und den Theorien, die eine Wissenschaft hervorbringt. So stellen die verschiedenen Erkenntnisinteressen quasi eine „Brille" dar, mit der auf den interessierenden Themenaspekt geblickt wird. Je nach Brille (nach Erkenntnisinteresse) können unterschiedliche Forschungsinteressen oder unterschiedliche Richtungen des Themas identifiziert werden. Dabei gilt immer: Jede Erkenntnis ist grundlegend von Interessen konstituiert.

Im Zusammenhang mit einer wissenschaftlichen Arbeit, die man schreiben muss, geht es v. a. darum, zu benennen, vor welchem grundlegenden Interesse bzw. zu welchem Zweck die Forschung durchgeführt wird.

Im Wesentlichen geht es dabei um eine Grundsatzentscheidung, wofür die gewonnene Erkenntnis eingesetzt werden soll. Je nach Erkenntnisinteresse, also je nach der Absicht, wie die Forschung weiter verwendet werden soll, können sich auch Auswirkungen auf das Forschungsdesign ergeben. Die Entscheidung für ein Erkenntnisinteresse ist quasi eine „Richtungsentscheidung". (Ein sehr plakatives Beispiel: Stellen Sie sich vor, Sie müssen ein Haus bauen. Dazu müssen Sie zunächst wissen, ob Sie einen Keller bauen wollen oder nicht. Von dieser Entscheidung hängt Ihr weiteres Bauvorhaben ab. Weitere grundsätzliche Entscheidungen wären, ob Sie bspw. einen Bungalow oder ein dreistöckiges Gebäude bauen wollen.)

Wie wird das in einer Forschungsarbeit konkret umgesetzt? Grundsätzlich sollten Sie sich vorab überlegen, wofür die Forschungsergebnisse verwendet werden sollen bzw. von welcher Richtungsentscheidung Sie ausgehen. Wollen Sie Gegebenheiten und Erscheinungen beschreiben (= phänomenales Erkenntnisinteresse)? Wollen Sie nach den Ursachen oder dem Sinn und Zweck von Phänomenen fragen (= kausales Erkenntnisinteresse)? Konzentrieren Sie sich auf Handlungsmöglichkeiten, auf Fragen der Praxis und der Beeinflussbarkeit von Phänomenen (= aktionales Erkenntnisinteresse)? Geht es Ihnen um die technische Verwertbarkeit Ihrer Ergebnisse (= technisches Erkenntnisinteresse)? Fokussieren Sie auf Handlungsorientierung, Interpretation und das Ziel, bessere Verständigung in der Lebenspraxis zu erzielen (= praktisches Erkenntnisinteresse)? Wollen Sie Aufklärung und/oder Kritik an den herrschenden Verhältnissen üben (= emanzipatorisches Erkenntnisinteresse)?

Diese Entscheidung ist hoch relevant, denn häufig hängt das gesamte Forschungsdesign von diesem zugrunde liegenden Erkenntnisinteresse ab.

In der Forschungsarbeit sollte man idealerweise angeben, von welchem Erkenntnisinteresse man ausgeht und welchen Zweck man mit der Arbeit verfolgt. Dafür genügen zumeist einige wenige Sätze. Gelegentlich findet man diese Festlegung unter der Frage „cui bono?“ („Wem nützt die Forschung etwas?“) Dies ist vielleicht nicht ganz korrekt, aber sehr nahe am Prinzip des Erkenntnisinteresses – und eine sehr gute Frage für eine Forschungsarbeit einer Gesellschaftswissenschaft.

5.5 Zielformulierung

Ausgehend vom Problem, im Rahmen des gewählten Forschungsinteresses und vor dem Hintergrund des Erkenntnisinteresses muss nun das konkrete Ziel der Arbeit (Forschungsziel) herauskristallisiert und festgeschrieben werden. Ähnlich einem Scheinwerfer, der einen bestimmten Gegenstand anleuchtet, wird das Ziel eingegrenzt. Die zentrale Frage bei der Festlegung des Zieles lautet: „Was will ich mit meiner wissenschaftlichen Arbeit herausfinden?“

Das Ziel gibt also an, was innerhalb des Forschungsinteresses konkret untersucht werden soll.

> Essenziell für eine sinnvolle und zeitgerechte Erarbeitung eines Forschungsinteresses ist eine konkrete, präzise Zielformulierung.

Für jede Arbeit ist die Formulierung eines klaren Zieles notwendig, dieses Ziel soll am Ende der Arbeit erreicht werden. Im Grunde soll natürlich das Problem gelöst werden, wobei das Problem ja schon auf eine wissenschaftliche Basis gebracht wurde. Es ist aber notwendig – und auch sehr hilfreich –, das Ziel der Arbeit ganz genau festzuhalten und präzise zu formulieren. So kann jede Leserin sofort erkennen, was mit der Arbeit geleistet werden soll. Für den Verfasser ist es deshalb notwendig, das Ziel zu definieren, um genau darauf fokussieren zu können. Schließlich werden alle Arbeitsschritte auf dieses Ziel hin ausgerichtet, dieses steht im Mittelpunkt der Arbeit.

Besonders zu beachten ist, dass es sich um eine kommunikationswissenschaftliche Problemsicht handelt, und nicht um eine rein soziologische, politologische, psychologische, wirtschaftswissenschaftliche etc. Dennoch ist es wertvoll zu prüfen, ob es andere wissenschaftliche Disziplinen gibt, die sich mit dem Thema beschäftigen.

Das Ziel einer Arbeit muss mit wenigen Sätzen so formuliert werden können, dass ein Dritter klar erkennen kann, worum es in dieser Arbeit gehen wird. Wenn das Ziel nicht mit wenigen Sätzen formuliert werden kann, dann ist es noch zu unklar.

Die Zielformulierung fungiert als „roter Faden" durch die Arbeit, alle Kapitel, Erklärungen und Darstellungen müssen auf die Zielerreichung ausgerichtet sein und helfen, das Ziel (besser) zu erreichen. **Das Ziel, die Forschungsfragen und Hypothesen einer wissenschaftlichen Arbeit müssen konsistent sein und dürfen sich nicht widersprechen.**

Folgende Kriterien müssen für die Zielformulierung beachtet werden:

- Untersuchungsgegenstand und Ausschnitt der sozialen Wirklichkeit:
  Was und in welchem Umfang soll untersucht werden?
- Untersuchungszeitraum und Untersuchungsschauplatz:
  Welche Zeiträume betrifft mein Interesse? Welchen geographischen Rahmen will ich setzen?
- Untersuchungstiefe und Untersuchungsebene:
  Wie genau und auf welcher Ebene soll untersucht werden?

Mit diesen Punkten wird der **Geltungsbereich** der Arbeit festgelegt. Dieser sollte nicht nur implizit erkennbar sein, sondern explizit formuliert werden.

Diese Fragen sind am Anfang einer wissenschaftlichen Arbeit anzudenken und abzuklären. Es ist bspw. erst dann sinnvoll, Forschungsfragen zu entwickeln, wenn klar ist, welche Vorarbeiten zu diesem Thema vorliegen. Darum muss man sich immer fragen: Welche anderen Studien gibt es zu diesem Thema? Auf welchen Theorien baut die Studie auf?

Wer diese wichtige Phase einfach überspringt, landet meist in einer unbefriedigenden Wiederholung von bereits da gewesenem Material oder endet im „wissenschaftlichen Nirwana" des „aber *das* könnte ich eigentlich auch noch untersuchen".

5.6 Forschungsstand

Teil jeder wissenschaftlichen Arbeit ist der sog. Forschungsstand. Man stellt dabei den interessierenden Forschungsgegenstand dar, und zwar alles, was man zu diesem Problem bis heute weiß. Man präsentiert hier die schon vorliegenden wissenschaftlichen Ergebnisse zum konkreten Problem bzw. Ziel. Dabei müssen die momentan vorherrschende wissenschaftliche Ansicht dargeboten, die aktuelle Debatte rund um diesen Forschungsgegenstand berücksichtigt und Kritikpunkte an den Ansätzen aufgezeigt werden. Ein (kurzer!) historischer Abriss über die Entwicklung des Forschungsgegenstandes ist wünschenswert und manchmal sehr nützlich, der Schwerpunkt der Darstellung muss aber auf dem aktuellen Stand der Forschung liegen. Allen Lesern wird damit klar, auf welcher wissenschaftlichen Basis eine Arbeit an- und aufsetzt.

Der Forschungsstand stellt quasi das Fundament der bisherigen Forschungsergebnisse zum interessierenden Thema dar. Auf diesem Fundament aufbauend arbeitet man weiter – man legt in der Wissenschaft immer offen, von welcher Basis man ausgeht. Da jede wissenschaftliche Arbeit auf dem vorhandenen Wissen bzw. den bisherigen Erkenntnissen aufbaut, braucht auch jede Arbeit einen Forschungsstand.

Die Darstellung eines Forschungsstandes bedeutet immer (!) eine intensive Literaturrecherche und: viel Lesen! Gerade das Studium der Publizistik- und Kommunikationswissenschaft ist ein besonders literaturintensives Studium. Nur aufgrund der gesichteten und gelesenen Literatur kann der aktuelle Forschungsstand wiedergegeben werden. Hierbei ist es von Vorteil, die Quellen schon während der Recherche zu dokumentieren, um später darauf zurückgreifen zu können. Des Weiteren ist es von großer Wichtigkeit, auch aktuelle Fachzeitschriften in die Recherche miteinzubeziehen und vor englischer Literatur nicht zurückzuschrecken. (Die Beherrschung der englischen Sprache ist eine Voraussetzung für das Studium der Publizistik- und Kommunikationswissenschaft.)

Keinesfalls ist es ausreichend, den Forschungsstand anhand von Fundstellen im Internet nachzuzeichnen, in der Kommunikationswissenschaft dominieren die „klassischen" Medien Buch bzw. Fachzeitschrift (die mittlerweile aber natürlich im Internet zu finden sind). „Googeln" ist für eine Themenfindung nicht schlecht, u.a. weil man das Interesse Dritter an diesem Thema so leicht eruieren kann. Als Literaturrecherche bringt googeln zwar erste Hinweise, ist als einzige Basis aber unzulänglich und bei Weitem nicht ausreichend.

Die Literaturrecherche bzw. das Einarbeiten in ein Thema, das schließlich zur Darstellung des Forschungsstandes führt, folgt üblicherweise folgendem Ablauf:

1. Einen ersten Überblick verschaffen:
   Hier muss man (ev. zum ersten Mal) in ein Thema eintauchen, man muss sich mit den entsprechenden Fachbegriffen vertraut machen, die Entwicklung des Themas verstehen und wichtige Positionen bzw. Definitionen kennenlernen.

Dazu dienen zunächst Lexika, Handbücher und Nachschlagewerke: dtv-Lexikon zur Massenkommunikation, Fischer-Lexikon zur Publizistik etc. bieten einen ersten Überblick. In den Bibliotheken sind Lexika und Handbücher u.Ä. meist für alle Bibliotheksbenützerinnen zugänglich (in Freihandaufstellung).
„Standardwerke“, üblicherweise also allgemeine Einführungswerke, aber auch jene zu einem speziellen Schwerpunkt, helfen dabei, sich in das Thema einzuarbeiten. Empfehlenswert sind insbesondere Roland Burkarts *Kommunikationswissenschaft* (2019), die Reihe *Studienbücher zur Publizistik- und Kommunikationswissenschaft* sowie Bibliographien.

2. Gezielte Einarbeitung in die spezielle Thematik:
   Nach einem ersten Überblick muss man sich vertieft mit dem gewählten Thema auseinandersetzen. Hier geht es darum, herauszufinden, welche Autorinnen bereits zu diesem Thema geschrieben haben, welche Positionen sie vertreten, ob sich diese Ansichten widersprechen etc. und welche Forschungsschwerpunkte innerhalb des Themas gesetzt werden.
   Bei aktuellen Themen ist die Recherche in möglichst aktuellen Fachzeitschriften unbedingt nötig, da zu „jungen“ Themen üblicherweise nur wenige Werke vorhanden sind und diese aktuellen Phänomene zunächst in Fachzeitschriften erörtert werden. Bei der Literaturrecherche in Fachzeitschriften beginnt man bei den jüngsten Ausgaben und geht schrittweise einige Jahrgänge zurück, um sich einen Überblick über die aktuelle Forschungslage zu verschaffen. Wichtige Literaturhinweise enthalten insbesondere Quellenverzeichnisse und Anmerkungsteile in den diversen Aufsätzen.
   Neben den Fachzeitschriften muss man aber auch weitere aktuelle Literatur recherchieren. Ansatzpunkte bieten hier die Neuzugänge von Fachbibliotheken. Rezensionen und Buchbesprechungen in div. Fachzeitschriften und eigenen Rezensionszeitschriften (bspw. Communication Abstracts) widmen sich ebenfalls Neuerscheinungen, einige Fachzeitschriften bieten Literaturdienste zu Schwerpunkten, bspw. in „Media Perspektiven“.
   Sehr lohnend ist das Vorgehen nach dem „Schneeball-Verfahren“ (auch „Methode der konzentrischen Kreise“ oder „Lawinen-System“ genannt): Die Literaturlisten und Anmerkungsteile von Büchern, Zeitschriften- und Sammelbandaufsätzen können als Literaturtipps genutzt und weiterverfolgt werden. Auch in Diplom- und Masterarbeiten bzw. Dissertationen kann in den Quellenverzeichnissen nach passenden Literaturhinweisen gesucht werden; die entsprechende Literatur muss dann aber im Original besorgt werden.

3. Ordnen und Systematisieren der recherchierten Literatur:
   Schließlich muss die Literatur für die weitere Verwendung aufbereitet werden. Dabei ist es wichtig, Prioritäten zu setzen: Die recherchierte Literatur muss nach ihrer Wichtigkeit für die eigene Arbeit eingeschätzt und selektiert werden.

Man kann es nicht oft genug sagen: Das Lesen ist eine zentrale wissenschaftliche Tätigkeit! Und: Die Abstracts von Artikeln reichen dazu nicht aus!

6 Forschungsfragen

Die Forschungsfragen sind jene Fragen, die auf das konkrete Problem bzw. das Erkenntnisinteresse zielen und damit maßgeblich für die ganze Arbeit sind. Die Arbeit in der Wissenschaft setzt voraus, dass man (kritische) Fragen stellt und nicht das Vorhandene immer wieder reproduziert, sondern hinterfragt – Sozialwissenschaft lebt vom In-Frage-Stellen vorgefundener Tatbestände.

Forschungsfragen sind die zentralen Fragen, die im Verlauf der wissenschaftlichen Arbeit erarbeitet – und beantwortet – werden. Sie werden auf Basis der gelesenen Literatur erstellt und sind somit theoriegeleitet. Sie tragen dazu bei, die vorgefundene Forschungslücke zu schließen.

Forschungsfragen sind die Grundlage einer jeden wissenschaftlichen Arbeit, sie leiten die gesamte Forschung. Für ihre Erarbeitung muss große Sorgfalt und ausreichend Zeit aufgewendet werden. Sie legen fest, womit sich die Arbeit beschäftigen wird und womit nicht. Sie zeigen zudem an, ob zusätzlich zum Literaturstudium eine empirische Erhebung durchgeführt werden muss, und dienen auch als Ausgangsfragen für die Erstellung des methodischen Instrumentariums. Wichtig ist, dass die Geltungsbedingungen erläutert werden. Es wird also definiert, unter welchen Rahmenbedingungen bzw. Einschränkungen eine Forschungsfrage untersucht werden soll (bspw. räumliche und zeitliche Geltungsbedingungen, Beschränkungen hinsichtlich des Alters, der Möglichkeiten der Forschung etc.).

Forschungsfragen gibt es sowohl beim quantitativen/deduktiven als auch beim qualitativen/induktiven Vorgehen. Sie präzisieren das gewählte Thema und sind damit für jede Form von wissenschaftlichem Arbeiten notwendig, wichtig und nützlich. Beim qualitativen Arbeiten werden die Forschungsfragen auch häufig als „forschungsleitende Fragen“ bezeichnet. Die Funktion ist aber dieselbe: Die forschungsleitende Frage fragt nach etwas Neuem und ist Ausgangspunkt für die weitere Beschäftigung.

Wenn sich für ein Thema keine wissenschaftliche Forschungsfrage finden lässt oder „künstlich“ erscheint, so muss man sich fragen, ob das gewählte Thema wirklich für eine wissenschaftliche Arbeit geeignet ist. Mit dem Schreiben der Arbeit kann erst begonnen werden, wenn eine präzise Frageformulierung vorliegt, sonst kann es leicht passieren, dass am Thema vorbei gearbeitet, die falsche Literatur gelesen, die falschen Daten erhoben werden.

Forschungsfragen konkretisieren das Forschungsinteresse und müssen im Laufe der Arbeit, vor allem durch Literaturrecherche und eigene empirische Untersuchungen bzw. eine Zusammenschau von beidem, beantwortet werden. Deshalb sollten für eine wissenschaftliche Arbeit nur wenige Fragen gestellt werden, da eine große Anzahl an Fragen die Gefahr des Ausuferns birgt.

Wie viele Forschungsfragen für eine Arbeit „richtig“ sind, lässt sich pauschal nicht beantworten. Es kommt immer auf den Umfang und die Tiefe des gewählten Themas an. Eines lässt sich aber mit Sicherheit sagen: Es braucht mindestens eine Forschungsfrage für jede Arbeit.

6.1 Anforderungen an Forschungsfragen

Für die Erstellung von Forschungsfragen gibt es einige wesentliche Anforderungen:

- Forschungsfragen fragen nach etwas Neuem.
- Forschungsfragen sind theoriegeleitet.
- Forschungsfragen fragen entweder
  - nach dem Zusammenhang von (mind. zwei) Variablen oder
  - nach der Beschaffenheit einer Variable.

Dass nach etwas „Neuem“ gefragt wird, ist durchaus eine hohe Anforderung – aber genau das ist Wissenschaft: Es soll etwas Neues geschaffen werden. Grundsätzlich zielt die Bearbeitung von wissenschaftlichen Problemen auf die Erweiterung des vorhandenen Wissens, indem Tatsachen gesammelt und beschrieben, kritisch dargestellt, begründet, gedeutet sowie in Zusammenhang mit oder in kritische Gegenüberstellung zu bestehenden Ansichten gebracht werden. Aus diesen Problemstellungen ergeben sich dann die konkreten Forschungsfragen, die eben nach einem neuen Zusammenhang, einer neuen Sichtweise oder einem neuen Aspekt fragen.

Diese Frage nach etwas Neuem muss aber auch ein wenig eingeschränkt werden: „Neu“ bedeutet hier nicht eine neue Theorie o.Ä., sondern es genügt, einen neuen Aspekt zu bereits bestehendem Wissen hinzuzufügen, also bspw. bereits vorhandene Aussagen mit einer neuen Methode oder einem neuen Zugang zu bestätigen oder ausgehend von einer Studie eine neue Zielgruppe zu untersuchen, eine andere Altersgruppe zu wählen etc. Das ist sogar ein ganz typischer Vorgang in den Sozialwissenschaften: Auf Basis von vorhandenen Studien wird gefragt, wie diese Fragestellung in einem anderen Kontext oder mit anderen Rahmenbedingungen beantwortet werden muss. Das steht in der Tradition der Forschungslogik Poppers, nämlich zu versuchen, Situationen zu finden, in denen die gefundene Problemlösung gerade nicht funktioniert, damit wir unsere vorläufigen (aus der Literatur stammenden) Hypothesen verändern bzw. verfeinern können.

Des Weiteren steigt der Anspruch an Studierende bzw. Wissenschaftler mit Fortschreiten des Studiums oder der wissenschaftlichen Karriere: So kann es zu Beginn eines Studiums, in den ersten Semestern, nicht von Studierenden verlangt werden, dass sie völlig neue Aspekte in die Wissenschaft einbringen, wohingegen dies sehr wohl der Anspruch bei einer Dissertation oder gar einer Habilitation ist.

Eines gilt aber ab dem ersten Semester: Wenn die Antwort auf eine Forschungsfrage mit ganz genau denselben Rahmenbedingungen, denselben soziodemographischen Ansprüchen etc. schon in der Literatur zu finden ist, dann kann diese Fragestellung nicht weiter bearbeitet werden. Es liegt gerade keine Forschungslücke vor. Denn schließlich braucht es für die Bearbeitung dieser Frage keine weitere Forschung, sondern bloß die (korrekt gekennzeichnete) Übernahme der bereits vorhandenen Studienergebnisse aus der vorliegenden Literatur.

Die bloße wissenschaftlich zwar korrekte Wiedergabe von bereits veröffentlichten Ergebnissen erfordert keine eigenständige Forschung – und diese ist in jedem Stadium des Studiums oder der wissenschaftlichen Karriere gefordert, wenngleich natürlich abgestuft nach dem Vorwissen und den Anforderungen an die jeweilige Arbeit.

Forschungsfragen sind daher stets theoriegeleitet. Sie entstehen nicht im „luftleeren Raum", sondern bauen auf einem wissenschaftlichen Fundament – dem aktuellen Forschungsstand – auf und schließen an vorhergegangene Untersuchungen und theoretische Ansätze an. Die Anforderungen, nach etwas Neuem zu fragen und die Forschungsfrage auf einer theoretischen Basis zu erstellen, gehen damit Hand in Hand. Ohne eine theoriengeleitete – also v.a. literaturbasierte – Vorgehensweise kann gar nicht erkannt werden, ob nach etwas Neuem gefragt wird.

Schließlich fragen die Forschungsfragen (üblicherweise) nach dem Zusammenhang von (mindestens) zwei Variablen, also von zwei Merkmalen, die bei der Bearbeitung des Problems interessieren. Häufig findet man auch Forschungsfragen, die nach der Beschaffenheit eines Phänomens fragen. Hier interessiert nur eine Variable und diese wird genau beschrieben. Diese Forschungsfragen können auch als deskriptive Forschungsfragen bezeichnet werden.

Für die Erstellung der Forschungsfragen muss man viel lesen. Nur so kann man herausfinden, ob es sich bei einer Frage um eine Frage nach etwas Neuem handelt.

6.2 Häufige Fehler bei der Erstellung von Forschungsfragen

Was eine Forschungsfrage ist, welchen Zweck sie hat und welche Anforderungen sie erfüllen muss, ist einleuchtend und im Prinzip recht klar. Dennoch ist das Erstellen von Forschungsfragen kein einfacher Prozess, sondern eine der größeren intellektuellen Herausforderungen beim Verfassen einer wissenschaftlichen Arbeit. Man kann sie auch als Kern der Arbeit bezeichnen.

Die Erstellung der ersten Forschungsfragen im Laufe eines Studierenden-Lebens kann recht schwierig sein, sie erfordert – wie so Vieles beim wissenschaftlichen Arbeiten – Übung und Anleitung. Hilfreich ist es, die erstellten Forschungsfragen im Hinblick auf folgende Fehlerquellen „abzutesten", die auf Basis von häufig wiederkehrenden Fehlern erstellt wurden:

- Es wird kein Problem der Publizistik- und Kommunikationswissenschaft hinterfragt.
  Die Forschungsfragen müssen aus der Perspektive der PKW (und nicht aus jener der Soziologie, Psychologie, Wirtschaftswissenschaften, Geschichte etc.) gestellt werden, d. h., es muss sich um Forschungsfragen aus der PKW handeln.
  Zwar ist die PKW eine Integrativwissenschaft, sie bedient sich also unterschiedlicher Theorieansätze und Methoden, die aus anderen Disziplinen entnommen werden, doch müssen bei den Forschungsfragen die kommunikativen Aspekte im Vordergrund stehen. Es genügt dabei bei Weitem nicht, jedes beliebige Thema durch den Zusatz „… im Spiegel der Medien" zu einem kommunikationswissenschaftlichen Thema zu „adeln".
- Zur Forschungsfrage gibt es bereits eine Fülle an eindeutigen wissenschaftlichen Erkenntnissen.
  Wenn genau die erstellte Forschungsfrage in der Literatur schon beantwortet wird, dann kann sie nicht weiter bearbeitet werden.

Das Problem ist schon gelöst – es fehlt also der Aspekt des Neuen. Diesen Fehler kann man nur durch ausführliches Literaturstudium vermeiden. Dies macht wiederum deutlich, wie wichtig das eingehende vorherige Literaturstudium ist!

- Die Forschungsfrage ist missverständlich oder unvollständig formuliert. Jede Forschungsfrage muss für sich genommen verständlich sein. Sie darf zudem keine Begriffe beinhalten, die falsch verstanden werden können. Auch die „Geltungsbedingungen“ der Forschungsfrage müssen genannt werden – entweder explizit in der Forschungsfrage oder einmal vorab für alle Forschungsfragen.
- Die Frage zielt auf eine Ja-/Nein-Antwort ab. Forschungsfragen sind als offene Fragen zu formulieren. Daher gilt die Grundregel, dass eine Forschungsfrage so gestellt wird, dass sie ausführlicher als nur mit Ja oder Nein beantwortet werden muss. Der Erkenntnisgewinn würde sonst gegen Null gehen, da es bei Ja-/Nein-Fragen wohl nichts Neues zu entdecken gibt. Diese Anforderung ergibt sich aber auch aus den beiden Aspekten, nach denen bei einer Forschungsfrage gefragt wird: Wenn bei einer Forschungsfrage gefragt wird, wie sich der Zusammenhang von Variablen darstellt, dann kann ein solcher Zusammenhang nicht mit Ja oder Nein beantwortet werden, sondern die Antwort muss darstellen, wie der Zusammenhang eben aussieht. Wenn in einer Forschungsfrage gefragt wird, wie man ein Phänomen beschreiben kann, dann muss die Beschreibung folgen – auch hier kann die Antwort nicht Ja oder Nein sein.
- Es wird eine Definition hinterfragt. Definitionen sind wichtig und notwendig für eine wissenschaftliche Arbeit, sie fragen aber nicht nach etwas Neuem, sondern nach etwas schon Vorhandenem. Ausnahmen wären hier Definitionen, die neue und noch nicht hinreichend definierte Phänomene betreffen. Bevor man aber behauptet, es würde sich um eine solche noch nicht hinreichend elaborierte und etablierte Definition handeln, braucht es eine sehr sorgfältige Recherche, ob nicht doch schon eine anerkannte Definition existiert.
- Die Forschungsfrage zielt auf ein Messergebnis (bspw. eine Anzahl). Häufig wird nach Messergebnissen gefragt (bspw. nach der Nutzungsdauer von Medien), die bereits in öffentlich zugänglichen Studien verfügbar sind, bspw. in der Media-Analyse, der Österreichischen Web-Analyse ÖWA etc. Hierbei handelt es sich wiederum um bereits bekannte Daten, also um Recherchefragen und nicht um Forschungsfragen. Zudem zeigt ein schlichtes Messergebnis kei-

nen Zusammenhang von Variablen und darum geht es in den allermeisten Forschungsvorhaben. Anders verhält es sich, wenn etwas gemessen werden soll, das es noch nicht gibt.
Im Verlauf einer Untersuchung muss dennoch häufig nach solchen bereits veröffentlichten Daten gefragt werden, weil es für den weiteren Zusammenhang notwendig ist. In diesem Fall interessieren diese Daten aber im Zusammenhang mit einer anderen Variable und nicht alleinstehend, darum müssen sie natürlich erhoben werden.
So interessiert häufig die Nutzung von Medien im Zusammenhang mit anderen Aspekten. Nun gibt es natürlich zahlreiche Studien über die Nutzung von Medien durch verschiedene Bevölkerungsgruppen. Diese können aber nicht für die konkrete Fragestellung verwendet werden, da sie nicht mit den eigenen Daten vermischt werden dürfen/können.

- Die Forschungsfrage ist eine Feststellung.
  Eine Feststellung ist eben keine Frage. Das heißt, Forschungsfragen müssen tatsächlich als Fragesätze formuliert werden.
- Es werden mehrere Forschungsfragen für eine Hypothese aufgestellt.
  Es sei vorweggenommen: Hypothesen sind die vermuteten Antworten auf die Forschungsfragen, sie geben an, wie der ganz konkrete Zusammenhang der Variablen aussieht, nach denen in der Forschungsfrage gefragt wird. Nun kann eine derartige Aussage nicht die Antwort auf mehrere Forschungsfragen sein. Umgekehrt kann es durchaus manchmal sein, dass es für eine (umfangreichere) Forschungsfrage mehrere Hypothesen gibt.
- Es handelt sich um nicht wissenschaftlich zu beantwortende Fragen.
  Dazu gehören vornehmlich ethische und ästhetische Fragen sowie Fragen, die sich unserer Wahrnehmung bzw. einer empirischen Untersuchung entziehen.

6.3 Andere Arten von Fragen in einer wissenschaftlichen Arbeit

Noch ein wichtiger Hinweis: Häufig stellen sich – gerade zu Beginn des Arbeitsprozesses – zahlreiche Fragen rund um das Thema, die bspw. auf die historische Entwicklung, Begriffsdefinitionen etc. abzielen. Solche Fragen sind keine Forschungsfragen, sondern stellen den Rahmen für die Arbeit – und die konkrete Forschungsfrage – dar. Sie sind somit eher als **Recherche- oder Vorfragen** zu betrachten, die durch intensives Literaturstudium zu beantworten sind, bevor die Forschungsfrage aufgestellt werden kann. Dazu zählen bspw. historische Entwicklungen, Messzahlen, allgemeine Daten zur Medienlandschaft und der Mediennutzung – jeweils sofern es diese Daten schon gibt und das Fehlen dieser Daten nicht gerade die Forschungslücke darstellt.

Gerade, wenn man sich am Beginn der Einarbeitung in ein neues Thema befindet, stellen sich viele solcher Recherchefragen. Vieles davon wird auch für einen selbst neu sein. Fragen nach diesen Aspekten sind dennoch keine Forschungsfragen, da sie nur „persönlich neu" sind, aber nicht neu für die Wissenschaft. Das Neue bezieht sich also immer auf den Stand der Wissenschaft, aber nicht auf das persönliche Wissensniveau. Noch einmal sei erwähnt: Eine ausführliche Literaturrecherche ist unumgänglich, um herauszufinden, ob etwas nur für den Forscher neu ist oder auch für die Wissenschaft.

7 Hypothesen

Eine Hypothese ist die „vermutete Antwort auf eine Forschungsfrage". Diese Vermutung ist nicht durch eine Bauchentscheidung, sondern durch Literatur begründet. Sie ist eine unbewiesene, aber von inhaltlichen Widersprüchen freie Annahme, ein „wissenschaftlicher Satz, der als zutreffend angenommen wird und aus dem theoretische Überlegungen abgeleitet werden können. Im Gegensatz zu einem Axiom muss die Hypothese zum Ende einer Argumentation entweder verifiziert [besser: vorläufig bestätigt; Anm. d. Verf.] oder falsifiziert werden. Eine Hypothese wird durch Argumente gestützt – bspw. durch erhobenes Datenmaterial –, bis sie schließlich als bewiesen gelten kann oder durch die Argumente widerlegt wird." (Bünting et al., 2000, S. 126)

Beim quantitativen/deduktiven Arbeiten basieren die Hypothesen auf Erkenntnissen aus der Literatur und sind nicht bloß intuitive Vermutungen. Ob diese Vermutungen zutreffend sind, wird durch eine eigene empirische Untersuchung geprüft. Mit den Hypothesen werden die Forschungsfragen beantwortet. Dieses Vorgehen nennt man **hypothesenprüfendes Arbeiten**.

Beim qualitativen Arbeiten werden die Hypothesen nicht gleich im Anschluss an die Forschungsfragen bzw. forschungsleitenden Fragen erstellt, sondern nach der Durchführung der empirischen Untersuchung. Nach der Formulierung der Forschungsfragen liegen in diesem Falle nicht genügend Untersuchungen vor, um schon Hypothesen formulieren zu können. Da aber Hypothesen immer auf Basis von (empirischen) Erkenntnissen aufgestellt werden müssen, wird die eigene empirische Untersuchung durchgeführt, um eben (genug) empirische Erkenntnisse zu haben, um erst einmal Hypothesen zu erstellen, und nicht, um diese schon zu prüfen. Dieses Vorgehen nennt man **hypothesengenerierendes Arbeiten**.

Es werden also bei beiden wissenschaftlichen Zugängen Hypothesen aufgestellt, aber zu einem anderen Zeitpunkt in der Arbeit und auf Basis von anderen Daten.

Die Hypothese muss grundsätzlich zur Forschungsfrage passen, sie muss die Forschungsfrage also ganz konkret beantworten und nicht nur „irgendwie dazu passen". In den Forschungsfragen sind die Variablen ja schon entweder explizit angeführt oder zumindest implizit angelegt, es wird (üblicherweise) nach dem Zusammenhang dieser Variablen gefragt. Erstrebenswert ist es, in der Hypothese die Art des Zusammenhangs darzulegen (bzw. zunächst einmal – theoretisch basiert – zu vermuten und meist später zu überprüfen). Man sollte sich bei einer Hypothese für die Art des Zusammenhangs entscheiden, also angeben, wie die Variablen genau zusammenhängen. Bloß anzugeben, *dass* es einen Zusammenhang gibt, ist in manchen Fällen, v.a. beim qualitativen Arbeiten, durchaus möglich und auch sinnvoll. Abgesehen davon birgt dies häufig die Gefahr, dass die Hypothesen „beliebig" werden und nur irgendeinen Zusammenhang behaupten. Ziel ist demnach nicht nur zu sagen, *dass* sie zusammenhängen, sondern auch zu sagen, *wie* sie ganz konkret zusammenhängen.

Es handelt sich bei einer Hypothese also um

- die Vermutung über einen bestimmten Sachverhalt,
- eine Aussage über einen bestimmten Sachverhalt, der empirisch falsifizierbar ist,
- eine Vermutung über die Beziehung von zwei oder mehreren Variablen zueinander (Merkmalszusammenhänge).

Es ist nun notwendig, klar darauf hinzuweisen, dass diese „Vermutung" auf logischen Ableitungen aus bereits vorhandenem Material (Literatur, Studien etc.) gründet und nicht auf intuitiven Vermutungen des Forschers ohne vorheriges Studium der Quellen. Eine Hypothese drückt eine wohlbegründete Vermutung aus. Sie muss also grundsätzlich möglich bzw. denkbar sein, „es muss auch gesagt werden, dass ein bestimmter theoretischer Hintergrund existiert, der genau diese Annahme stützt. Bei der Ausarbeitung einer Hypothese muss also stets auch der theoretische Zusammenhang benannt werden, der zur Klärung des Problems herangezogen werden soll." (Häder, 2015, S. 39) Der Forschungsstand mit seinen aktuellen Studien sowie das ganze Repertoire an wissenschaftlichen Ansätzen lassen die Hypothesen zumindest theoretisch möglich und sogar wahrscheinlich erscheinen. So können bspw. die Ergebnisse, die bei einer Studie in Deutschland erhoben wurden, als Grundlage für die Vermutung herangezogen werden, dass sie in Österreich aufgrund einer ähnlichen Zusammensetzung und einem ähnlichen Hintergrund der untersuchten Bevölkerungsgruppe ähnlich aussehen werden. Oder es gibt in der Literatur einen bestimmten

Zusammenhang von Variablen für Männer und es lassen sich (wiederum in der Literatur) Gründe dafür finden, dass sich der Zusammenhang der Variablen für Frauen genauso gestaltet – oder gerade anders.

Bei den genannten Beispielen dienen Studien als Ausgangspunkt für die Formulierung der und für die Begründung für die Hypothesen. Es können aber auch bspw. Erkenntnisse aus der Wirkungs- oder Diffusionsforschung für die Begründung herangezogen werden.

Wichtig ist, dass Ansatzpunkte aus Forschung und Theorienrepertoire gefunden werden, die nahelegen, dass genau der angegebene Zusammenhang eigentlich zutreffen müsste. Das Ziel danach ist, durch die empirische Untersuchung diese wohl begründeten Zusammenhänge zu widerlegen bzw. zu falsifizieren. Das zu Recht Vermutbare und Wahrscheinliche muss widerlegt werden, damit man etwas Neues schaffen kann.

Achtung:
Die Begründung für den Zusammenhang der Variablen wird in der Hypothese nicht angegeben.

Häder fasst das Zusammenspiel von theoretischer Basis und darauf begründeten und begründbaren Vermutungen sehr treffend zusammen. Unter Hypothesen werden demnach „wissenschaftlich begründete Vermutungen über einen Tatbestand oder über einen Zusammenhang von mindestens zwei Merkmalen verstanden. Sie enthalten sowohl bestätigtes Wissen als auch noch unbestätigte Vermutungen. Hypothesen sollen mithilfe der Empirie überprüft werden. Sie dienen damit der Weiterentwicklung des Wissens. Das gesicherte Wissen sorgt sowohl für eine widerspruchsfreie Formulierung der in den Hypothesen enthaltenen Vermutungen als auch für eine Einordnung dieser Vermutung in ein theoretisches Gebäude. Die Prüfung der Hypothese beginnt damit bereits bei deren Formulierung." (Häder, 2015, S. 33)

Für den konkreten Forschungsprozess bedeutet das, dass man erst möglichst „abgesichert", also auf Basis von Theorien oder Studien Hypothesen aufstellt. Danach versucht man, genau diese Hypothesen durch wissenschaftliche Forschung zu widerlegen. Das klingt zunächst etwas seltsam, aber wenn das schon Vorhandene immer weiter bestätigt wird, können keine neuen Erkenntnisse entstehen, sondern immer nur weitere Bestätigungen.

7.1 Arten von Hypothesen

Grundsätzlich unterscheidet man deterministische und probabilistische Hypothesen. **Deterministische Hypothesen** sind absolute Gesetze über Zusammenhänge, man findet sie häufig in den Naturwissenschaften, bspw. physikalische Gesetze. **Probabilistische Hypothesen** sind Wahrscheinlichkeitshypothesen. Die Merkmalswerte treten mit einer gewissen Wahrscheinlichkeit auf. In den Sozialwissenschaften findet man beinahe ausschließlich probabilistische Hypothesen.

Hinsichtlich der Art des Zusammenhangs von Variablen unterscheidet man verschiedene Arten von Hypothesen:

Ungerichtete Hypothesen behaupten einen Zusammenhang zwischen zwei oder mehreren Variablen, welcher Zusammenhang das ist bzw. wie er aussieht, wird aber nicht näher ausgeführt. Diese Form der Hypothesen kommt v.a. beim qualitativen Arbeiten vor, wo es die wissenschaftliche Leistung ist, bspw. herauszufinden, dass gerade diese Variablen überhaupt einen Zusammenhang haben.

Beispiel: Es gibt einen Zusammenhang zwischen der Quantität der geleisteten Öffentlichkeitsarbeit und den zur Verfügung stehenden finanziellen Mitteln.

Gerichtete Hypothesen, denen grundsätzlich der Vorzug zu geben ist, behaupten nicht nur den grundsätzlichen Zusammenhang, sondern geben auch die *Art* des Zusammenhangs an. Dabei können kausale und relationale Hypothesen unterschieden werden:

Kausale Hypothesen beschreiben den Zusammenhang zwischen zwei oder mehreren Variablen als Grund-Folge- bzw. Ursache-Wirkungs-Beziehung.

Bei kausalen Hypothesen werden die Variablen (also Ursache und Wirkung bzw. Grund und Folge) mit dem logischen Operator wenn-dann verbunden. Man nennt sie deshalb auch „Wenn-Dann-Hypothesen“.

Es gilt: wenn A, dann B
wenn A, dann wird B erwartet

Beispiel: Wenn Jugendliche regelmäßig Filme mit Gewaltdarstellungen sehen, dann steigt deren Aggressionsneigung.

Die Abhängigkeit der Variablen ist geklärt, die Folge (Dann-Teil) ist von der Bedingung (Wenn-Teil) abhängig, Ursache und Wirkung sind bestimmt.

Wichtig ist dabei immer, die Frage der Kausalität bzw. der Richtung des Zusammenhangs zu beachten. Es ist also genau zu prüfen, was die Ursache und was die Wirkung ist. Nicht immer gibt es hier nur eine Möglichkeit, häufig kann die vermeintliche Folge auch der Grund sein.

Bei **relationalen Hypothesen** wird eine definierte Stärke, eine bestimmte Intensität des Zusammenhangs angenommen. Die Kausalität der Variablen bzw. die Richtung der Kausalität wird hier vorweg angenommen. Bei relationalen Hypothesen werden die Variablen (also Ursache und Wirkung bzw. Grund und Folge) mit dem logischen Operator je-desto verbunden. Man nennt sie deshalb auch „Je-Desto-Hypothesen".

Es gilt: je mehr A, desto mehr B
Oder: je mehr A, desto weniger B

Beispiel: Je mehr deutschsprachige Medien Migranten nutzen, desto besser sind ihre Deutschkenntnisse.

Achtung:
Nicht alle Hypothesen müssen zwingend als Wenn-Dann- bzw. Je-Desto-Sätze formuliert werden. Auch normale Aussagesätze können Hypothesen sein, sofern zwei Variablen enthalten sind und der Zusammenhang dieser Variablen dargestellt wird. Es ist jedoch der Verwendung der logischen Operatoren, also der Verknüpfungen der Variablen durch Wenn-Dann- bzw. Je-Desto-Formulierungen, der Vorzug zu geben.

Hinsichtlich der Anzahl der Variablen unterscheidet man zwei Arten von Hypothesen: monokausale und multikausale Hypothesen. Bei **monokausalen Hypothesen** entsteht die Ausprägung bzw. das Vorhandensein der abhängigen Variable durch die Wirkung einer unabhängigen Variable. Bei **multikausalen Hypothesen** wird die abhängige Variable durch zwei oder mehrere unabhängige Variablen beeinflusst. Die Bedingung hierfür ist, dass alle Variablen empirisch überprüfbar sein müssen.

Grundsätzlich muss auch immer die Möglichkeit mitgedacht werden, dass es einen in der Hypothese formulierten Zusammenhang überhaupt nicht gibt, d. h., dass es im Grunde keine kausale Abhängigkeit von A und B gibt. Dieses immer mitzudenkende „Gegenstück" zum unterstellten Zusammenhang ist in der sog. Nullhypothese zu formulieren:

Die **Nullhypothese** (H0) besagt, dass es keinen systematischen Zusammenhang zwischen den beiden Variablen gibt. Eine **Alternativhypothese** (H1) – also die vermutete Antwort auf die Forschungsfrage – behauptet, dass ein empirisch „positives" Resultat, also ein systematischer Zusammenhang zwischen den Variablen, erwartet wird. Hierbei handelt es sich um die aufgestellte Hypothese, bei der man die Art des Zusammenhangs konkret angibt.

Besteht bei der Hypothesenprüfung kein Zusammenhang, wird die Alternativhypothese verworfen (falsifiziert) und die Nullhypothese vorläufig beibehalten.

7.2 Überprüfung einer Hypothese

Durch die Formulierung von Hypothesen wird das Forschungsinteresse in konkrete, überprüfbare Behauptungen zerlegt. Diese Hypothesen sind durch wissenschaftliche (empirische) Daten widerlegbar/falsifizierbar oder auch belegbar/(und vorläufig) verifizierbar.

Das Arbeiten mit Hypothesen lässt sich (wie schon erwähnt) in zwei große Vorgehensweisen teilen: Bei der **hypothesengenerierenden Forschung** schließt man ausgehend von empirisch erhobenen Daten auf theoretische Zusammenhänge (induktiv). Man arbeitet „aus dem Material heraus". Dies entspricht dem „Prinzip der Offenheit" der qualitativen Forschung. Beim hypothesengenerierenden Arbeiten werden (wie die Bezeichnung schon sagt) die Hypothesen als Ergebnis der Forschung aufgestellt. Sie werden aber in dieser Arbeit nicht überprüft.

Bei der **hypothesenprüfenden Vorgehensweise** hingegen werden von theoretischen Systemen abgeleitete Variablen in Hypothesen formuliert und in der Realität (empirisch) überprüft (deduktiv). Phänomene werden messbar gemacht und gezählt. Für alle Positionen gilt, dass Theorie und Empirie ineinandergreifen sollen, d. h. ohne einander nicht bestehen können.

Die Überprüfung von Hypothesen kann zu einer vorläufigen Bestätigung (auch Verifikation, Verifizierung) oder zu einer Widerlegung (Falsifikation, Falsifizierung) führen.

Falsifizierung

Eine Hypothese gilt als falsifiziert (widerlegt), wenn die Hypothesenprüfung zu einem negativen Ergebnis kommt. Die Hypothese muss dann entweder verworfen, neu formuliert oder modifiziert werden.

Das ist persönlich vielleicht unerfreulich oder unbefriedigend, dafür umso wertvoller für die Wissenschaft, denn offensichtlich ist die Vermutung, die man theoriebasiert ja entwickeln konnte, nicht zutreffend und muss weiter untersucht werden. Nur so kann die Wissenschaft vorangetrieben werden.

Vorläufige Bestätigung (auch Verifizierung)
Eine Hypothese gilt als vorläufig verifiziert (belegt/bestätigt), wenn sie der Hypothesenprüfung standhält. Sie gilt aber als nur vorläufig verifiziert, da es immer Möglichkeiten der Falsifikation gibt.

Das Testen von Hypothesen erfolgt im Bereich der schließenden und induktiven Statistik und beruht auf Wahrscheinlichkeitsrechnungen, d. h., sozialwissenschaftliche Hypothesen sind als wahrscheinlichkeitstheoretische Aussagen formuliert.

Eine Hypothese kann also akzeptiert werden, wenn die Daten die Hypothesen mit einer großen Wahrscheinlichkeit stützen. Sie muss verworfen werden, wenn die Daten mit hoher Wahrscheinlichkeit gegen die Hypothese sprechen.

7.3 Variablen und Ausprägungen

7.3.1 Variablen

Es wurde bisher nun schon häufig von Variablen gesprochen. Sie haben für Forschungsfragen und insbesondere für die Hypothesen eine zentrale Bedeutung. Die Variablen sind jene Merkmale, deren Zusammenhang interessiert, nach denen in den Forschungsfragen gefragt wird und für die ein bestimmter Zusammenhang in den Hypothesen angenommen wird.

Mit Hypothesen werden Vermutungen über den Zusammenhang von Variablen (A und B) angestellt. Man unterscheidet dabei **abhängige** und **unabhängige Variable** (AV und UV). Es gibt einen Stehsatz, der den Zusammenhang dieser Variablen beschreibt: „Die abhängige Variable ist von der unabhängigen abhängig und verändert sich, wenn man die unabhängige Variable verändert.“

Etwas vereinfacht ausgedrückt: Die Bedingung bzw. der Grund für einen Zusammenhang von Merkmalen ist die unabhängige Variable, die Folge ist die abhängige Variable. Man könnte (wiederum vereinfacht) auch sagen, die unabhängige Variable ist die Ursache, die abhängige Variable ist die Wirkung.

Dieser Zugang zeigt auch das Problem der Kausalität sehr gut auf – man muss immer genau hinterfragen: Was ist die Ursache, was ist die Wirkung? In vielen Fällen ist das recht eindeutig, in anderen wiederum sind beide Richtungen denkbar und möglich.

Beispiel: Wenn man bspw. den Zusammenhang von Medienkompetenz und der Nutzung von TikTok durch Kinder untersuchen möchte, könnte eine geringe Medienkompetenz der Grund für hohen TikTok-Konsum sein. Umgekehrt wäre es aber auch möglich, dass ein hoher TikTok-Konsum zu geringer Medienkompetenz führt.

Achtung:
Im „Wenn-Teil" einer kausalen Hypothese steckt die Bedingung und somit die unabhängige Variable. Im „Dann-Teil" dieser Hypothese liegt die Folge und somit die abhängige Variable.
Aber nicht der gesamte „Wenn-Teil" bzw. „Dann-Teil" der Hypothese ist jeweils die Variable.

Nun überlässt man aber in der Wissenschaft nichts dem Zufall, sondern will ganz genau, kontrolliert und wiederholbar untersuchen, welche Auswirkungen die unabhängige Variable auf die abhängige Variable hat.

Aus diesem Grund muss man die unabhängige Variable (also die Ursache) kontrolliert und systematisch verändern können, das bedeutet: Als Forscher verändert man die Variable bzw. wählt verschiedene Ausprägungen der unabhängigen Variable (= der Ursache) aus und beobachtet, wie sich dabei die abhängige Variable (= die Wirkung) verändert. Dabei lassen sich Unterschiede bei der abhängigen Variable erkennen.

Die immer mitgedachte „Hintergrundfrage" lautet dabei: Wie verändert sich die AV bzw. die Ausprägungen der AV, wenn man unterschiedliche Ausprägungen der UV untersucht?

Eine systematische Veränderung bedeutet, dass der Forscher gezielt verschiedene Aspekte der Variable auswählen kann. Das heißt auch, dass man diese Variable „beherrscht", es also überhaupt möglich ist, eine solche Auswahl gezielt zu verändern. Das kann bspw. das Variieren der Altersgruppe oder der Bildungsschicht sein, das Geschlecht, verschiedene Nationalitäten, verschiedene Medien. Bei all diesen Dingen (und vielen anderen) kann man als Forscher selbst entscheiden, welche Auswahl man trifft – also für welche Ausprägungen man sich entscheidet, welche man untersucht.

Systematische Veränderungen der unabhängigen Variable haben beobachtbare Veränderungen bei der abhängigen Variable zur Folge. Die unabhängige Variable muss gezielt verändert werden können, während die Veränderungen der abhängigen Variable eine Folge dieser gezielten Veränderung sind, auf die die Forscherin keinen Einfluss nimmt. Auf die abhängige Variable hat der Forscher keinen „beherrschenden“ Einfluss, vielmehr untersucht er ja gerade diese Auswirkung. Voraussetzung ist, dass man die Variable bzw. deren unterschiedliches Auftreten beobachten und messen kann.

7.3.2 Ausprägungen

Die systematische Veränderung der unabhängigen Variable zur Beobachtung der Veränderung der abhängigen Variable lässt sich durch die **Ausprägungen** der Variable gut erklären: Die systematische Veränderung der unabhängigen Variable bedeutet die gezielte Auswahl von verschiedenen Ausprägungen.

Eine Variable hat (üblicherweise) mindestens zwei Ausprägungen, also Varianten oder Erscheinungsmöglichkeiten der Variable. Die Variable ist damit ein „Überbegriff“ für die Menge der Ausprägungen eines Merkmals.

Beispiel: Die Variable „Geschlecht“ kann die Ausprägungen „männlich“, „weiblich“ oder „divers“ haben. Die Variable „Alter“ kann in verschiedenen Altersgruppen erfasst werden (dafür gibt es übliche, aber nicht zwingende Einteilungsschritte). Die Variable „Ausmaß der Nutzung von Instagram“ kann (bspw.) in „hoch“, „mittel“ oder „niedrig“ eingeteilt werden. Bei diesem letzten Beispiel zeigt sich schon, dass diese Einteilung der Variable in die gewählten Ausprägungen per se nicht konkret genug ist. Denn wie viel ist denn eine „hohe Mediennutzung“? (Mehr dazu siehe Kap. 7.4)

Bei einer Studie überprüft man nun, ob es Unterschiede in der Wirkung gibt, wenn man den Ausgangspunkt verändert, wenn man also verschiedene Ausprägungen der Variable heranzieht, um die unterschiedlichen Auswirkungen auf die abhängige Variable zu untersuchen.

In der Hypothese wird üblicherweise nicht die Variable, sondern eine Ausprägung genannt – manchmal auch beide Ausprägungen. Der Grund dafür ist klar: Es muss in der Hypothese ja ganz genau angegeben werden, wie der Zusammenhang der Variablen aussieht. Dieser kann nur mit den Ausprägungen formuliert werden, sonst wäre es nicht konkret genug.

In der Forschungsfrage findet man üblicherweise die Variable (Überbegriff), in der Hypothese die (bzw. zumindest eine) Ausprägung.

Dies lässt sich am besten anhand eines plakativen (!) Beispiels erklären:

Beispiel: Die Forschungsfrage lautet: „Wie verändert sich die Mediennutzung der Österreicher*innen im Verlauf der Corona-Krise?“ Die dazugehörige Hypothese lautet: „Je länger die Corona-Krise dauert, desto weniger nutzen die Österreicher*innen traditionelle Medien.“

unabhängige Variable UV:	Dauer/Verlauf der Corona-Krise
abhängige Variable AV:	Mediennutzung

Man sieht, dass in der Forschungsfrage die Variablen abgebildet sind, in der Hypothese aber Aspekte der Variablen, also die Ausprägungen.

Welche Ausprägungen sind das nun?
Ausprägungen der unabhängigen Variable: In der Forschungsfrage wird vom Verlauf der Corona-Krise gesprochen. Das weist auf verschiedene Zeitpunkte während der Corona-Krise hin. Man muss nun mindestens zwei Zeitpunkte konkret definieren. (Das ist die systematische Beherrschung der unabhängigen Variable.) Nur so, durch die Festlegung auf Zeitpunkte = auf Ausprägungen, kann man untersuchen, ob diese Zeitpunkte einen Einfluss auf die abhängige Variable (also die Mediennutzung) haben.
Die „Hintergrundfrage“ ist ja immer: Wie verändert sich die AV bzw. verändern sich die Ausprägungen der AV, wenn man unterschiedliche Ausprägungen der UV untersucht?
Als Ausprägungen der UV seien hier März 2020, Juni 2020, Oktober 2020, Jänner 2021, März 2021 und Juni 2021 definiert. Das sind jene Zeitpunkte, für die erhoben wird, wie hoch die Mediennutzung ist – und ob sie eben zu diesen Zeitpunkten unterschiedlich ist. In der Hypothese werden diese Zeitpunkte mit dem Satzteil „je länger die Corona-Krise dauert“ erfasst.
Die Hypothese geht nun davon aus, dass mit dem Fortschreiten der Corona-Krise die traditionellen Medien weniger genutzt werden.
Die geringere Nutzung der traditionellen Medien ist eine der Ausprägungen der abhängigen Variable. Die anderen Ausprägungen dieser AV könnten sein: höhere oder gleichbleibende Nutzung der traditionellen Medien.
Nun muss die Nutzung der traditionellen Medien zu den gewählten Zeitpunkten erhoben werden. Schließlich kann

man durch einen Vergleich feststellen, wie sich die Nutzung der traditionellen Medien im Zeitverlauf der Corona-Krise entwickelt hat und dann die Hypothese anhand dieser Ergebnisse überprüfen.

7.3.3 Hinweis zur Formulierung von Hypothesen

Grundsätzlich empfiehlt es sich, die Variablen bzw. Ausprägungen einer Hypothese mit den logischen Operatoren wenn-dann oder je-desto zu verknüpfen. Es sind aber auch „normale" Aussagesätze möglich, solange die Variablen/Ausprägungen enthalten und definiert werden können.

Es zeigt sich aber noch eine andere Besonderheit bei der Formulierung: Sollen die Hypothesen besser als eine „absolute" oder eine „relative" Feststellung ausgeführt werden? Dies lässt sich am besten anhand eines Beispiels erklären:

Beispiel: Ausgangspunkt ist diese Forschungsfrage: „Wie hängen das Alter von Männern und der Konsum von Sportsendungen zusammen?"
Dazu können Hypothesen in verschiedenen Formulierungen aufgestellt werden:

Variante 1: „41–50-jährige Männer sehen selten Sportsendungen."
Das ist eine „absolute" Feststellung, aber: Was bzw. wie viel ist selten? Um diese Hypothese überprüfen zu können, bräuchte es eine absolute Festlegung, wie viele Stunden Konsum von Sportsendungen häufig oder selten ist.

Variante 2: „41–50-jährige Männer sehen seltener Sportsendungen."
Hier ist mit „seltener" zwar eine Relation angelegt, aber es fehlt ein Vergleichs-/Referenz-Wert. Sieht diese männliche Altersgruppe seltener Sportsendungen als dieselbe weibliche oder diverse Altersgruppe oder eine jüngere oder ältere männliche Altersgruppe? Oder soll sich der Vergleichswert auf andere Sendungen als Sportsendungen beziehen?
Auch diese Formulierung sollte präzisiert werden. Vielleicht ergibt sich der Referenzwert aus der Forschungsfrage oder den Geltungsbedingungen, aber eine grundsätzliche Anforderung an eine Hypothese ist ja, dass sie klar und eindeutig formuliert ist.

Variante 3: „41–50-jährige Männer sehen seltener Sportsendungen als 61–70-jährige Männer."

Diese Formulierung ist am klarsten und lässt am wenigsten Interpretationsspielraum. Es ist eine „relative" Feststellung, weil es einen Vergleichswert gibt. Das könnte grundsätzlich auch ein anderer sein (vgl. die Möglichkeiten aus Variante 2), aber es wurde eben genau dieser gewählt und angegeben. Ein weiterer Vorteil ist, dass es durch den Vergleichswert viel einfacher ist, die Hypothese zu überprüfen, da es keine absolute Festlegung wie in der Variante 1 gibt.

7.3.4 Weitere Arten von Variablen

Neben den unabhängigen und den abhängigen Variablen gibt es noch weitere Variablen: **Moderatorvariablen** sind Variablen, die den Einfluss einer unabhängigen auf die abhängige Variable verändern. **Mediatorvariablen** liegen vor, wenn eine abhängige Variable nicht direkt von der unabhängigen Variable, sondern vermittelt durch eine dritte Variable beeinflusst wird; die dritte Variable wirkt also auf die abhängige Variable ein.

Insbesondere für die spätere Operationalisierung ist die Unterscheidung in latente und manifeste Variablen wichtig: Eine **manifeste Variable** liegt vor, wenn die Variable direkt beobachtbar ist; eine **latente Variable** kann hingegen nicht direkt beobachtet werden. Latente Variablen sind nicht direkt empirisch zugänglich und messbar, für diese Variablen müssen im Zuge der Operationalisierung geeignete Merkmalsausprägungen gefunden werden (vgl. Döring & Bortz, 2016, S. 222–224).

Die **Kovariation von Variablen** sagt etwas darüber aus, welcher Zusammenhang zwischen ihnen besteht. Angegeben wird dieser Zusammenhang mittels des Korrelationskoeffizienten. Dieser liegt zwischen *–1* und *+1,* was anzeigt, dass es sowohl negative (je größer …, desto weniger …; je kleiner …, desto mehr …) als auch positive Zusammenhänge (je größer …, desto mehr…; je kleiner…, desto weniger …) gibt. 1 steht dabei für eine perfekte Korrelation. Korrelationen ab 0,2 sind nur wenig aussagekräftig.

Achtung:
Zu beachten ist stets, dass durch Korrelationen nicht die Richtung der Kausalität bestimmt werden kann! Es kann also nicht mit Gewissheit gesagt werden, dass Variable A Variable B bestimmt, genauso gut könnte es auch umgekehrt sein oder eine dritte vermittelnde Variable für den Zusammenhang verantwortlich sein.

7.4 Operationalisierung

Operationalisieren bedeutet das „Messbar-Machen“ der Variablen bzw. der Ausprägungen. Um Daten sammeln zu können, müssen Phänomene und Begriffe messbar gemacht werden. Die Operationalisierung von Variablen beschreibt möglichst präzise die Art und Weise, mit der ein theoretisches Konstrukt (= die Variable bzw. deren Ausprägungen) gemessen werden soll.

7.4.1 Operationalisierung als „Übersetzungsvorgang“

Die Operationalisierung ist ein Übersetzungsvorgang, wobei die definierten Begriffe in empirisch messbare Größen umgesetzt werden. Die Operationalisierung stellt die Verbindung zwischen der begrifflichen Ebene und der Beobachtungsebene dar, sie ist die „Schaffung der Voraussetzungen für die empirische Erhebung komplexer und/oder latenter Sachverhalte“ (Häder, 2015, S. 45).

Die zu operationalisierenden Variablen können anhand verschiedener, für die Fragestellung wichtiger Merkmale, der sog. **Indikatoren**, beschrieben werden. Die Indikatoren werden häufig auch Merkmalsausprägungen genannt, müssen aber von den Ausprägungen der Variablen klar unterschieden werden. Welche Indikatoren gewählt werden, hängt mit der Fragestellung zusammen.

Eine sinnvolle Operationalisierung anhand von angemessenen Indikatoren oder Merkmalsausprägungen ist eine zentrale, kreative Tätigkeit, die inhaltliche und methodische Kenntnisse – und Übung! – erfordert. In den Sozialwissenschaften interessieren nämlich eben häufig latente Merkmale, die nicht unmittelbar beobachtbar sind (bspw. Studienmotivation, Gewaltbereitschaft, politisches Interesse …). Man braucht deshalb Regeln, „die angeben, wie die jeweils behaupteten Sachverhalte empirisch gemessen werden können“ (Häder, 2015, S. 46).

Achtung:
Der Vorgang der Operationalisierung kann eine recht herausfordernde Angelegenheit sein. Aber auch hier gilt – wie in den meisten Bereichen der Wissenschaft –, dass man nicht alles selbst „erfinden“ muss. So ist es im Zuge der Operationalisierung sehr nützlich und wichtig, zu recherchieren, wie andere Forscher denselben Begriff messbar gemacht haben. Häufig finden sich in vorhandenen Studien sehr gute Hinweise, wenn nicht sogar ganze Batterien an Indikatoren, die man (mit einer korrekten Quellenangabe versehen) verwenden kann. Natürlich muss in

jedem Falle geprüft werden, ob die Kontexte, die Vorgehensweise etc. vergleichbar sind, ob also tatsächlich dasselbe gemessen wird. Aber sehr häufig lassen sich zumindest sehr brauchbare Hinweise finden.

Es geht bei der Operationalisierung immer darum, eine Möglichkeit zu finden, die interessierende Variable zu erfassen bzw. eine „Maßeinheit“ dafür zu finden. Manche Variablen sind einfach zu messen, andere recht schwierig. Die Möglichkeit der Messung ist bei manchen Variablen bzw. Ausprägungen sofort erkennbar, weil sie die Maßeinheit quasi „in sich“ tragen oder es eine recht einfache Möglichkeit gibt, die Variablen/Ausprägungen direkt zu messen oder zu erkennen. Dies trifft vor allem für manifeste Variablen zu.

Einfach zu messen sind bspw. das Alter von Personen, der Umfang der Berichterstattung über ein Thema in einer Zeitung oder die Art, über Online-Kommunikationstools mit Freunden in Kontakt zu bleiben.

Beispiele: Das Alter von Menschen misst man üblicherweise in Jahren, Monate sind ungebräuchlich und wohl auch unpraktisch. Der Umfang der Berichterstattung über ein Thema in einer Zeitung kann durch die Anzahl und die Größe der Artikel, die Zeilenanzahl, das Vorhandensein von Bildern oder Grafiken etc. gemessen werden. Hier muss man sich entscheiden, welche Aspekte am meisten Sinn machen. Die Variable „Umfang der Berichterstattung“ ist zwar nicht unmittelbar messbar, aber es lassen sich leicht Hinweise finden, mit denen man auf diese Variable schließen kann. Dieser Vorgang des Suchens von Hinweisen auf eine Variable ist im Kern schon die Operationalisierung.
Bei der Untersuchung der Art, über Online-Kommunikationstools mit Freunden in Kontakt zu bleiben, wird es bei der Messbar-Machung vor allem darum gehen, alle in Frage kommenden Online-Kommunikationstools zu erfassen.

Auch wenn die Messmöglichkeit in diesen Beispielen jeweils auf der Hand liegt, muss man sich dennoch Gedanken darüber machen, wie die Variable konkret gemessen wird, denn manchmal gibt es mehrere Möglichkeiten. Es gilt, die jeweils sinnvollste bzw. passendste auszuwählen, nicht immer gibt es nur „die eine richtige“ Möglichkeit.

Andere, insbesondere latente Variablen wiederum sind schwieriger messbar zu machen als die gerade angeführten Beispiele, die ja recht einfache, klare Begriffe betreffen.

Je komplexer eine Variable bzw. das dahinterstehende theoretische Konstrukt ist, umso aufwändiger und herausfordernder ist die Operationalisierung.

In Fällen von komplexen Konstrukten wie bspw. Werthaltungen bedeutet die Operationalisierung, die Konstrukte so weit in kleine Einheiten zu zerlegen, bis man diese Einheiten direkt beobachten bzw. messen und zählen kann.

Es gilt, Hinweise zu finden, die auf das Vorliegen der Variablen bzw. der Ausprägungen schließen lassen.

7.4.2 Indikatoren

Diese kleinen, letztlich messbaren Einheiten nennt man **Indikatoren**. Es sind jene Hinweise, die auf das Vorliegen des Konstrukts schließen lassen. Sie weisen (in ihrer Gesamtheit) auf die Variablen/Ausprägungen hin und bilden (in ihrer Gesamtheit) diese theoretischen Konstrukte ab. Indikatoren sind beobachtbare (bzw. messbare) Sachverhalte, von denen auf das Vorliegen eines komplexeren Sachverhalts (der oft nicht direkt messbar ist) geschlossen werden kann.

Sehr hilfreiche Fragen beim Auffinden der Indikatoren sind: Woran erkenne ich, dass die interessierende Ausprägung vorhanden ist? An welchen Merkmalen stelle ich fest, dass bspw. „politisches Interesse" vorliegt?

Um einen Begriff messbar zu machen, müssen also beobachtbare bzw. messbare Sachverhalte (Indikatoren) gefunden werden, die den Begriff hinreichend charakterisieren. Indikatoren werden deshalb auch aus der Theorie (oder aus theoretischen Ansätzen) abgeleitet.

Häufig werden diese Indikatoren in mehreren Schritten erstellt. Wichtig ist hierbei eine genaue Definition, die dem Konstrukt zugrunde liegt. Das Vorgehen kann dabei in unterschiedlich vielen Schritten erfolgen:

- In einem ersten Schritt wird der Begriff durch relevante Merkmale definiert; der Begriff PR bspw. durch die Merkmale „Information", „Offenheit", „Wahrheit".

- In einem zweiten Schritt wird versucht, diese Merkmale in empirisch messbare Größen zu übersetzen, d. h., es werden Indikatoren gesucht, die auf die einzelnen Merkmale hinweisen. Ein Satz/Artikel gilt bspw. dann als informativ, wenn keine wertenden (persuasiven) Aussagen gemacht werden.
- Mehrere Merkmale können zu einer Dimension zusammengefasst werden. Ein Begriff wird also über mehrere Stufen hinweg durch geeignete Indikatoren operationalisiert.

Abb. 6: Ableitung von Indikatoren

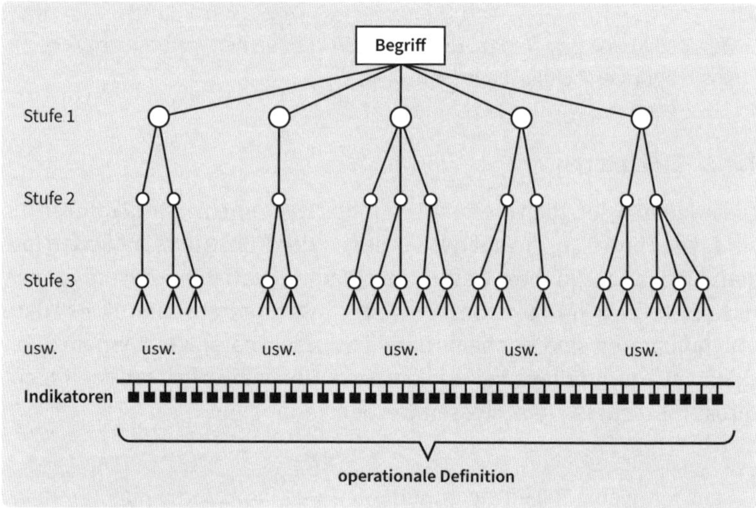

Quelle: Eigene Darstellung.

Damit es nicht zu ungenauen Verwendungen von Begriffen – und damit in der Folge schlimmstenfalls zu einer falschen Operationalisierung – kommt, ist eine präzise Beschreibung und Definition notwendig. Bei Definitionen handelt es sich um „jene Konventionen oder um Vereinbarungen, die dazu dienen, den Sinn der verwendeten Begriffe aufzuzeigen und so zu garantieren, dass die Begriffe für alle Nutzer einheitlich verständlich werden" (Häder, 2015, S. 27).

Eine Definition ist nicht gleichbedeutend mit der Operationalisierung, obwohl eine gute Definition für die Operationalisierung sehr hilfreich ist. Eine Operationalisierung ist auch nicht gleichbedeutend mit der Methodenwahl: Die Operationalisierung fragt nach dem, „was gemessen wird", die Methodenauswahl nach dem, „wie gemessen wird".

Je mehr Indikatoren für einen Begriff herangezogen werden können, desto höher ist die Sicherheit, dass auch tatsächlich das zu untersuchende Merkmal gemessen wird und nicht ein anderes Phänomen. Bspw. kann das Lesen einer Zeitung ein Indikator für Interesse an gesellschaftlichen Vorgängen, aber auch ein Indikator für Langeweile bzw. Zeitvertreib sein. Somit reicht der Indikator „Lesen einer Zeitung" nicht als Operationalisierung für die Variable „Interesse an gesellschaftlichen Vorgängen".

Eine Frage, die in Vorbereitung auf die Auswertung geklärt werden muss, ist, ab wann eine Variable als „vorhanden" oder „vorgefunden" gilt. Häufig werden ja viele Indikatoren gemessen, die (gemeinsam) auf die Variable hinweisen. Nun stellt sich aber die Frage, ob alle Indikatoren vorliegen müssen oder ob wenige reichen oder ob die Variable bspw. vorliegt, wenn ein ganz bestimmter Indikator vorliegt, egal, wie viele andere nicht vorliegen.

Man sieht, dass man sich hier noch einmal Gedanken machen muss, wie die Indikatoren auf die Variable hinweisen. Dies hängt auch mit der Frage der Validität zusammen, also ob wirklich das gemessen wird, was man messen möchte.

Beispiel: Weiter oben wurde im Zusammenhang mit den Ausprägungen von Variablen folgendes Beispiel angeführt: Die Variable „Ausmaß der Nutzung von Instagram" kann (bspw.) in „hoch", „mittel" oder „niedrig" eingeteilt werden.
Im Zusammenhang mit der Operationalisierung lässt sich nun weiter daran arbeiten: Es lassen sich sehr gut Indikatoren herausfinden, die auf das Ausmaß der Instagram-Nutzung hinweisen (Dauer, Anzahl der Zugriffe pro Tag, Postings). Aber wie viele von diesen Indikatoren müssen vorliegen, damit die gewählten Ausprägungen („hoch", „mittel" oder „niedrig") erfüllt sind? Das muss im Zuge der Auswertung explizit festgehalten werden. Diese Entscheidung muss auch die Forscherin treffen, sie darf nicht einer Einschätzung der Befragten überlassen werden. Denn die Einschätzung, ab wann die Nutzung von Instagram hoch ist, kann je nach Befragtem stark variieren. (Es ist denkbar, dass ein 14-Jähriger dies anders beurteilt als ein 49-Jähriger.)

7.4.3 Anforderungen an Indikatoren/Merkmalsausprägungen

- Indikatoren müssen eindeutig definiert sein, d.h., sie dürfen selbst nicht mehrere Interpretationen zulassen.
- Indikatoren müssen im Sinn der wissenschaftlichen Definition präzise sein.
- Indikatoren müssen empirisch messbar sein. (Wenn die Indikatoren mit keiner Methode erfassbar sind, können sie auch nicht untersucht werden.)
- Indikatoren sind dann umso verlässlicher, wenn sie aus der Theorie oder aus empirischen Regelmäßigkeiten abgeleitet werden. (Unterschiedliche Untersuchungsergebnisse bei gleichlautenden Forschungsfragen können unter Umständen auf unterschiedliche Indikatorenbildung zurückzuführen sein.)
- Die Auswahl der Indikatoren ist zu begründen.

Achtung:
Eng mit der Operationalisierung hängt die Frage zusammen, wie man diese Indikatoren erhebt. Das ist eine Frage der methodischen Umsetzung, also welche Methode man für die Erhebung der Indikatoren einsetzt. Die Operationalisierung ist nicht identisch mit der Methodenwahl, aber eine gute Operationalisierung ist für die methodische Umsetzung unabdingbar notwendig und enorm hilfreich, sowohl für eine Befragung als auch für eine Inhaltsanalyse.

7.5 Skalen

Skalen sind verschiedene Möglichkeiten, Variablen bzw. ihre Ausprägungen zu gestalten. Skalen können auch als die Überführung von empirischen Relativen in numerische Relative bezeichnet werden. Dabei geht es immer darum, wie die verschiedenen Messpunkte zueinander angeordnet sind.

Es können verschiedene Skalenniveaus unterschieden werden: Bei den **diskreten** (oder diskontinuierlichen) **Skalen** gibt es Nominalskalen und Ordinalskalen. Die **metrischen** (oder stetigen oder kontinuierlichen) **Skalen** bestehen aus Intervall-Skalen und Ratio-Skalen. Schließlich gibt es gerade in den Sozialwissenschaften häufig **quasi-metrische Skalen**. Bei metrischen Variablen gibt es innerhalb eines Intervalls unendlich viele Merkmalsausprägungen, während eine diskrete Variable in einem (begrenzten) Intervall nur endlich viele Ausprägungen hat.

Bei einer **Nominalskala** werden die Merkmale auf der Skala so klassifiziert, dass gleiche Ausprägungen Gleiches, ungleiche Ausprägungen Ungleiches bedeuten. Die Merkmale bzw. Ausprägungen einer nominalen Skalierung ergeben sich aus dem Merkmal selbst, sie sind aus sich heraus klar unterscheidbar.

Es gilt: $A \neq B \neq C$

Dichotome (binäre) Variablen weisen genau zwei Ausprägungen auf (ja/nein oder schwarz/weiß oder vorhanden/nicht vorhanden), polytome Variablen sind mehrfach abgestuft (männlich/weiblich/divers oder Geburtsland ist entweder Österreich oder Italien oder Frankreich).

Beispiele: Ja/Nein, Geschlecht, Wohnort etc.

Auch bei einer **Ordinalskala** schließen sich die Ausprägungen wechselseitig aus, allerdings lassen sich die Messwerte in eine sachlogische Rangordnung bringen, es entsteht eine Rangskala.

Beispiele: Dauer des TV-Konsums pro Tag: 0 h, 1–2 h, 3–4 h etc.

Metrische Skalen können jeden beliebigen Wert annehmen. Die Abstände/Intervalle zwischen diesen Werten (Intervall-Skalen) bzw. das Verhältnis zueinander (Ratio-Skalen) müssen immer gleich groß sein (= stetig). Bei metrisch skalierten Ausprägungen gibt es einen natürlichen 0-Punkt.

Beispiele: cm-Angaben, Alter, Einkommen etc.

Bei **quasi-metrischen Skalen** wird das gleiche Intervall „konstruiert“, es ist nicht „natürlich gegeben“. Es gibt auch keinen 0-Punkt.

Beispiel: Wahrnehmung der Berichterstattung als

unausgewogen	○	○	○	○	○	ausgewogen
verständlich	○	○	○	○	○	unverständlich
kritisch	○	○	○	○	○	unkritisch

In den Sozialwissenschaften sind quasi-metrische Skalen recht häufig anzutreffen. Quasi-metrische Skalen eignen sich gut, um emotionale Zustände zu beschreiben, den Grad der Zustimmung oder Ablehnung zu Aussagen zu erheben oder die Einschätzung von Befragten zu einer bestimmten Sache zu eruieren.

Manchmal ist es einem mehr oder weniger freigestellt, sich zu entscheiden, welche Abstufungen die Ausprägungen einer Variable haben sollen. Solche Möglichkeiten der Ausprägungen könnten bspw. lauten „vorhanden – nicht vorhanden“ oder „viel – mittel – wenig vorhanden“ etc. Man muss jedoch genau darauf achten, welche Ausprägung man wählt, denn dementsprechend ergeben sich andere Detailaussagen. Wählt man die Abstufungen der Ausprägungen selbst, muss man jedoch prüfen, welche Ausprägungen Sinn machen und das Erkenntnisinteresse am besten fassen bzw. welche Ausprägungen verwendet werden können, ohne bspw. die Befragten zu überfordern. Tabelle 5 zeigt, dass verschiedene Variablen Ausprägungen auf verschiedenen Skalen haben können.

Achtung:
Die Wahl der Skala ist vor allem für den Grad der Aussagekraft der Ergebnisse und für die Verfahren der statistischen Auswertung der Daten relevant.

Tab. 5: Übersicht Skalen

Variable	Ausprägungen auf einer Nominalskala	Ausprägungen auf einer Ordinalskala	Ausprägungen auf einer metrischen Skala	Ausprägungen auf einer quasimetrischen Skala
Geschlecht	Männlich Weiblich Divers			
Einschätzung von Politikern	Sympathisch Unsympathisch	1. Rang 2. Rang 3. Rang		Messung auf einer Einstufung der Sympathie von 1 bis 5 oder –4 bis +4
Einkommen	0 Euro < 1.500 Euro ≥ 1.500 Euro	0–999 Euro 1.000–1.999 Euro 2.000–2.999 Euro 3.000–3.999 Euro Ab 4.000 Euro	Genaue Angabe des Einkommens	

Quelle: Eigene Darstellung.

7.6 Kriterien für die Erstellung von Hypothesen

Bei der Erstellung der Hypothesen sollte man sich an folgenden Kriterien orientieren (vgl. Atteslander, 2000, S. 45–46):

- Eine Hypothese ist eine Aussage, keine Frage, kein Befehl.
- Die Hypothese enthält mindestens zwei semantisch gehaltvolle Begriffe.
- Die Begriffe sind durch einen logischen Operator verbunden (wenn-dann, je-desto).
  Eine Hypothese muss nicht zwingend mit diesen logischen Operatoren formuliert werden, diese müssen jedoch der Hypothese implizit zugrunde liegen. Um Fehlern vorzubeugen, empfiehlt es sich daher, diese Operatoren zu verwenden.
- Die Aussage darf keine Tautologie enthalten, d. h., die aufeinander bezogenen Begriffe dürfen sich semantisch nicht gleichen oder gegenseitig definieren („Jeder Schimmel ist weiß.").
- Aussagen, die immer wahr sind, sind keine Hypothesen („Nach dem Sommer kommt der Herbst.").
- Die Aussage muss widerspruchsfrei sein – der eine Begriff schließt den anderen semantisch nicht aus.
- Es handelt sich um Annahmen über reale Sachverhalte.
- In der Aussage werden implizit oder explizit die empirischen Geltungsbedingungen aufgezählt.
- Die Begriffe können operationalisiert werden, d. h., die Begriffe werden messbar gemacht.
- Die Aussage ist falsifizierbar, d. h., das Gegenteil der Annahme ist möglich.
- Eine Hypothese ist durch Erfahrungsdaten widerlegbar.
- Eine Hypothese darf kein Werturteil enthalten.

8 Methoden der empirischen Sozialforschung

8.1 Empirische Sozialforschung

Damit man von einer empirischen Wissenschaft sprechen kann und damit die Funktionen von empirischen Theorien erfüllt werden können, müssen folgende Voraussetzungen gegeben sein:

- Im Rahmen einer Theorie müssen geeignete Hypothesen formuliert werden.
- Die Hypothesen müssen in einen logischen und systematischen Zusammenhang gebracht werden können. (Idealerweise im Rahmen von axiomatischen Theorien.)
- Wissenschaftliche Hypothesen sollten empirisch überprüfbar sein.
- Mathematische/statistische Modelle werden zur Beschreibung, Erklärung und Prognose empirischer Phänomene benutzt – auch in den Sozialwissenschaften (vgl. Lauth & Sareiter, 2005, S. 13–16).

Die Sozialwissenschaften sind traditionellerweise empirische Wissenschaften. Sie arbeiten daher zumeist mit empirischen Methoden. Man spricht dann von empirischer Sozialforschung.

Häder versteht unter empirischer Sozialforschung die „Gesamtheit von Methoden, Techniken und Instrumenten zur wissenschaftlich korrekten Durchführung von Untersuchungen des menschlichen Verhaltens und weiterer sozialer Phänomene“ (Häder, 2015, S. 12). Empirische Sozialforschung ist demnach die systematische Erfassung und Deutung sozialer Tatbestände.

Was bedeutet **empirisch**? Der Begriff Empirie leitet sich ab vom griechischen Wort *empeiria* (Erfahrung; von der Beobachtung her schließend, auf Erfahrung beruhend, sich auf die Gesellschaft beziehend). Empirisch bedeutet also erfahrungsgemäß, aus der Erfahrung kommend. Beim empirischen Arbeiten werden theoretisch formulierte Annahmen an spezifischen Wirklichkeiten bzw. an der sozialen Realität überprüft. Man könnte auch sagen: Eine empirische Überprüfung testet die Theorie anhand der Praxis.

Was bedeutet **systematisch**? Systematisch bedeutet, dass die Erfahrung der Umwelt (also die empirische Untersuchung) regelgeleitet zu erfolgen hat. Der gesamte Forschungsprozess muss nach bestimmten Regeln geplant werden, jede Phase muss nachvollziehbar und wiederholbar sein. Die systematische Herangehensweise ist insbesondere deshalb nötig, um die Ergebnisse, die diese Methoden hervorbringen, vergleichbar zu machen (vgl. Atteslander, 2000, S. 3–5).

Unter einer empirischen Untersuchung versteht man somit (insbesondere beim quantitativen Vorgehen) die Hypothesenüberprüfung mithilfe von Verfahren, die empirisch sind (auf geprüfter Erfahrung beruhen) und möglichst weitgehend den Prinzipien von Wiederholbarkeit, Eindeutigkeit von Durchführung und Ergebnis, Objektivität und Reliabilität entsprechen.

Was sind **soziale Tatbestände**? Zu den empirisch wahrnehmbaren sozialen Tatbeständen gehören:

- beobachtbares menschliches Verhalten
- von Menschen geschaffene Gegenstände
- durch Sprache vermittelte Meinungen, Informationen über Erfahrungen, Einstellungen, Werturteile, Absichten

Die soziale Wirklichkeit kann unmöglich in ihrer gesamten Vielfalt wahrgenommen werden. Fassbar sind immer nur Ausschnitte – und diese werden erst sinnvoll, wenn sie systematisch und theorieorientiert erhoben werden. Es gilt also der „Vorrang der Theorie."

8.2 Die Paradigmen der empirischen Sozialforschung

Wegen der weitreichenden Bedeutung der Unterschiede zwischen quantitativer und qualitativer Forschung (insb. für die Methodenauswahl) wird in Folge noch einmal detaillierter auf die beiden Paradigmen – und ihre Auswirkungen auf die methodische Umsetzung – eingegangen. Dabei wird auch auf wissenschaftstheoretische Positionen Bezug genommen.

Die nochmalige Beschäftigung mit den beiden Paradigmen ist an dieser Stelle besonders lohnend, da sich vieles nach der Behandlung der einzelnen Arbeitsschritte des wissenschaftlichen Forschens noch besser erschließt.

8.2.1 Das quantitative Paradigma

Die empirisch-analytische (quantitative) Forschung

- strebt Objektivität an,
- verlangt intersubjektive Nachvollziehbarkeit,
- bedarf eines (durch Dritte) kontrollierbaren Forschungsablaufs,
- verfolgt repräsentative Strategien (Generalaussagen über Grundgesamtheit).

Die Anwendung ist theoriegeleitet, d. h., sie erfolgt aufgrund abstrakter Vorstellungen über die Strukturen und das Funktionieren der Gesellschaft (deduktiv).

> Quantitative Methoden verfolgen den Ansatz, zu zählen: also nicht verbal auszuformulieren, sondern rein zahlenmäßig zu quantifizieren und daraus Interpretationen abzuleiten. Quantitative Forschung entdeckt keine (weiteren) neuen Zugänge zu einem Thema (höchstens am Rande): Hier wird bereits „Bekanntes" erforscht, die Antwortalternativen bzw. möglichen Ergebnisausprägungen sind bereits vor der Erhebung fixiert. Um gut quantifizieren zu können, kommen meist große Stichproben (oder Vollerhebungen) zum Einsatz. Quantitative Erhebungsinstrumente erlauben nur sehr wenig, meist sogar überhaupt keinen Spielraum während der Erhebung. [...] Die Analyse quantitativer Daten wirft Häufigkeiten, Prozentwerte, Mittelwerte und weitere statistische Maßzahlen aus. Oft mündet sie auch in detaillierte und berechnungsintensivere Statistiken und Signifikanzprüfungen. (Braunecker, 2021, S. 23–24)

Der Prozess des Forschens lässt sich aus der Sicht quantifizierender (zählender) Ansätze in aller Kürze wie folgt beschreiben:

> Um in der Realität Informationen (Daten) einzuholen, die Aussagen darüber erlauben, ob theoretisch angenommene Sachverhalte und Zusammenhänge tatsächlich zutreffen, bedient sich die empirische Wissenschaft bestimmter Beobachtungs- und Messverfahren (empirische Forschungsmethoden, bspw. Umfrage, Experiment, Inhaltsanalyse). Damit über den isolierten Einzelfall hinausgehend verallgemeinernde Aussagen über Gesetzmäßigkeiten und Einflussfaktoren getroffen werden können, müssen diese Methoden so beschaffen sein, dass die Ergebnisse miteinander vergleichbar sind. Zudem müssen sich die Befunde bei einer erneuten Durchführung der Untersuchung unter identischen Bedingungen durch denselben oder einen anderen Forscher wiederholen lassen. (Kunczik & Zipfel, 2005, S. 23)

Erst unter diesen Umständen kann man von „intersubjektiver Nachprüfbarkeit" sprechen.

Forschungs- und Erhebungsinstrumente müssen also erstens das erheben, was sie erheben sollen, dieses Gütekriterium nennt man „Validität". Und sie müssen unter gleichen Bedingungen gleiche Ergebnisse hervorbringen, d.h., es muss die sog. „Reliabilität" (Verlässlichkeit) gewährleistet sein.

Empirische Forschung strebt nach der Reduktion einer unüberschaubaren Menge an Rohmaterial, um über das für die Untersuchung Wesentliche eindeutige Aussagen treffen zu können, die für eine möglichst große Zahl von Individuen Aussagekraft haben. Überspitzen Forscherinnen diese notwendige Einschränkung auf einige wenige Ausschnitte der Realität, spricht man von **Reduktionismus**. Die Reduktion auf wenige Fälle, Daten etc. ist natürlich nicht erstrebenswert. Doch selbst hochwertige quantitative Forschung wird oft im Zusammenhang mit der Verwendung und Interpretation der Daten vor das Problem gestellt, dass die strenge Logik spätestens bei der Interpretation der aufwendig objektiv gestalteten Daten an ihre Grenzen stößt. Frei nach dem Motto „Traue keiner Statistik, die du nicht selber gefälscht hast" ist die Bedeutung den erhobenen Fakten noch nicht eingeschrieben, sondern wird erst durch den „Übersetzer" geschaffen.

Eine andere Form fehlgeleiteter empirischer Methodik nennt man **Empirizismus**: Das Erheben von Daten ohne theoretische Anleitung ergibt Zahlenmaterial ohne Aussagekraft, da nicht sichergestellt ist, ob das, was erhoben wurde, für die besprochenen Phänomene auch maßgeblich ist. Unter dem Begriff „Empirizismus" versteht man demnach die kritik- und theorielose Aufnahme und Sammlung von Informationen. Wenn unter diesem Vorzeichen geforscht wird, sind die Ergebnisse meist wertlos, da sie aufgrund des fehlenden Theoriebezugs einerseits schwer zu interpretieren sind und andererseits auch keine verlässlichen Daten liefern, da es leicht zu statistischen Fehlern und Scheinkorrelationen kommt.

Hauptanwendungsgebiet quantitativer Methoden ist die Erhebung einer Merkmalsverteilung in einer bestimmten Grundgesamtheit – d.h., empirische Studien „zählen" Merkmale und prüfen anhand der empirischen Resultate die zuvor (abstrakt) gebildeten Hypothesen. Hierin besteht auch einer der Hauptkritikpunkte abseits des Reduktionismus und Empirizismus: Während die Beschreibung und die Datenerhebung streng methodologisch geregelt sind und die Berechnungen auf unbestechlichen mathematisch-statistischen Verfahren beruhen, ist die eigentlich theoriegenerierende Phase der Exploration von den strengen methodologisch-methodischen Regeln kaum definiert, obwohl sie wesentliche erkenntnisleitende Wirkung hat.

So gibt es bspw. genaue Vorgaben, wie eine Befragung durchgeführt werden soll und welche Aspekte bei der statistischen Auswertung berücksichtigt werden müssen. Aber in welchen theoretischen Zusammenhang die Fragestellung und die Ergebnisse eingebettet werden sollen/können, wird nicht berücksichtigt. Das schafft einerseits Freiraum, weil nicht eine bestimmte theoretische Einordnung verpflichtend ist, andererseits führt es aber häufig dazu, dass diese Einbettung vernachlässigt wird.

8.2.2 Das qualitative Paradigma

Qualitative Ansätze, in all ihrer Unterschiedlichkeit und Heterogenität, sind durch ihre holistische Forschungsauffassung charakterisiert – sie kontextualisieren ihre Untersuchungsobjekte eher, als dass sie sie analysieren. Das heißt, sie versuchen zu verstehen, wie die Menschen ihren Erfahrungen in ihrem konkreten Lebenszusammenhang Sinn geben, und befassen sich mit Begrifflichkeiten und Phänomenen, an die quantifizierende Methoden aufgrund mangelnder Definier- und Operationalisierbarkeit nicht herankommen. Dabei ist „qualitativ“ vor allem als Sammelbegriff für eine Vielzahl teils sehr unterschiedlicher Forschungsansätze zu verstehen, denen vor allem ihre Opposition zu quantifizierenden Methoden gemeinsam ist.

> Qualitative Methoden gehen der Frage nach einzelnen Motiven und Inhalten nach. Sie beschreiben inhaltliche Dimensionen verbal, oft auch interpretativ, erforschen Werte, Gefühle, Details, das Warum bzw. Wie von „Tun“. Im Vordergrund stehen weniger Erhebungsmengen als vielmehr inhaltliche Tiefe. […] Statistiken, große Stichproben und Signifikanzprüfungen sind in der qualitativen Forschungswelt kein oder kaum Thema. Prozent- und Mittelwerte sowie andere Maßzahlen finden sich hier nur am Rande. (Braunecker, 2021, S. 22–23)

Bei qualitativen Untersuchungen werden die Stichproben ganz bewusst ausgewählt („theoretisches Sampling“). Dabei wird häufig versucht, typische Fälle zu finden. Die Wahrnehmungen und Einstellungen der untersuchten Personen können dabei allerdings stark reduziert und selektiv sein. Da üblicherweise zwar intensive, aber nur wenige Interviews geführt werden (können), ist eine Verallgemeinerung natürlich nur bedingt möglich. Negativ definiert stellen sich qualitative Methoden für Verfechter des quantitativen Wissenschaftsverständnisses folgenderweise dar (vgl. Lamnek, 1995, S. 3):

- kleine Zahl an Untersuchungspersonen
- keine echten Stichproben nach dem Zufallsprinzip
- keine quantitativen (= metrischen) Variablen
- keine statistischen Analysen

Umgekehrt formulieren qualitative Ansätze ihre Kritik an quantitativen Verfahren:

> Der zentrale Einwand gegen die Verwendung sog. quantitativer Verfahren zielt darauf ab, dass durch standardisierte Fragebogen, Beobachtungsschemata usw. das soziale Feld in seiner Vielfalt eingeschränkt, nur sehr ausschnittsweise erfasst und komplexe Strukturen zu sehr vereinfacht und reduziert dargestellt würden. (Lamnek, 1995, S. 4)

So kritisiert Girtler (1984, S. 26, zit. nach Lamnek, 1995, S. 7):

- Soziale Phänomene existieren nicht außerhalb des Individuums, sondern sie beruhen auf den Interpretationen der Individuen einer sozialen Gruppe (die es zu erfassen gilt).
- Soziale Tatsachen können nicht vordergründig „objektiv" identifiziert werden, sondern sie sind als soziale Handlungen von ihrem Bedeutungsgehalt her bzw. je nach Situation anders zu interpretieren.
- „Quantitative" Messungen und die ihnen zugrunde liegenden Erhebungstechniken können soziales Handeln nicht wirklich erfassen; sie beschönigen oder verschleiern eher die diversen Fragestellungen. Häufig führen sie dazu, dass dem Handeln eine bestimmte Bedeutung unterschoben wird, die eher die des Forschers als die des Handelnden ist.
- Das Aufstellen von zu testenden Hypothesen vor der eigentlichen Untersuchung kann dazu führen, dem Handelnden eine von ihm nicht geteilte Meinung oder Absicht zu suggerieren oder zu oktroyieren.

Die frühe Sozialwissenschaft orientierte sich in ihrem Anspruch, gesellschaftliche Realität zu erklären, an den Naturwissenschaften und versuchte, diesen in ihren Abläufen und ihrer Methodik so nahe wie möglich zu kommen. Doch die Naturwissenschaften suchen Gesetzmäßigkeiten (nomologische Aussagen), die „Erklärungen, Prognosen und technologische Anweisungen ermöglichen" (Lamnek, 1995, S. 14) – also Naturgesetze und ihre Auswirkungen, die sich für bestimmte Untersuchungsbereiche feststellen lassen (bspw. Chemie, Biologie).

Anders als bei den Naturwissenschaften geht es in den Wissenschaften sozialer Realitäten jedoch nicht um das Isolieren von einzelnen Vorgängen, sondern um das Erfassen von (sinngebenden) Kontexten, Handlungszusammenhängen und Bedeutungsstrukturen der Menschen. Der Analysegegenstand der Sozial- und Kulturwissenschaften ist der „in einem sozialen Kontext lebende und handelnde Mensch, das soziale Individuum, dessen Handeln mit Sinn, mit Bezug auf andere versehen ist. Dieses Handeln muss ‚verstanden', nicht erklärt werden"

(Lamnek, 1995, S. 14). Darum nennt man die an geisteswissenschaftliche Methoden angelehnten qualitativen Methoden auch **hermeneutische (verstehende) Methoden**. Hier geht es also im Grunde ebenfalls um das Argument angemessener Methoden für die spezifischen Fragestellungen sozialwissenschaftlicher Gegenstandsbereiche.

8.2.3 Resümee zum „Paradigmenstreit"

Letztendlich sind die beiden Traditionslinien zwar historische Opponenten in der Auseinandersetzung um das „richtige" Verständnis von Wissenschaft und den richtigen Zugang zur Welt der Forschungssubjekte und -objekte. Zu einem großen Teil ist diese Spaltung aber auf dogmatische Positionen und historische Konstellationen zurückzuführen und insofern nur ein scheinbarer Widerspruch.

Im Sinne eines idealen Methodenmixes, der seine Instrumente nach Fragestellung und Untersuchungsziel auswählt, ist es sehr wohl möglich, Brücken zu schlagen und Methoden aus beiden Ansätzen zu wählen.

Egal, für welchen Zugang man sich entscheidet bzw. welcher Zugang sich aufgrund der Forschungslage anbietet: Es geht in jedem Fall darum, Fragen zu beantworten und neue Aspekte zu untersuchen. Aus dieser Perspektive ist einer der zentralen Unterschiede zwischen qualitativen und quantitativen Forschungsansätzen die Frage, zu welchem Zeitpunkt, auf Basis welcher Daten und in welcher Form die Forschungsfragen beantwortet werden.

8.3 Sozialwissenschaftliche Methoden

> Methoden stellen Systeme von Handlungsanweisungen und Regeln dar, um bestimmte Erkenntnisse realisieren zu können, beziehungsweise um bestimmte Resultate zu erzielen oder um Informationen zu sammeln. Methoden dienen damit stets der Erreichung eines bestimmten Ziels [...] Da [...] solche Methoden nicht a priori an ganz bestimmte Inhalte gebunden sind, handelt es sich zumeist um formale Regeln. (Häder, 2015, S. 13)

Unter Methoden können somit also detaillierte Regelsysteme verstanden werden, mit denen man die verschiedensten sozialen Realitäten untersuchen kann. Die Methoden der empirischen Sozialforschung werden dafür eingesetzt, um die in den Hypothesen formulierten Annahmen über die Zusammenhänge von Variablen „mit der Wirklichkeit zu konfrontieren" (Häder, 2015, S. 20). Durch die Operationalisierung wird eine Fragestellung empirisch bearbeitbar.

Jene Teildisziplin der Wissenschaftstheorie, die sich mit dem spezifischen, einer Disziplin oder Disziplinengruppe zugehörigen Werkzeugkasten (= Instrumentarium) befasst, nennt man Methodik oder Methodenlehre. Die **Methodenlehre** erklärt Nutzen und Funktionieren sowie die Kriterien der Anwendung konkreter Instrumente (Techniken) zur Datenerhebung und ist somit spezifischer als die Methodologie. Die **Methodologie** ist die Lehre von den Methoden, sie fragt bspw., ob die gewählten Methoden geeignet und angemessen sind, um den gewünschten Zweck zu erreichen (vgl. Häder, 2015, S. 14).

Im Gegensatz zu naturwissenschaftlichen Forschungsmethoden müssen jene der Sozialwissenschaft immer wieder neu entwickelt und an das jeweilige gesellschaftliche Problem oder Phänomen bzw. die technischen Möglichkeiten angepasst werden.

Das Wort „Methode“ kommt vom griechischen Wort *metá hodós* (der Weg zu etwas hin). Die Forschungsmethode ist das Forschungswerkzeug, mit dem im geregelten Verfahren ein bestimmtes Ziel verfolgt wird.

In der empirischen Sozialwissenschaft werden unterschiedliche Methoden eingesetzt, um das *Ziel, fundierte und überprüfte Aussagen über soziale Tatbestände tätigen zu können*, zu erreichen. Ausgehend vom Untersuchungsobjekt wird soziale Wirklichkeit untersucht, dabei unterscheidet man folgende Methoden:

- Befragung
- Inhaltsanalyse
- Beobachtung
- Experiment

Abb. 7: Die Methoden der empirischen Sozialforschung

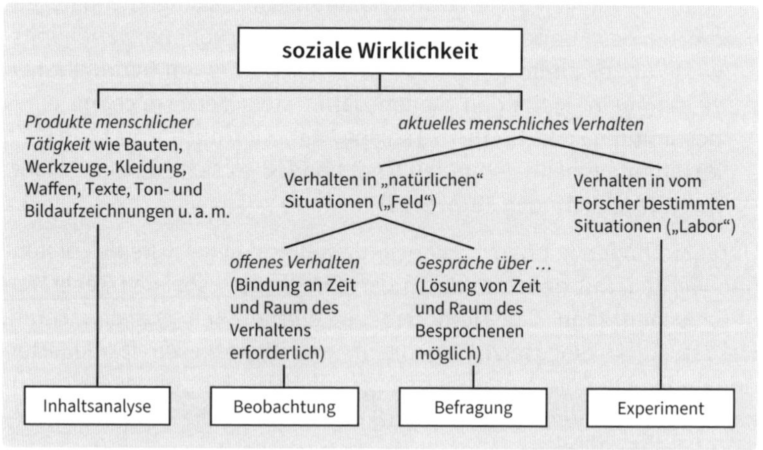

Quelle: Atteslander, 2000, S. 72.

Mittels Befragung lassen sich Meinungen und Einstellungen, mittels Inhaltsanalyse Medieninhalte, mittels Beobachtung das Verhalten empirisch ermitteln und mittels Experiment lassen sich kontrolliert Situationen und Reaktionen beobachten.

Die Methoden der empirischen Sozialforschung werden in der Folge nur sehr oberflächlich und überblicksmäßig skizziert. Die genaue Kenntnis der Methoden, also der Möglichkeiten, wie man soziale Realitäten untersucht, ist aber eine Grundvoraussetzung für das empirische wissenschaftliche Arbeiten. Eine intensive Auseinandersetzung mit den Methoden ist somit unbedingt nötig.

Die Methode steht niemals am Beginn des Forschungsprozesses, sie folgt erst der theoretischen Auseinandersetzung mit dem Forschungsgegenstand (Vorrang der Theorie).

8.3.1 Befragung

Allgemein gesprochen hat die Befragung das Ziel, gesellschaftlich relevante Aussagen über Merkmalsträger zu machen. Merkmalsträger sind hier Menschen, welche zu einem bestimmten forschungsrelevanten Thema befragt werden.

Mittels einer Befragung werden Aussagen von Menschen erhoben. Alle Menschen, die man untersuchen möchte, bilden dabei die sog. Grundgesamtheit. Da man diese üblicherweise nicht komplett befragen kann, werden in der Regel Stichproben gezogen.

Grundsätzlich werden in der sozialwissenschaftlichen Methodenliteratur verschiedene Formen von Befragungstechniken bzw. Interview-Arten unterschieden. Dabei hängt die Wahl der Befragungsart immer vom Erkenntnisinteresse ab und es steht umgekehrt nie die Methodenwahl im Vordergrund. Die unterschiedlichen Befragungsarten unterscheiden sich nach dem Grad der Standardisierung, d. h., ob es sich um ein offenes, teilstandardisiertes oder standardisiertes Interview handelt. Jede Befragungsart hat ihre Vor- und auch Nachteile. Entscheidend ist immer die Zielsetzung des Interviews.

Bei **offenen Befragungen** gibt der Interviewer nur ein Thema bzw. wenige ungerichtete Fragen vor. Bei einer **standardisierten Befragung** werden die Fragen und Antwortmöglichkeiten durch ein Fragebogendesign festgelegt. Das Einsatzgebiet von standardisierten Befragungen kann dadurch charakterisiert werden, dass es dem statistischen Vergleich von Befragten bzw. Befragtengruppen (wie bspw. von Studierenden an der Universität Wien oder Publizistik-Studierenden) dienen kann, indem durch die strenge Form des Instruments (Fragebogen) die Erhebung durchgeführt wird. Durch die Standardisierung des Fragebogens kann einerseits der Einfluss des Interviewers auf das Ergebnis reduziert, andererseits kann dadurch die Güte der erhobenen Daten erhöht werden. Gleichzeitig können durch dieses Vorgehen große Personengruppen effektiv befragt werden. Ein Nachteil von quantitativen Fragebögen ist, dass die Befragten nicht nachfragen können, sondern einfach nur den vorliegenden Fragebogen ausfüllen. Das bedeutet, dass die Forscherinnen sich im Vorfeld sehr gut überlegen müssen, wie sie die Fragestellungen formulieren, um das, was sie – ausgehend von ihrem Forschungsinteresse – herausfinden wollen, erfassen zu können.

Wenn man etwa nach „politischen Einstellungen“ fragen möchte, dann fragt man bspw. nach der Parteien- und Kandidatenpräferenz, nach der Zustimmung zu vorgegebenen politischen Präferenzen oder nach der politischen Selbsteinschätzung auf einer Skala. Standardisierte Befragungen können statistisch mit Datenverarbeitungsprogrammen ausgewertet werden. Die Interviews können dabei f2f: face to face durch persönliche Interviews (PAPI = Paper Assisted Personal Interviews oder CAPI = Computer Assisted Personal Interviews – persönlich mit Notebook) durchgeführt werden, oder auch via CATI = Computer Assisted Telephone Interviews, was bedeutet, dass die Befragung telefonisch – die interviewende Person sitzt am Computer – vorgenommen wird. Eine immer beliebtere Form der Befragung – allerdings mit vielen Schwächen – ist CAWI-Online = Computer Assisted Web Interviews, die Befragten sind hierbei „Selbstausfüller“ und füllen im Internet am Befragten-Computer den Fragebogen aus.

Bei den **qualitativen Befragungen** gibt es unterschiedliche Formen, die eingesetzt werden können. Die Möglichkeiten reichen dabei von einem Leitfadeninterview bis zum narrativen Interview, bei dem es keinen Gesprächsleitfaden mehr gibt. Auch hier ist es wichtig, dass sich die Forscher im Vorfeld überlegen, was sie herausfinden wollen. Der Vorteil von qualitativen Interviews ist, dass der Forscher nachfragen kann, wenn er etwas nicht verstanden hat, und dadurch mehr in die Tiefe gehen kann.

Im Zentrum des Interesses steht, dass man verstehen möchte, was die Interviewten beschäftigt und bewegt. Die qualitativen Interviews nehmen sehr viel Zeit in Anspruch und ganz entscheidend ist es, dass bei der Auswertung und Interpretation der Ergebnisse immer die Ausführungen der Interviewten an die theoretischen Überlegungen der Forscher rückgebunden werden.

8.3.2 Inhaltsanalyse

Nach Früh (2017, S. 29) ist die Inhaltsanalyse eine empirische Methode zur systematischen, intersubjektiv nachvollziehbaren Beschreibung inhaltlicher und formaler Merkmale von Mitteilungen. Bei diesen Mitteilungen kann es sich sowohl um geschriebenen Text, audiovisuelle Mitteilungen jeglicher Art sowie Bilder etc. handeln.

Die Inhaltsanalyse gilt, im Gegensatz zur Befragung, zur (teilnehmenden) Beobachtung und zum Experiment, als nicht-reaktives (= non-reaktives) Verfahren, was bedeutet, dass sich der Untersuchungsgegenstand nicht verändert, egal, wann und wie oft man ihn untersucht. Um das vorliegende Material (bspw. Zeitungsberichte, Hörfunkbeiträge, TV-Nachrichtenbeiträge, Online-Kommentare) analysieren zu können, muss zuvor ein **Kategorienschema** entwickelt werden.

Das bedeutet, dass ausgehend von den Forschungsfragen und Hypothesen überlegt wird, was wie „übersetzt" werden kann. Dieses Kategorienschema orientiert sich daran, was herausgefunden werden soll. Die Kategorien benennen dabei alle formalen und inhaltlichen Merkmale, nach denen im Untersuchungsmaterial Ausschau gehalten werden soll. Die Summe aller verwendeten Kategorien und Ausprägungen ergeben das Kategoriensystem oder Kategorienschema. Durch die Operationalisierung werden die Begriffe messbar gemacht, d. h., die Forscherinnen überlegen sich – ausgehend von der intensiven Auseinandersetzung mit den theoretischen Zugängen, die für die Arbeit verwendet werden, und den Forschungsarbeiten, die es zu dem Themenbereich gibt –, wie Messungen für einen bestimmten Begriff vorgenommen werden können.

Wenn man bspw. wissen möchte, wie die Artikeltendenz – dies wäre in dem konkreten Fall eine Kategorie – in der Berichterstattung über Flüchtlinge in den Printmedien aussieht, dann muss man u. a. danach fragen, ob diese positiv, negativ oder neutral ist. Dazu muss festgelegt werden, was unter positiv, negativ und neutral verstanden wird. Das dafür entwickelte Codebuch repräsentiert das operationalisierte inhaltsanalytische Verfahren. Das **Codebuch**, d. h. eigentlich das „überführte" Kategorienschema, kann man sich als ein Fischernetz vorstellen, je engmaschiger, desto mehr kann „eingefangen" werden. Das heißt, je präziser und anspruchsvoller ein Kategorienschema und dann das Codebuch entwickelt worden sind, desto mehr kann darüber ausgesagt werden, was im Text behandelt wird.

Grundsätzlich kann man deduktive (quantitative) und induktive (qualitative) Inhaltsanalysen unterscheiden: Bei einer deduktiven/quantitativen Inhaltsanalyse werden die Kategorien, nach denen die Texte

„durchsucht“ werden, im Vorhinein festgelegt. Man sieht bei den Ergebnissen, wie häufig die vorher definierten (formalen oder inhaltlichen) Kategorien vorkommen. Bei einer induktiven/qualitativen Inhaltsanalyse werden nicht vorab Kategorien definiert, nach denen man im Text sucht, sondern man versucht, aus dem Material heraus neue Themen, Aspekte, Motive, Gründe etc. zu finden, von denen man vorher nicht wusste, dass sie im Text vorkommen. Häufig gibt es hier wohl ein Grundgerüst an Kategorien, die aber bei der Bearbeitung der Texte erweitert werden. Grundsätzlich geht es darum, dass Texte systematisch analysiert und wiederum an theoretische Vorüberlegungen rückgebunden werden.

8.3.3 Beobachtung

Nicht jede Art des Beobachtens darf automatisch als wissenschaftliche Methode angesehen werden. Laut Jahoda et al. (1965, zit. nach Schnell et al., 2005, S. 390) ist die wissenschaftliche Komponente der Datenerhebung mittels Beobachtung dann gesichert, wenn diese

- einem bestimmten Forschungszweck dient,
- systematisch geplant und nicht dem Zufall überlassen wird,
- systematisch aufgezeichnet und auf allgemeine Urteile bezogen wird, nicht aber eine Sammlung von Merkwürdigkeiten darstellt und
- wiederholten Prüfungen und Kontrollen hinsichtlich der Gültigkeit, Zuverlässigkeit und Genauigkeit unterworfen wird.

Diese Auflistung dokumentiert sehr deutlich, dass die wissenschaftliche Methode der Beobachtung der systematischen Erfassung, Aufzeichnung und Kategorisierung des Verhaltens von Menschen in bestimmten Situationen nach zuvor formulierten Kriterien dient. Dabei können verschiedene Beobachtungsarten und Situationen unterschieden werden:

- teilnehmende und nicht-teilnehmende Beobachtung
- offene und verdeckte Beobachtung
- unterschiedliche Grade der Strukturierung der Beobachtung
- Beobachtung in natürlichen Umgebungen oder in einem Labor

Wenn die Beobachter mit den beobachteten Personen in Interaktion treten, spricht man von einer teilnehmenden Beobachtung; tun sie das nicht, von einer nicht-teilnehmenden Beobachtung. Bei einer teilnehmenden Beobachtung ist der Forscher selbst Teil dessen, was er beobachtet, dies kann zu Verzerrungen führen, da der Forscher durch die Einbeziehung in das Setting nicht alles notieren kann. Bei einer nicht-teilnehmenden Beobachtung muss der Forscher erklären, warum er sich in der Beobachtungssituation befindet.

Je nachdem, ob die beobachteten Personen Kenntnis vom Beobachtungsvorgang haben, spricht man von der offenen bzw. verdeckten Beobachtung.

Ist die Beobachtung gut geplant und unterliegt sie einem vorab festgelegten Beobachtungsschema, spricht man von einer strukturierten Beobachtung. Ist dies nicht der Fall, von einer unstrukturierten Beobachtung. Die Beobachtungsmethode kann angewandt werden, wenn man bspw. etwas über das Verhalten von Menschen herausfinden möchte, das sich nicht so leicht verbalisieren lässt, allerdings können deren Motive, Einstellungen und Absichten durch die Beobachtung nicht erfasst werden. Problematisch ist außerdem, dass das Beobachtete auch missinterpretiert werden kann (Stichwort: Einfluss selektiver Wahrnehmung).

8.3.4 Experiment

Bei wissenschaftlichen Experimenten handelt es sich um Untersuchungsanordnungen, mit denen Kausalzusammenhänge (Kausalhypothesen) überprüft werden sollen. Experimente untersuchen den Einfluss einer unabhängigen Variable (bspw. Horrorfilme) auf die zu messende abhängige Variable (bspw. Angst). Die Methode des Experiments wurde aus der Psychologie in die Kommunikationswissenschaft importiert und vor allem in der psychologischen und sozialpsychologischen Forschung eingesetzt. In der Kommunikationswissenschaft wird diese Methode vor allem im Feld der Rezeptions- und Medienwirkungsforschung verwendet. Prinzipiell unterscheidet man zwischen Labor- und Feldexperimenten:

Laborexperimente zeichnen sich in erster Linie durch die Manipulation der unabhängigen Variable und eine starke Kontrolle der Versuchssituation (= Kontrolle bzw. Ausschalten von Störvariablen [= intervenierende Variablen bzw. Drittvariablen]) aus. **Feldexperimente** haben den Vorteil, dass sie am Ort des Geschehens stattfinden und so keine künstlichen Erhebungssituationen schaffen.

Für ein Experiment müssen mindestens zwei Gruppen vorhanden sein, eine Versuchs- und eine Kontrollgruppe, die zufällig gebildet werden. In der Versuchsanordnung werden die Versuchsbedingungen für beide Gruppen völlig gleich gehalten, nur die unabhängige Variable wird dabei verändert. Dadurch ist es möglich, den Einfluss der unabhängigen Variable – die auch als „Stimulus“ oder „Treatment“ bezeichnet werden kann (Manipulation) – zu untersuchen. Erforscht werden soll, ob der Stimulus eine mögliche Wirkung auf die Versuchsperson hat. Die Kontrolle von experimentellen Anordnungen ist sehr wichtig, da störende Einflüsse – etwa zwischen den Versuchsgruppen – verhindert werden sollen. Denn entscheidend ist, dass die Wirkung bzw. Wirkungen nur auf den eingesetzten Stimulus zurückgeführt werden kann bzw. können. Durch die systematische Variation von Stimuli sollen die auftretenden Effekte gemessen und mögliche Störungen durch Drittvariablen verhindert werden.

Experimente zu planen und durchzuführen ist sehr zeitaufwändig und erfordert hohe Forscherkompetenzen. Problematisch sind auch Experimente, bei denen die Probanden über das eigentliche Ziel des Experiments getäuscht werden oder ethisch bedenklichen Stimuli (bspw. Pornos) ausgesetzt werden. Im diesem Kontext stellen sich auch forscherethische Fragen.

8.4 Methodenwahl

Ganz grundsätzlich ist die Wahl der Methode abhängig von Erkenntnisinteresse und Fragestellung. Bei der Entscheidung über die Wahl der passenden Methode ist es essenziell, die **Angemessenheit der Methoden** als Bezugspunkt zu nehmen. Es muss also jeweils die passende Methode für die Beantwortung der Forschungsfrage bzw. die Überprüfung der Hypothesen gewählt werden. Meist kommt aufgrund des Ziels bzw. der Fragestellung ohnehin nur eine Methode in Betracht.

Schwieriger ist meist die Frage zu beantworten, welches konkrete Instrument man einsetzt, also bspw. welche Form einer Befragung, und wie das Untersuchungsdesign genau aussieht.

Achtung:
Die Methoden der empirischen Sozialforschung sind abschließend festgelegt, es sind dies Befragung, Inhaltsanalyse, Beobachtung und Experiment.
Innerhalb dieser Methoden gibt es aber verschiedene Möglichkeiten, wie man bspw. eine Befragung durchführt: online oder telefonisch, mit einem Fragebogen oder einem Leitfaden etc. Ein Fragebogen ist aber nicht „die Methode“, sondern „ein mögliches Instrument der Methode Befragung“.

Somit gibt es keine allgemein gültige, immer sicher anwendbare Methode, sondern die Methodenwahl ist immer von der Fragestellung, dem Erkenntnisinteresse und dem Stand der Forschung – also dem vorliegenden Problem und Phänomen – abhängig! (Die Wahl der Methode für ein Forschungsprojekt hat auch nichts mit besonderen Vorlieben des Forschers für eine Methode zu tun.)

Quantitative und qualitative Ansätze konkurrieren dabei nicht miteinander, sondern ergänzen einander. Jede Herangehensweise liefert unterschiedliche Arten von Informationen und muss für das Forschungsvorhaben passend sein (vgl. Flick, 2016, S. 53 sowie Wilson, 1982).

Besonders wichtig ist es, genau zu wissen, welche Methode was leisten, für welche Forschungsfragen sie also eingesetzt werden kann. Damit ist es notwendig, sich zumindest einmal mit jeder Methode gründlich zu beschäftigen – schließlich hängt die Wahl der Methode für eine wissenschaftliche Arbeit immer vom Ziel und von der Fragestellung der Arbeit ab und nicht davon, welche Methode die Forscherin besonders gern mag oder besonders gut beherrscht.

Methodische Umsetzungen sind immer die Wege zur Erreichung des im Rahmen der Arbeit gewählten Zieles, aber nur ausgesprochen selten selbst das Ziel der Arbeit. (Ziel der Arbeit ist die Beschäftigung mit einer Methode nur dann, wenn es bspw. um die Weiterentwicklung einer Methode oder die Gegenüberstellung von verschiedenen Methoden geht.)

8.5 Untersuchungsdesign

Ein zentrales Element jeder empirischen Untersuchung – sei sie qualitativ oder quantitativ – ist das Untersuchungsdesign (auch: Untersuchungsart, Untersuchungsplan, Forschungsdesign, Studiendesign, „research design“), mit dem ein konzeptioneller Bezugsrahmen für die empirische Arbeit geschaffen wird. In diesem werden die Rahmenbedingungen und Grundlagen für die Untersuchung offen und transparent dargelegt. Das Untersuchungsdesign kann auch als Fahrplan für die geplante empirische Arbeit angesehen werden, ein methodischer Steckbrief, der das Erhebungsinstrument und die Planung für den Gesamtforschungsprozess enthält.

Ein Untersuchungsdesign umfasst alle relevanten Angaben, die es braucht, um die Anlage und Aussagekraft der Untersuchung beurteilen und sie ggf. wiederholen zu können. Dies sind insbesondere folgende Elemente:

- Untersuchungsaufbau, Untersuchungszeitraum (Wiederholung der Geltungsbedingungen der Untersuchung)
- Angabe bzw. Offenlegung des Untersuchungsinstruments (wird im Anhang dargestellt): Leitfaden für qualitative Interviews oder Fokusgruppen, Fragebogen, Kategorienschema, Codebuch (jeweils unausgefüllt)

- Grundgesamtheit
- beim quantitativen Arbeiten: Stichprobe: Größe der Stichprobe, Art der Stichprobenziehung, Berechnung der Stichprobe(ngröße)
- bei qualitativen Befragungen: Angaben über die Auswahl der Probanden, Anzahl der Interviews bzw. Fokusgruppen o.Ä.; Angaben zur Auswertung der Interviews (qualitative Inhaltsanalysen)
- ggf. Angaben über die Durchführung der empirischen Untersuchung, bspw. chronologische Anordnung von Untersuchungsteilen, Stimulus-Material etc.

Es gibt nicht „das eine" Untersuchungsdesign, sondern unterschiedliche Möglichkeiten, wie dieses gestaltet werden kann. Um ein Untersuchungsdesign konzipieren zu können, müssen zuvor Entscheidungen getroffen werden, die dokumentieren, dass das geplante Vorgehen intersubjektiv nachvollziehbar ist. Nach Döring & Bortz (2016, S. 182) können neun Kriterien für Untersuchungsdesigns bestimmt werden:

1. *Wissenschaftstheoretischer Zugang der Studie:* Wird eine quantitative oder qualitative Studie oder eine Mixed-Methods-Studie durchgeführt?
2. *Erkenntnisziel der Studie:* Handelt es sich um eine grundlagenwissenschaftliche oder anwendungsorientierte Studie?
3. *Gegenstand der Untersuchung:* Wird eine empirische Studie, eine Methoden- oder Theoriestudie umgesetzt?
4. *Datengrundlage bei empirischen Studien:* Wird eine Primär-, Sekundär- und Metaanalyse vorgenommen?
5. *Erkenntnisinteresse bei empirischen Studien:* Liegt eine explorative (gegenstandsbeschreibende/theoriebildende), eine deskriptive (populationsbeschreibende) oder eine explanative (hypothesenprüfende) Studie vor?
6. *Bildung und Behandlung von Untersuchungsgruppen bei explanativen (hypothesenprüfenden) Studien:* Wird eine experimentelle, quasiexperimentelle oder nicht-experimentelle Studie vorgenommen?
7. *Untersuchungsort bei empirischen Studien:* Liegt eine Labor- oder eine Feldstudie vor?
8. *Anzahl der Untersuchungszeitpunkte und der Settings bei empirischen Studien:* Wird eine experimentelle Studie mit und ohne Messwiederholungen bzw. eine nicht-experimentelle Studie mit und ohne Messwiederholungen (bspw. Querschnitt-, Trend- oder Längsschnittstudie) durchgeführt?
9. *Anzahl der Untersuchungsobjekte bei empirischen Studien:* Wurde eine Gruppenstudie (Stichprobenstudie, Vollerhebung) oder eine Einzelfallstudie gemacht?

Um ein Beispiel für ein Untersuchungsdesign zu nennen, soll die Studie „Das journalistische Feld in Deutschland. Ein theoretischer und empirischer Beitrag zur Journalismusforschung“ (vgl. Meyen, 2009) herangezogen werden. Im Untersuchungsdesign wird zunächst begründet, warum Leitfadeninterviews mit Journalistinnen durchgeführt wurden und wovon ausgegangen worden ist, und im darauf folgenden Kapitel wird die Auswahl der Befragten thematisiert, wie das Auswahlverfahren ausgesehen hat und welche Reichweite die Befunde haben. Darauf folgt die Beschreibung der Rekrutierung, des Gesprächsablaufs und der Auswertung.

Untersuchungsdesigns sind immer auf die jeweilige Fragestellung anzupassen. Die Wahl des Untersuchungsdesigns gibt auch darüber Auskunft, welche Aussagekraft die wissenschaftlichen Befunde schlussendlich haben (vgl. Döring & Bortz, 2016, S. 182).

9 Der Umgang mit wissenschaftlichen Quellen

Der Umgang mit wissenschaftlichen Quellen – also vor allem Publikationen jeder Art – gehört zum „Handwerkszeug" des wissenschaftlichen Arbeitens. Jeder Studierende tut gut daran, sich diese Techniken einmal so anzueignen, dass man sie „im Schlaf" beherrscht, denn sie sind die Grundlage jeder wissenschaftlichen Arbeit, die Beherrschung dieser Kenntnisse wird in höheren Semestern vorausgesetzt. Es handelt sich quasi um eine „Null-Linie" des wissenschaftlichen Arbeitens.

9.1 Quellen

Quellen und der Umgang mit ihnen ist eine zentrale und immer wiederkehrende Beschäftigung beim wissenschaftlichen Arbeiten. Daher sollte man sich zunächst damit auseinandersetzen, welche Arten von Quellen es überhaupt gibt.

9.1.1 Eigene vs. fremde Quellen

Wissenschaftliche Quellen können unterschiedliche Ursprünge aufweisen. Man unterscheidet daher wissenschaftliche Quellen zunächst nach ihrem Ursprung:

Eigene Quellen sind Inhalte und Daten, die der Forscher selbst erhoben hat:

- Interviews mit Experten
- Eigene Untersuchungen wie Befragungen, Beobachtungen oder Experimente

Fremde Quellen hingegen stammen von anderen Forschern. Dabei unterscheidet man:

- Primärquellen – „Quellen aus erster Hand"
  alle Quellen, die im Original vorhanden sind, die man „quasi in der Hand gehalten hat" und die nicht bloß als Zitate vorliegen. Das „in

der Hand halten“ muss man nun ins Virtuelle übertragen: Es geht um alle Quellen, die man direkt selbst gelesen und bearbeitet hat.
- Sekundärquellen – „Quellen aus zweiter Hand“
  wörtliche sowie sinngemäße Zitate des Originals in anderen Texten, Zusammenfassungen; basieren auf Primärquellen
- Tertiärquellen – „Quellen aus dritter Hand“
  Zitate aus Publikationen, die ihrerseits auf Zitate des Originals aufbauen

Dabei gilt:

- Alle Quellen einer Arbeit müssen einwandfrei nachvollziehbar, überprüfbar und auffindbar sein!
- Die Primärquelle ist prinzipiell immer anderen Quellen vorzuziehen. Wenn es auch nach einer ausführlichen Recherche nicht gelingt, das Original ausfindig zu machen, können ausnahmsweise (!) auch Zitate aus Sekundärquellen verwendet werden. Das Problem bei der Verwendung von Sekundär- (und noch viel mehr von Tertiär-) Quellen ist, dass nicht sichergestellt ist, dass das Zitat korrekt und im richtigen Zusammenhang wiedergegeben ist. Bei der Übernahme von derartigen Zitaten besteht die Gefahr, dass sich falsche Zusammenhänge oder Interpretationen fortsetzen.
- Tertiärquellen sollten grundsätzlich strikt vermieden werden.
- Eigene Untersuchungen stellen Primärquellen dar – aber nur dann, wenn die daraus gewonnenen Erkenntnisse auch mit wissenschaftlichen Methoden erhoben wurden.

Achtung:
Experteninterviews sind ein „Ersatz“ für verschriftlichte Quellen und werden wie Primärquellen behandelt. Sie werden dann eingesetzt, wenn es zum gewählten Forschungsinteresse keine/kaum Literatur gibt (bspw. weil das Arbeitsthema so neu ist), wenn die Literatur schon alt/veraltet ist, wenn Aussagen aus der Literatur mit Aussagen der Praxis verglichen werden sollen.
Experteninterviews dienen *nicht* als Ersatz für das Literaturstudium! Vor der Durchführung eines Experteninterviews ist die Literatur sorgfältig zu studieren. Experteninterviews werden zwar mit den Instrumenten einer Befragung durchgeführt (üblicherweise Leitfadeninterviews) und „sehen damit ein bisschen wie sozialwissenschaftliche Untersuchungen aus“, sie haben aber eine andere Funktion: Experteninterviews sollen nicht die soziale Realität abbilden, sondern sie fungieren als eine weitere Informationsquelle.

9.1.2 Selbständige vs. unselbständige Quellen

Eine weitere Einteilungsmöglichkeit von Quellen unterscheidet selbständige und unselbständige Literatur. Diese Differenzierung ist für die Literatursuche sehr wichtig, denn je nachdem, um welchen Literaturtyp es sich handelt, muss in jeweils anderen Quellen danach gesucht werden.

Selbständige Literatur
Als selbständige Literatur werden in der Regel Druckwerke bezeichnet, die als eigenständige Publikation erscheinen, also nicht Teil eines anderen, übergeordneten Werkes sind. Selbständige Literatur stellt auch physisch eine eigene Medieneinheit dar, oft in Form eines Buches. Beispiele für selbständige Literatur sind:

- Monographien
- Sammelbände
- Hochschulschriften (Diplom-, Magister- und Masterarbeiten sowie Dissertationen)
- Fachzeitschriften

Der meistgenutzte Weg, um selbständige Literatur zu finden, ist die Recherche in Bibliothekskatalogen. Diese erfassen den gesamten online-katalogisierten Bestand einer (oder mehrerer) Bibliotheken an selbständiger Literatur, wobei es für Zeitungen und Zeitschriften oft spezielle Teilkataloge gibt.

Unselbständige Literatur
Im Gegensatz zur selbständigen handelt es sich bei unselbständiger Literatur um Texte, die als Teil eines übergeordneten Druckwerks erschienen sind und auch physisch keine eigenständige Medieneinheit darstellen. Typische Beispiele für unselbständige Literatur sind:

- Aufsätze in Fachzeitschriften
- Aufsätze in Sammelbänden
- Artikel in Referenzwerken

Die Suche nach unselbständiger Literatur gestaltet sich in der Regel aufwändiger als die Recherche nach selbständig erschienenen Büchern, weil sie im Gegensatz zu Letzteren *nicht* in Bibliothekskatalogen erfasst ist. Die Suche in Bibliothekskatalogen hilft hier also nicht weiter. Man muss stattdessen wissenschaftliche Datenbanken konsultieren, die darauf spezialisiert sind, unselbständige Literatur aus einem bestimmten Fachgebiet zu verzeichnen. Einige Hinweise zum Umgang mit Datenbanken befinden sich im Anhang B dieses Buches.

Sehr gut sichtbar wird der Unterschied in der Suche nach selbständiger und unselbständiger Literatur bei wissenschaftlichen Zeitschriften. Eine wissenschaftliche Zeitschrift findet man, da es sich bei einer Zeitschrift um selbständige Literatur handelt, ohne größere Probleme im Online-Katalog einer Bibliothek. Wenn man bspw. im Katalog einer Universitätsbibliothek nach der Zeitschrift „Publizistik. Vierteljahreshefte für Kommunikationsforschung" sucht, findet man den entsprechenden Eintrag. Wenn man hingegen wissen will, welche Artikel in der Zeitschrift erschienen sind, kann der Bibliothekskatalog nicht weiterhelfen. Da es sich bei einzelnen Artikeln um unselbständige Literatur handelt, werden diese im Bibliothekskatalog nicht verzeichnet. Da Fachzeitschriften mittlerweile quasi durchgängig auch oder sogar ausschließlich als Online-Ressource vorhanden sind, können die einzelnen Beiträge hier leicht eruiert werden.

„Graue Literatur"
Hierbei handelt es sich um nicht allgemein zugängliche Literatur wie Diplom- und Magister-/Masterarbeiten, Tagungsberichte, Arbeitspapiere etc. Es sind Veröffentlichungen, die außerhalb des Verlagswesens und des regulären Buchhandels erscheinen. Diese Literatur wird nur im Eigenverlag (meist in vergleichsweise kleiner Stückzahl) publiziert.

Im Bereich der Wissenschaften zählen vor allem Forschungsberichte und Tagungsberichte zur grauen Literatur. Zwar ist die Suche und Beschaffung von Forschungs- und Tagungsberichten aufwändiger als bei regulärer wissenschaftlicher Literatur, dafür sind darin meist die aktuellsten Forschungsergebnisse enthalten. Artikel in Fachzeitschriften und vor allem Bücher bedürfen eines umfangreichen, zeitaufwändigen Vorbereitungsprozesses, ehe sie veröffentlicht werden, der Vorbereitungsprozess von grauer Literatur ist zumeist kürzer.

Wo findet man graue Literatur? Einzelne wissenschaftliche Datenbanken erschließen zumindest einen Teil der veröffentlichten Tagungs- und Forschungsberichte, auch im Internet (bspw. auf Homepages von Forschern, Forschungseinrichtungen oder Veranstaltungen) können sich Hinweise auf Forschungs- und Tagungsberichte finden. Oft ist für den Bezug der Literatur eine Kontaktaufnahme mit den betreffenden Forscherinnen bzw. Institutionen notwendig.

„Ungedrucktes"
Üblicherweise darf nur aus veröffentlichten (häufig gedruckten oder online öffentlich zugänglichen) Quellen zitiert werden. Unter Umständen ist es aber möglich und vielleicht bei einigen Themen sogar notwendig, dass auch unveröffentlichte Unterlagen verwendet werden.

Dies muss in einer Anmerkung oder Fußnote ausdrücklich festgehalten werden, bspw.: „Persönlicher Brief an den Verfasser vom Datum", „Mündliche Mitteilung von Name, Funktion, Datum".

9.1.3 Arten wissenschaftlicher Literatur

Monographien und Sammelbände
Bücher sind sicherlich die bekannteste Form wissenschaftlicher Literatur und stellen eine wichtige Quelle jeder wissenschaftlichen Arbeit dar, wobei Monographien und Sammelbände zu unterscheiden sind.

Monographien sind Bücher, die von einer Autorin oder mehreren Autoren verfasst werden und auf ein spezifisches Untersuchungsfeld bzw. eine bestimmte Fragestellung fokussiert sind. Es handelt sich um ein durchgängiges Werk zu einem bestimmten Thema.

Sammelbände umfassen Aufsätze bzw. Beiträge mehrerer Autoren, wobei jeder Autor nur für den jeweils eigenen Artikel verantwortlich ist. In der Regel haben Sammelbände ein gemeinsames Rahmenthema und die einzelnen Autoren bringen ihre jeweiligen Überlegungen bzw. Forschungsergebnisse zum Rahmenthema ein. Die Gesamtverantwortung und konzeptionelle Gestaltung liegt in den Händen der Herausgeber des Sammelbandes.

Referenzwerke
Referenzwerke – auch als Nachschlagewerke bezeichnet – dienen im Gegensatz zur Monographie und zum Sammelband *nicht* der Darstellung eines spezifischen Untersuchungsfeldes oder Themas. Referenzwerke erheben stattdessen den Anspruch, das Wissen überblicksartig zusammenzufassen. Referenzwerke beinhalten Einträge zu unterschiedlichen Begriffen und Themen, wobei die Einträge alphabetisch, systematisch oder chronologisch geordnet sind.

Bei der Verwendung von Referenzwerken ist zu beachten: Im Prozess des Verfassens einer wissenschaftlichen Arbeit stellen Referenzwerke meist den Einstiegspunkt für die Recherche zu einem Thema dar. Sie erlauben das gezielte Nachschlagen einzelner Begriffe und geben der Leserin einen ersten Überblick zu einem Thema. Details zu einer spezifischen Fragestellung finden sich in den Nachschlagewerken meist nicht, bestenfalls sind weiterführende Literaturhinweise enthalten.

In der Regel findet nur gesichertes Wissen Eingang in Referenzwerke, neue (wissenschaftliche) Erkenntnisse bzw. Entwicklungen werden erst mit einer gewissen Zeitverzögerung in die Werke aufgenommen. Deshalb sind Nachschlagewerke weniger geeignet, Neuentwicklungen bzw. aktuelle (wissenschaftliche) Diskussionen zu recherchieren. Generell sollte das enthaltene Wissen – insbesondere bei älteren Ausgaben – hinsichtlich seiner Aktualität geprüft werden.

Das bedeutet: Referenzwerke sind ein wichtiges Hilfsmittel bei der Einarbeitung in ein Thema bzw. der Begriffsklärung. Allerdings dürfen Referenzwerke nicht die einzige Quelle wissenschaftlicher Arbeiten sein, in der Regel muss eine weiterführende Literaturrecherche folgen. Es ist nur in begründeten Ausnahmefällen sinnvoll, in wissenschaftlichen Arbeiten aus Referenzwerken zu zitieren.

Als Referenzwerke gelten Enzyklopädien, (Fach-)Lexika und Wörterbücher, Hand(wörter)bücher, Bibliographien, Lehr- und Studienbücher.

Während Referenzwerke früher ausschließlich in Buchform veröffentlicht wurden, sind heutzutage alle gängigen Werke auch oder ausschließlich online verfügbar. Auf die Online-Einträge kann gelegentlich nur gegen Gebühr zugegriffen werden.

Die wohl bekannteste kostenlos zugängliche Online-Enzyklopädie ist Wikipedia. Im Gegensatz zu den oben genannten Enzyklopädien ist diese nicht nur frei im Netz zugänglich, sondern kann grundsätzlich auch von jedem mitgestaltet werden. Dies ist Chance und Risiko zugleich! Da die wissenschaftliche Qualität und der Umfang der Beiträge nicht immer zufriedenstellend sind, sollte Wikipedia in wissenschaftlichen Arbeiten nicht zitiert werden. Manche Lehrveranstaltungsleiter untersagen die Verwendung von Wikipedia in ihren Seminaren und Lehrveranstaltungen völlig! Falls Wikipedia doch verwendet wird, sollte Wikipedia niemals die einzige Quelle sein, sondern es muss auch weitere wissenschaftliche Literatur verwendet werden.

Beispiele für fachspezifische Lexika der Publizistik- und Kommunikationswissenschaft sind:

Bentele, G., Brosius, H.-B., & Jarren, O. (Hrsg.). (2013). *Lexikon Kommunikations- und Medienwissenschaft* (2., überarb. u. erw. Auflage). VS Verlag.

Noelle-Neumann, E., Wilke, J., & Schulz, W. (Hrsg.). (2009). *Fischer Lexikon Publizistik, Massenkommunikation* (vollst. überarb. u. erg. Auflage). Fischer-Taschenbuch-Verlag.

Schanze, H. (Hrsg.). (2002). *Metzler Lexikon Medientheorie, Medienwissenschaft. Ansätze – Personen – Grundbegriffe.* Metzler.

Ausgewählte Handbücher zur Publizistik- und Kommunikationswissenschaft sind:

Bentele, G., Brosius, H.-B., & Jarren, O. (Hrsg.). (2003). *Öffentliche Kommunikation. Handbuch Kommunikations- und Medienwissenschaft.* Westdeutscher Verlag.

Pürer, H. (2014). *Publizistik- und Kommunikationswissenschaft. Ein Handbuch* (2., völlig überarb. u. erw. Auflage). UVK.
Schmidt, J.-H., & Taddicken, M. (Hrsg.). (2021). *Handbuch Soziale Medien* (2. Auflage). Springer VS.
Weischenberg, S., Kleinsteuber, H. J., & Pörksen, B. (Hrsg.). (2018). *Handbuch Journalismus und Medien*. Halem.

Des Weiteren existiert eine Vielzahl an Handbüchern, die sich unterschiedlichen Aspekten der praktischen journalistischen Arbeit widmen.

Periodika

Neben den verschiedenen Büchern haben Periodika in der wissenschaftlichen Literatur einen sehr hohen Stellenwert. Die Bezeichnung leitet sich vom regelmäßigen – eben periodischen – Erscheinungsintervall dieser Publikationen her. Grob lassen sich unterscheiden:

Wissenschaftliche Fachzeitschriften (oder englisch **Journals**), in denen mehrmals im Jahr (oft vierteljährlich) Beiträge zu wissenschaftlichen Themen publiziert werden. Die einzelnen Zeitschriften unterscheiden sich in ihrer inhaltlichen und regionalen Ausrichtung – sie sind auf ein bestimmtes Fachgebiet und zumeist auch auf einen bestimmten Sprachraum spezialisiert.

Die Vorteile wissenschaftlicher Fachzeitschriften liegen auf der Hand, deren Lektüre lohnt sich mehrfach: Wissenschaftliche Fachzeitschriften erlauben einen besseren Einblick in die aktuelle wissenschaftliche Forschung als Bücher, denn aktuelle Forschungsergebnisse werden oft in Fachzeitschriften publiziert, noch bevor sie in Buchform erscheinen – falls dies überhaupt passiert.

Außerdem werden Forschungsergebnisse nicht immer in Buchform veröffentlicht – daher erlauben Fachzeitschriften auch einen umfassenderen Einblick in den wissenschaftlichen Erkenntnisstand. Darüber hinaus achten renommierte Fachzeitschriften mithilfe eigener Beurteilungsverfahren (sog. peer reviews) auf die Qualität der veröffentlichten Beiträge. Jedenfalls sollten Fachzeitschriften bei der Suche nach wissenschaftlicher Literatur immer ausreichend Berücksichtigung finden. Ein Überblick über die wichtigsten kommunikationswissenschaftlichen Fachzeitschriften befindet sich im Anhang A dieses Buches.

Neben Fachzeitschriften gelten auch **Jahrbücher** als Periodika. Als Beispiel sei das *Jahrbuch für Kommunikationsgeschichte* genannt, das jährlich aktuelle Ergebnisse kommunikationshistorischer Forschung publiziert.

Auch **Tagungs- und Forschungsberichte** (englisch: proceedings) können zu den Periodika gezählt werden, sofern sie in regelmäßigen Intervallen erscheinen.

„Normale“ **(Tages-)Zeitungen und Magazine** – dazu zählen auch populärwissenschaftliche Magazine – sind zwar Periodika, nicht jedoch wissenschaftliche Fachliteratur, da sie an ein breiteres Publikum gerichtet sind, sich an ein anderes Zielpublikum richten und nicht mit wissenschaftlichen Methoden arbeiten, sondern mit journalistischen. Solche Periodika verfolgen andere Ziele und folgen anderen Regeln als wissenschaftliche Fachzeitschriften. Daher können derartige Periodika nur ausgesprochen eingeschränkt als Quelle wissenschaftlicher Arbeiten dienen. Davon unberührt ist die Tatsache, dass gerade populäre Zeitungen, Zeitschriften und Magazine sehr oft Gegenstand wissenschaftlicher Untersuchungen sind.

Hochschulschriften

Dabei handelt es sich um Arbeiten, die zur Erlangung eines akademischen Abschlusses verfasst wurden. Zu den Hochschulschriften zählen Diplom- und Masterarbeiten, Dissertationen und Habilitationsschriften. Im Gegensatz zu Monographien und Sammelbänden werden Diplomarbeiten und Dissertationen meist nicht über einen Verlag publiziert (außer besonders gelungene Arbeiten) und sind daher auch nicht über den Buchhandel erhältlich. Aber sie werden in wissenschaftlichen Bibliotheken gesammelt und sind über die Kataloge der Bibliotheken zu finden (in Österreich findet sich eine Hochschulschrift zumindest an jener Universität, an der die Arbeit eingereicht wurde).

9.1.4 Internetquellen

Quellen aus dem Internet werden (nach quellenkritischer Betrachtung) grundsätzlich genauso behandelt wie gedruckte Werke. So weisen auch im Internet jene Quellen, die man für eine wissenschaftliche Arbeit verwenden kann, die Autorinnen, den Titel und ein Erscheinungsdatum auf und werden idealerweise im Rahmen einer bekannten Fachzeitschrift oder einer anderen anerkannten Institution publiziert. Sie halten damit einer quellenkritischen Betrachtung (siehe Kap. 9.2) stand.

Zahlreiche (internationale) Fachzeitschriften veröffentlichen alle Beiträge mittlerweile auch oder sogar ausschließlich im Internet. Solche Beiträge können natürlich bedenkenlos verwendet werden. Es ist aber darauf zu achten, die genauen bibliographischen Angaben der Fachzeitschrift anzugeben und nicht ausschließlich die URL. Es ist seit einigen Jahren üblich, dass online verfügbare wissenschaftliche Literatur über einen sog. DOI verfügt. Der Digital Object Identifier (DOI) ist eine eindeutige und unveränderliche Identifikationsnummer für digitale Objekte, die aus Buchstaben und Ziffern besteht und einen bleibenden Link zur Internet-Publikation herstellt. Dies ist die konkreteste Quelle für digitale Publikationen.

Den DOI findet man üblicherweise auf der ersten Seite eines elektronischen Dokumentes (in der Nähe der Copyright-Information und auf der Landing Page des Dokuments). Wann immer es möglich ist, sollten die DOIs angeführt werden, da diese einen „sicheren" und unveränderlichen Link zur Internet-Publikation darstellen. Die Angabe eines Abrufdatums ist dann nicht mehr notwendig.

Achtung:
Beiträge aus dem Internet, die keine dieser bibliographischen Daten aufweisen, deren Verfasser nicht eruierbar ist, die keiner vertrauenswürdigen Institution zuzuordnen sind und bei denen kein Erscheinungsdatum angegeben ist, sollten (sicherheitshalber) nicht als wissenschaftliche Quelle verwendet werden.

Aufgrund der Erscheinungsart von Internetpublikationen (nicht gedruckt, sondern nur im WWW vorhanden und somit häufig „flüchtig") verlangen aber viele Quellen eine besondere Betrachtung: Es kann vorkommen, dass Quellen nicht mehr auffindbar sind (sofern sie nicht mit einem DOI bzw. einem Permanent Link versehen sind), weil sie gelöscht, geändert oder an andere Stellen verschoben wurden. Dies erschwert ein Nachschlagen und Nachprüfen.

Deshalb sollten Internetquellen im Sinne der Wiederholbarkeit gesichert werden durch Speichern der Inhalte, Ausdrucke etc. Zudem wird üblicherweise das Datum des Abrufs (der Konsultation der Internet-Seite) am Ende der Quelle in runden oder eckigen Klammern angeführt; damit ist zumindest angegeben, zu welchem Zeitpunkt die Information in dieser Form online verfügbar war.

Internetquellen werden häufig separat im Literaturverzeichnis angegeben und ebenfalls alphabetisch geordnet.

9.2 Quellenkritik

9.2.1 Zitierfähige vs. zitierwürdige Quellen

Nicht alle Quellen sind wissenschaftliche Quellen bzw. für wissenschaftliche Arbeiten verwendbar – und dann sind auch nicht alle Quellen bzw. Inhalte „gut" und gehaltvoll. Grundsätzlich ist zwischen zitierfähig und zitierwürdig zu unterscheiden:

Zitierfähige Quellen weisen alle nötigen Angaben für eine sachgerechte Zitation auf. Nur solche Quellen sind grundsätzlich im Rahmen von wissenschaftlichen Arbeiten verwendbar, graue Literatur gilt nur als eingeschränkt zitierfähig. **Zitierwürdige Quellen** halten zudem einer quellenkritischen Prüfung stand und können in wissenschaftlichen Arbeiten verwendet werden. Zitierfähige und zitierwürdige wissenschaftlich brauchbare Quellen sind für jedermann zugänglich, auffindbar, überprüfbar und entsprechen wissenschaftlichen Qualitätskriterien.

Woran erkennt man eine wissenschaftlich brauchbare, zitierwürdige Quelle? Der Bekanntheitsgrad des Autors muss nicht immer ausschlaggebend dafür sein, ob es sich um wissenschaftliche Quellen handelt. Zitierwürdige Quellen bzw. niveauvolle wissenschaftliche Arbeiten weisen folgende Indizien (wissenschaftliche Qualitätskriterien) auf:

- Die Zitierweise anderer Quellen ist korrekt.
- Die Quellenangaben sind vollständig vorhanden.
- Die Argumentation ist wissenschaftlich.
- Der empirische Teil ist wissenschaftlich durchgeführt.
- Die Arbeitsweise inklusive der methodischen Umsetzung wird offengelegt.
- Der Verlag gilt als anerkannt.
- Die Quellen gelten als anerkannt.
- Wenn es sich um einen Artikel handelt, so ist er in einem Sammelband bzw. einer Fachzeitschrift enthalten, der/die von anerkannten Wissenschaftlern herausgegeben und einem Begutachtungsverfahren (peer review) unterzogen wird.

Jede Literatur ist mit Vorsicht und „fachlichem Misstrauen“ (Rossig & Prätsch, 2008, S. 32) zu behandeln. Verlage und Redaktionen üben zwar in hohem Maße eine qualitätssichernde Funktion aus, können aber nicht immer eine Garantie für Richtigkeit im Einzelfall geben. Besondere Vorsicht ist geboten bei Quellen, bei denen Verlage und Redaktionen als qualitätssichernde Instanzen zumeist fehlen. Diese Quellen sollten mit der gebotenen Vorsicht (Internetquellen) bzw. gar nicht (Diplom-, Magister- und Masterarbeiten) verwendet werden:

Bei Diplomarbeiten und anderen wissenschaftlichen Arbeiten ist nicht klar, ob es sich um gute oder schlechte Arbeiten handelt,[8] ihre Zitierwürdigkeit ist also fraglich.

Bei Internetquellen ist erhöhte Wachsamkeit angebracht: Sie sind zwar oft aktuell, aber es ist nicht bzw. nur schwer überprüfbar, ob die

8 Die Noten der wissenschaftlichen Abschlussarbeiten dürfen aus Datenschutzgründen nicht veröffentlicht werden.

Daten wissenschaftlich korrekt erarbeitet wurden. Der Anteil an unseriösen Informationen dürfte im Internet höher sein, da der Aufwand für eine Veröffentlichung wesentlich niedriger ist (außer es handelt sich um etwaige Volltextangebote von Fachzeitschriften o.Ä.). Somit ist bei Internetquellen mit ihrer schwankenden Informationssicherheit und unterschiedlichen Zuverlässigkeit eine zusätzliche Plausibilitätsprüfung und Absicherung notwendig.

Aber auch qualifizierte Angebote im Internet nehmen zu: Zunehmend bieten renommierte Fachverlage und öffentliche Institutionen ihre Magazine, Journale, Nachrichtendienste im Internet an. Die Vergabe internationaler Standard-Seriennummern (ISSN) auch für Online-Magazine veranschaulicht die zunehmende Bedeutung des Internets (vgl. Rossig & Prätsch, 2008, S. 32).

Bei nationalen und internationalen Organisationen, Universitäten, Instituten, Verlagen und Unternehmen darf angenommen werden, dass die im Internet zur Verfügung gestellten Texte den allgemeinen wissenschaftlichen Kontrollen und somit den Qualitätskriterien entsprechen. Vorsicht ist geboten bei unbekannten und privaten Websites, da im Internet ja jeder als Anbieter von Informationen auftreten kann.

Wikipedia gilt grundsätzlich als eine „ambivalente" Quelle, da die Beiträge von Usern erstellt und verändert werden. Die Artikel sind somit nicht in ein redaktionelles Gesamtkonzept eingebunden und es ist nicht immer sicher, ob die Inhalte korrekt sind. Falls Wikipedia verwendet wird, müssen die Aussagen unbedingt mit weiteren wissenschaftlichen Quellen ergänzt und kontrolliert werden.

9.2.2 Kriterien zur Bewertung einer guten wissenschaftlichen Arbeit

Obwohl der Ablauf einer wissenschaftlichen Arbeit in den Grundzügen vorgegeben ist, gibt es kein verbindliches, „zertifiziertes" Verfahren zur Durchführung. Somit gibt es auch kein verbindliches Verfahren zur Überprüfung, ob eine Arbeit den wissenschaftlichen Qualitätsstandards entspricht.

Grundsätzlich folgt die Darstellung der Vorgehensweise und der Ergebnisse in einem Forschungsbericht (und somit auch in jeder Proseminar-, Seminar- oder Abschlussarbeit) aber der Reihenfolge Problem (zugespitzt in Forschungsfragen und Hypothesen) – Methode – Ergebnisse (Hypothesenprüfung und Beantwortung der Forschungsfragen) und deren Diskussion. In anglo-amerikanischen Fachzeitschriften sind daher auch oftmals die (zwingenden) Zwischentitel „problem, method, findings, discussion" gebräuchlich.

Anhand dieser Elemente des Aufbaues lassen sich die Beurteilungskriterien einer Arbeit auflisten. In der Folge werden zwei mögliche (und gebräuchliche) Kriterienkataloge vorgestellt. Die Beurteilung, ob eine gute wissenschaftliche Arbeit vorliegt, erfordert Übung und Kenntnis von wissenschaftlichen Publikationen – darum gilt auch hier: Wissenschaft bedeutet, viel zu lesen.

Zentrale Fragen zur Beurteilung der Qualität einer Arbeit
Im „Katalog von Roberts und Rost" (vgl. Stary & Kretschmer, 2004, S. 82–83) werden eine Reihe von Fragen aufgestellt, die zur Beurteilung einer wissenschaftlichen Arbeit herangezogen werden können.

Problemdarstellung

1. Wird das interessierende Problem verständlich dargestellt?
2. Ist die gestellte Frage wichtig?
3. Wird die Antwort zu neuen wissenschaftlichen Erkenntnissen führen?
4. Ist das Problem gut expliziert und werden die Eingrenzungen des Forschungsgebietes mit angegeben?
5. Sind die verwendeten Konzepte verständlich?
6. Sind die Variablen so gut operationalisiert, dass sie ihre Relevanz für das Konzept und die Absicht der Untersuchung beinhalten?
7. Sind die formulierten Annahmen überhaupt sinnvoll (unter der Berücksichtigung der Konzepte und Variablen)?

Methodik

1. Sind die Hypothesen auf erwartete Unterschiede hin formuliert?
2. Könnte man die Untersuchung aufgrund der gegebenen Information exakt wiederholen?
3. Ist die interessierende Population definiert und ausführlich beschrieben?
4. Ist die Stichprobenauswahl adäquat? Angemessen? Transparent?
5. Ist das Design unter der Berücksichtigung der durch das Problem gegebenen Grenzen adäquat?
6. Sind die Messungen der unabhängigen und abhängigen Variablen angemessen?
7. Werden nützliche Zusatzdaten erhoben?
8. Kann die Untersuchung Aussagen über kausale Zusammenhänge oder Korrelationen liefern?
9. Sind unter Berücksichtigung des Designs und der Stichprobe die Ergebnisse zu verallgemeinern?

Ergebnisse

1. Sind die Beobachtungskategorien relevant?
2. Schließen sich die Unterkategorien für jede Variable gegenseitig aus? Erfassen sie alle interessierenden Ereignisse? Sind die Kategorien für die verschiedenen Variablen voneinander unabhängig?
3. Sind die statistischen Analysen den Daten angemessen?
4. Erreichen die beobachteten Unterschiede statistische Signifikanz?
5. Sind sie auch praktisch bedeutsam?
6. Werden die Ergebnisse verständlich und deutungsfrei dargestellt?
7. Sind alle wichtigen Daten in der Arbeit mit aufgeführt?
8. Sind alle Abbildungen und Tabellen aus sich heraus verständlich?
9. Ist der Autor bereit, seine Daten für Nachrechnungen und zusätzliche Analysen zur Verfügung zu stellen?

Diskussion und Schlussfolgerungen

1. Werden aus den Ergebnissen logische Schlüsse abgeleitet?
2. Hat der Autor kausale Interpretationen von Korrelationen vermieden?
3. Haben die Schlussfolgerungen irgendeinen praktischen oder wissenschaftlichen Wert?
4. Sind die Generalisierungen angemessen?
5. Werden die Grenzen der Untersuchung deutlich angesprochen?
6. Werden noch unbeantwortete Fragen betrachtet?

Kriterien zur Bewertung eines (soziologischen) Forschungsberichtes
Folgendes Schema aus Friedrichs (1990) gibt Hinweise auf relevante Aspekte für die Qualität von wissenschaftlichen Arbeiten (Formulierung des Problems, Beschreibung der Methode, Darstellung der Ergebnisse und Interpretation) und beschreibt die Stufen der Bewertung dieser Aspekte.

Tab. 6: Schema zur Bewertung wissenschaftlicher Arbeiten

Arbeitsschritte	Mangelhaft	Substandard	Standard	Hervorragend
Formulierung des Problems				
1. Klarheit der Formulierung	Formulierung ist mehrdeutig, unklar, verzerrt, inkonsistent oder irrelevant für die Studie.	Problem muss aus unvollständiger oder unklarer Formulierung erschlossen werden.	Formulierung ist eindeutig und schließt präzise Beschreibung der Forschungsziele ein.	Formulierung ist eindeutig und enthält formulierte Hypothesen wie Bedingungen für ihre Prüfung.
2. Bedeutsamkeit des Problems	Kein Problem ist bedeutungslos, unlösbar oder trivial.	Lösung des Problems würde für wenige Spezialisten wichtig sein.	Lösung des Problems dürfte für viele Soziologen wichtig sein.	Lösung des Problems dürfte für die meisten Soziologen wichtig sein.
3. Literaturbezug	Kein Literaturbezug auf frühere Arbeiten oder nicht korrekter Literaturbezug.	Literaturbezug unvollständig oder mit Irrtümern in Zitierung oder Interpretation behaftet.	Literaturbezug ist einigermaßen vollständig.	Literaturbezug zeigt eingehend die Entwicklung des Forschungsproblems aus früheren Forschungsergebnissen.

Arbeitsschritte	Mangelhaft	Substandard	Standard	Hervorragend
Beschreibung der Methode				
4. Angemessenheit der Methode	Problem kann mit dieser Methode nicht gelöst werden.	Nur eine versuchsweise oder Teillösung kann mit dieser Methode gelöst werden.	Lösung des Problems mit dieser Methode möglich, aber ungewiss.	Problem ist definitiv mit dieser Methode zu lösen.
5. Angemessenheit der Stichprobe oder des Feldes	Stichprobe ist zu klein, nicht passend, verzerrt oder hat unbekannte Verfahrensmerkmale.	Die einbezogenen Fälle sind sinnvoll, Ergebnisse können jedoch nicht übertragen werden.	Ergebnisse sind übertragbar mit Irrtümern beträchtlicher oder unbekannter Stärke.	Ergebnisse sind übertragbar mit bekannt kleinen Irrtümern, oder der gesamte Objektbereich wurde erfasst.
6. Replizierbarkeit	Nicht replizierbar.	Grundsätzlich replizierbar, aber nicht in Details.	Replizierbar auch in Einzelheiten mit Hilfe zusätzlicher Informationen durch den/die Verfasser.	Auch in Einzelheiten replizierbar aufgrund der vorliegenden Informationen.

Arbeitsschritte	Mangelhaft	Substandard	Standard	Hervorragend
Darstellung der Ergebnisse				
7. Vollständigkeit	Relevante Resultate wurden vorenthalten oder ausgelassen.	Relevante Resultate werden zusammengefasst gegeben.	Relevante Ergebnisse werden dargestellt, teils in Einzelheiten, teils summarisch.	Relevante Ergebnisse werden in allen Einzelheiten gegeben.
8. Verständlichkeit	Resultate sind unvollständig oder rätselhaft.	Verständnis der Resultate erfordert spezielles Wissen oder spezielle Fähigkeiten.	Eingehende Lektüre ist für das Verständnis notwendig.	Ergebnisse sind beim ersten sorgfältigen Lesen voll verständlich für ein durchschnittliches Mitglied der Profession.
9. Ertrag	Kein Beitrag zur Lösung des Problems.	Brauchbare Hinweise oder Vorschläge zur Lösung des Problems.	Vermutliche Lösung des Problems.	Definitive Lösung des Problems.

Arbeitsschritte	Mangelhaft	Substandard	Standard	Hervorragend
Interpretation				
10. Exaktheit	Fehler in der Berechnung, Übertragung, Formulierung, Logik oder den Fakten nachweisbar.	Dem Verfahren ohnehin anhaftende, aber keine größeren Fehler nachweisbar.	Fehler aufgrund der verwendeten Verfahren unwahrscheinlich. Keine Fehler erkennbar.	In das Verfahren wurden Exaktheitsprüfungen mit positivem Ergebnis einbezogen.
11. Verzerrung	Deutliche Verzerrungen in der Darstellung der Ergebnisse und der Interpretation.	Einige Verzerrungen in der Interpretation, nicht aber in der Darstellung der Ergebnisse.	Keine Verzerrungen erkennbar.	Verfahren enthielten erfolgreiche Vorsichtsmaßnahmen gegenüber Verzerrungen.
12. Nützlichkeit	Nicht nützlich.	Einfluss auf künftige Arbeiten in diesem Gebiet möglich.	Einfluss auf einige künftige Arbeiten in diesem Gebiet wahrscheinlich.	Einfluss auf alle künftigen Arbeiten in diesem Gebiet wahrscheinlich.

Quelle: Vgl. Friedrichs, 1990, S. 396–397.

9.3 Zitat

Wissenschaft beruht auf der Weiterentwicklung von vorhandenem Wissen. Aus diesem Grund ist es in der Wissenschaft üblich, auf diesem Fundament an Wissen aufzubauen und es weiter zu entwickeln, es zu kritisieren, zu untermauern etc. Dafür ist es notwendig, das schon vorhandene Wissen zu verwenden, in jeder Arbeit also den Forschungsstand darzustellen und dabei Literatur von anderen Autoren für die Argumentation zu verwenden etc.

Diese korrekte Verwendung von fremden Inhalten in Büchern und Artikeln, in Studien und Untersuchungen nennt man Zitieren. Dies ist in der Wissenschaft ein üblicher, notwendiger und wünschenswerter Vorgang.

Das heißt also: Man kann und darf Inhalte von fremden Autoren verwenden, aber man muss immer (!) angeben, von wem diese Inhalte stammen. Dies ist sowohl aus urheberrechtlicher Sicht als auch aus wissenschaftlicher Konvention heraus unumgänglich. Wer fremde Inhalte verwendet, ohne sie zu zitieren und mit der korrekten Quellenangabe zu versehen, begeht ein urheberrechtlich und wissenschaftlich verpöntes und sanktioniertes Verhalten: ein Plagiat.

Was ist nun ein Zitat? Bei einem **Zitat** handelt es sich um die direkte oder indirekte Übernahme eines Inhaltes (Texte, Bilder, Gedankengänge, Argumentationen etc.) von einem fremden Urheber mit der Angabe der Quelle. Laut ÖNORM A 2658 bedeutet die Angabe der Quelle die „Art der formalen Beschreibung eines Dokumentes oder eines sonstigen Werkes, die dessen unmittelbare Identifizierung und Wiederauffindung gewährleistet" (ÖNORM A 2658 Teil 1, S. 2).

Wo fremdes geistiges Eigentum verwendet wird, muss dies deklariert sowie kenntlich gemacht und die Quelle angegeben werden. Wenn man sich in seinem eigenen Text direkt oder indirekt auf einen fremden Text bezieht, *muss* diese fremde Quelle nachgewiesen werden – und zwar durch ein Zitat und die Angabe der entsprechenden Quelle.

Dennoch muss nicht jede Behauptung belegt werden: Allgemeinwissen sowie in einem Fach allgemein Bekanntes muss nicht durch ein Zitat gestützt werden. Die Frage, was das nun genau ist, ist allerdings alles andere als einfach oder trivial. Zudem ist es erlaubt, bei einem Motto, einem Aphorismus o. Ä. nur den Urheber, aber ohne die genaue Fundstelle, anzuführen.

Ein Zitat kann unterschiedliche Zwecke erfüllen (vgl. Bünting et al., 2000, S. 81):

- Man beruft sich auf Texte anderer, um die eigene Position zu untermauern.
- Die Ausführungen anderer Autoren dienen als Ausgangspunkt und werden weitergeführt, miteinander verglichen, kritisiert usw.
- Verschiedene Thesen, Positionen, Erklärungsansätze werden zusammengestellt, um den Stand der Forschung auf einem bestimmten Gebiet darzustellen.

9.4 Plagiat

Wer abschreibt, ohne die Quelle anzugeben, begeht Diebstahl von geistigem Eigentum nach dem Urhebergesetz. Man bezeichnet dies allgemein als Plagiat. Wissenschaftliches Ethos verlangt, dass fremde geistige Schöpfungen und Ideen durch ein Zitat kenntlich gemacht werden, auch wenn sie bloß sinngemäß wiedergegeben werden. Das Plagiieren ist im österreichischen Universitätsgesetz bspw. als wissenschaftlich unredliches Verhalten wie in §51 Abs 2 Universitätsgesetz normiert:

> *§51 (2) 31. Ein Plagiat liegt eindeutig vor, wenn Texte, Inhalte oder Ideen übernommen und als eigene ausgegeben werden. Dies umfasst insbesondere die Aneignung und Verwendung von Textpassagen, Theorien, Hypothesen, Erkenntnissen oder Daten durch direkte, paraphrasierte oder übersetzte Übernahme ohne entsprechende Kenntlichmachung oder Zitierung der Quelle und der Urheberin oder des Urhebers.*
> *32. Vortäuschen von wissenschaftlichen Leistungen liegt jedenfalls dann vor, wenn auf „Ghostwriting“ zurückgegriffen wird oder wenn Daten und Ergebnisse erfunden oder gefälscht werden.*

Ein Plagiat ist die bewusste, absichtliche und unrechtmäßige Übernahme von fremdem geistigem Eigentum; die Autorin verwendet – ganz oder teilweise – fremde Werke in einem eigenen Werk, ohne die Quelle anzugeben. Dazu zählen insbesondere folgende Fälle:

- Vollplagiat: Übernahme einer (vollständigen) fremden Arbeit ohne Einverständnis des tatsächlichen Urhebers
- Zitat ohne Beleg/Teilplagiat: Übernahme von Teilen/Textausschnitten eines fremden Werkes ohne entsprechende Quellenangabe
- Übersetzungsplagiat: Übersetzung von fremdsprachigen Arbeiten (bzw. Teilen davon) und Übernahme ohne entsprechende Quellenangabe

- Selbstplagiat: Verwendung von ein und derselben Arbeit in mehreren Lehrveranstaltungen[9]
- Verbalplagiat: Übernahme einer wortwörtlichen Textpassage
- Ideenplagiat: sinngemäße Übernahme von Inhalten ohne Angabe des Urhebers

Vom Plagiat zu unterscheiden ist die **Fälschung**. Hier wird nicht aus einem bestehenden Werk „abgeschrieben", sondern es werden die Arbeit oder die Autorenschaft gefälscht, Studien oder Ergebnisse erfunden etc.

Auch das **Ghostwriting** wird oft unter den Begriff Plagiat subsumiert, bezeichnet aber eine eigene Form der Verwendung von fremden Arbeiten: Der Studierende gibt eine fremde Arbeit mit Einverständnis des tatsächlichen Urhebers als ihre eigene aus.

Sowohl Fälschungen als auch Ghostwriting zählen wie das Plagiat zum wissenschaftlichen Fehlverhalten und werden studienrechtlich sanktioniert. Ghostwriting wird verwaltungsstrafrechtlich verfolgt (vgl. Novelle des Universitätsgesetzes 2021).

9.5 Grundregeln für wissenschaftliches Zitieren

Das Verwenden von fremden Quellen ist erlaubt und für das wissenschaftliche Arbeiten sogar notwendig; es soll ja gerade auf bereits vorhandenes Wissen aufgebaut und dieses erweitert werden. Dafür müssen diese fremden Quellen verwendet werden – und das darf und soll man auch! Die fremden Quellen müssen allerdings als solche angegeben werden und dafür gibt es genaue Regeln: die Zitierregeln.

Unter „wissenschaftlichem Zitieren" versteht man,

- dass nur einzelne Passagen zitiert werden,
- dass die Zitate nicht aus dem Zusammenhang gerissen werden,
- dass die Quelle dabei angegeben wird (sog. „Quellenangabe") und
- dass diese Quelle auch als Werk im Literaturverzeichnis eingefügt wird („Quellenverzeichnis").

9 Dies ist ein Beispiel dafür, dass die wissenschaftliche Konvention bzw. das Studienrecht strenger ist als das Urheberrecht: Urheberrechtlich liegt kein Plagiat vor, da ja keine fremden Inhalte verwendet wurden. Studienrechtlich liegt allerdings ein wissenschaftliches Fehlverhalten vor, da mit einer Leistung zwei Leistungsnachweise erworben werden wollen – dies wird als Erschleichen einer Leistung behandelt.

Achtung:
Es ist stets auf die korrekten Begriffe zu achten:
- **Zitat** = die Textstelle, die direkt oder indirekt übernommen wurde
- **Quelle** = das Buch, der Artikel etc., in dem der zitierte Text zu finden ist
- **Quellenangabe** = jene Angaben, mit denen das Zitat versehen wird, um den Rückschluss auf die vollständige Quelle im Quellenverzeichnis zu erlauben

Es ist nicht legitim, ganze Abschnitte oder vielleicht sogar ganze Kapitel abzuschreiben, auch wenn man dabei die Quelle ordnungsgemäß angibt, es dürfen nur einzelne Stellen vom fremden Autor verwendet werden. Wie viel „einzelne Stellen" in diesem Zusammenhang bedeutet (also wie lange ein Zitat sein darf), kann nicht abschließend im Vorhinein nach Wörtern oder Zeilen bestimmt werden. Es dürfen nur kleinere Ausschnitte aus einem Werk zitiert werden, wobei der Umfang weder absolut noch im Verhältnis zum zitierten Werk zu groß sein darf. Wo genau hier die Grenze zu ziehen ist, kann nur im Einzelfall unter Berücksichtigung von Art und Umfang des zitierten Werks beurteilt werden.

Die wissenschaftliche Arbeit, die ein Zitat verwenden will, hat immer eine **Belegfunktion** zu erfüllen: Es muss also immer angegeben werden, dass die zitierten Inhalte (wortwörtliche Textzeilen und Textpassagen, aber auch Gedankengänge, Argumentationen etc.) von einer fremden Autorin übernommen sind und aus welchem Werk das Zitat stammt. Dies ist urheberrechtlich geboten und dient der wissenschaftlich notwendigen Nachvollziehbarkeit. Das bloße Auflisten ohne Bezugnahme auf die zitierte Stelle ist unzulässig. Das Zitieren und die korrekte Quellenangabe sind auch Ausdruck der wissenschaftlichen Redlichkeit.

Es reicht nicht aus, die verwendeten Quellen einmal für die gesamte Arbeit anzugeben (bspw. im Literaturverzeichnis). Im Gegenteil muss nach *jedem* (direkten oder indirekten) Zitat die entsprechende Quelle genau und korrekt angegeben werden. Quellenangaben gelten üblicherweise für einen Absatz.

Eine grundsätzliche Anmerkung: Es wird empfohlen, mit Literaturverwaltungsprogrammen wie z. B. Citavi, Endnote oder Zotero zu arbeiten. Diese Programme können Literaturangaben und auch ganze Texte speichern, sodass gezielter in den angelegten Dateien gesucht werden kann, wenn bspw. ein Literaturverzeichnis erstellt werden soll.

Achtung:
Die Regeln zum Zitieren können in den verschiedenen Wissenschaftsdisziplinen variieren, Juristinnen oder Naturwissenschaftler zitieren beispielsweise anders als Sozialwissenschaftler.

9.5.1 Rechtliche Grundlage für das Zitieren (Urheberrecht)

Grundlage des Zitierens ist das Recht der freien Werknutzung. Man unterscheidet das sog. „kleine Zitat" (also nur kleine Ausschnitte, deren Umfang im Verhältnis zum ganzen genutzten Werk – etwa ein Aufsatz in einer Fachzeitschrift oder ein Buch – nicht ins Gewicht fällt) und das sog. „große Zitat" (etwa die Übernahme von ganzen Artikel- oder Buchtexten, um bspw. Inhalt, Ausdruck, Stil etc. zu analysieren; dies ist eher in den Geisteswissenschaften üblich). In der Sozialwissenschaft herrscht daher in der Regel nur das „kleine Zitat" vor. Arbeiten, die eine Textkollage weniger Artikel darstellen bzw. in denen seitenweise aus Büchern zitiert wird und dazwischen nur „verbindende Worte" zu finden sind, stellen nicht nur keine eigene wissenschaftliche Leistung dar, sondern im Grunde auch eine Rechtsverletzung. Insgesamt besonders heikel erscheint die Verwendung von Bildern und Grafiken.

Diese Zitierfreiheit ist im §42f Abs 1 UrhG geregelt und setzt voraus, dass die Übernahme aus einem fremden Werk klar als solche erkennbar ist. Wie dies in wissenschaftlichen Texten zu geschehen hat, wird in der Folge ausführlich dargestellt. Wichtig ist, dass beim Zitieren einerseits den urheberrechtlichen Anforderungen Genüge getan und andererseits den wissenschaftlichen Konventionen entsprochen werden muss. Die Verwendung von Bildern, Grafiken, Tabellen etc. unterliegt zum Teil noch strengeren Regeln.

Das Büro Studienpräses der Universität Wien veröffentlicht auf seiner Website sowohl einen Leitfaden zu urheberrechtlichen Fragen rund um wissenschaftliche Arbeiten als auch eine Checkliste zur Bildnutzung, die auf rechtlich aktuellstem Stand gehalten werden: https://studienpraeses.univie.ac.at/infos-zum-studienrecht/wissenschaftliche-arbeiten/urheberrecht-bildnutzung/

9.5.2 Direkte vs. indirekte Zitate

Man unterscheidet zwei Arten von Zitaten: **Direkte Zitate** sind wortwörtlich übernommene Textpassagen, **indirekte Zitate** sind die sinngemäße Übernahme von Inhalten, bei der zwar umformuliert wird, aber der Sinn der Aussage erhalten bleibt.

In beiden Fällen muss die Quelle (= der Autor und das Werk) der Inhalte bzw. des Textes im Sinne der Überprüfbarkeit, der Wiederholbarkeit und der Auffindbarkeit ganz genau angegeben werden (= Quellenangabe). Das heißt, dass bei allen Quellenangaben (direkten und indirekten) jene Seitenzahl(en) des fremden Werkes angegeben werden müssen, auf der die zitierten Passagen zu finden sind.

Es dürfen *keine* fremden Ideen, Inhalte, Texte, Aussagen, Abbildungen etc. ohne Nennung der Quelle übernommen und in der eigenen wissenschaftlichen Arbeit verwendet werden (siehe Kap. 9.4).

Direkte (wortwörtliche) Zitate

- Bei direkten Zitaten werden Textpassagen wortwörtlich, ohne jede Veränderung übernommen. Diese Zitate müssen im Text erkennbar gemacht werden. Für die Darstellung direkter Zitate im Text gibt es genaue Vorschriften:
- Direkte Zitate werden durch ein Anführungszeichen am Beginn und am Ende gekennzeichnet: „texttexttext“
- Anführungszeichen im Originaltext werden durch einfache Anführungszeichen (‚…‘) ersetzt.
- Direkte Zitate können mit kursiver Schrift gekennzeichnet werden, dies ist aber nicht zwingend notwendig.
- Wenn Zitate länger als drei bis vier Zeilen sind, können sie eingerückt werden. Das Zitat hat dann auch einen kleineren Zeilenabstand als der Rest des Textes.
- Fremdsprachige Zitate können verwendet werden, wenn es sich um gebräuchliche Fremdsprachen handelt, insbesondere bei englischen Textstellen trifft dies zu.
- Werden einzelne Wörter im Zitat ausgelassen, muss jede Auslassung in Form von drei Punkten angezeigt werden. Die drei Punkte können auch in runde oder eckige Klammer gesetzt werden: (…) oder […].

Beispiel: „So … erzeugen Berühmtheiten noch mehr Berühmtheiten. Sie machen, feiern und fördern sich gegenseitig.“

Oder: „So (…) erzeugen Berühmtheiten noch mehr Berühmtheiten. Sie machen, feiern und fördern sich gegenseitig.“
„So […] erzeugen Berühmtheiten noch mehr Berühmtheiten. Sie machen, feiern und fördern sich gegenseitig.“

- Sind im Originalzitat Druckfehler enthalten, sind diese bei direkten Zitaten nicht auszubessern, sondern durch ein Ausrufungszeichen in eckiger Klammer [!] oder durch [sic] (lat., bedeutet: „wirklich so!“) zu kennzeichnen. Dies gilt aber nicht für Wörter in der alten Rechtschreibung.
- Werden direkte Zitate vom Verfasser ergänzt, so muss dies in eckiger Klammer gekennzeichnet werden: [d. Verf.] oder [Anm. d. Verf.].

Beispiel: „Bei dieser Form der Institutionalisierung [von Medien; d. Verf.] ist zu beachten, dass …“

Indirekte (sinngemäße) Zitate

Auch bei dieser Form des Zitierens werden Gedanken eines Autors übernommen, allerdings nicht wortwörtlich, sondern in freier Übertragung (andere Formulierung, Kürzung, Zusammenfassung etc.). Diese Zitate geben zwar die Meinung bzw. eine Aussage eines Autors wieder, werden aber mit eigenen Worten formuliert. Beim Kürzen von Zitaten bzw. Neuformulieren ist immer darauf zu achten, den Sinn nicht zu verändern.

Indirekte Zitate werden im Text nicht besonders gekennzeichnet (auch wenn sie länger sind), sie werden nicht durch Anführungszeichen am Beginn und Ende hervorgehoben und haben auch keinen anderen Zeilenabstand als der restliche Text. Als Hinweis auf ein indirektes Zitat war es lange üblich, vor der Quellenangabe ein „vgl.“ anzugeben. Dies ist nach dem aktuellsten Standard des APA-Citation Style (vgl. dazu gleich später) nicht mehr zwingend notwendig, in der vorliegenden Publikation wird „vgl." aber verwendet, um explizit zu kennzeichnen, dass es sich um ein indirektes Zitat handelt.

Bei indirekten Zitaten kann auf mehrere Autorinnen verwiesen werden, diese werden dann in der Quellenangabe nacheinander angeführt. Werden fremdsprachige Texte übersetzt und neu formuliert, liegt üblicherweise ein indirektes Zitat vor.

Die direkte und indirekte Zitierweise gilt auch für Abbildungen, wie bspw. Bilder, Grafiken und Tabellen. Wird der Inhalt einer Abbildung zeichengetreu übernommen, so muss die direkte Zitierform verwendet werden (bspw. bei eingescannten oder kopierten Grafiken). Wenn etwas verändert bzw. die Grafik nachgebaut wird, gilt die indirekte Zitierform.

Achtung:
Paraphrasieren (also das Austauschen von Wörtern durch Synonyme bzw. die Veränderung der Satzstellung) bedeutet nicht, dass man keine Quellenangabe machen muss!

Weiter oben wurde angeführt, dass auch bei indirekten Zitaten jene Seiten angegeben werden müssen, auf denen das Zitat zu finden ist. Laut dem aktuellsten Standard des APA-Style ist dies nicht mehr notwendig. Danach würde es genügen, nur Autor und Jahr anzugeben. Dies widerspricht aber sowohl dem Sinn des Zitierens als auch im Grunde dem österreichischen Urheberrecht.

Zunächst ist auf den Sinn des Zitierens zu verweisen: Es geht nicht nur darum zu kennzeichnen, dass der Inhalt von einer anderen Autorin stammt, das Zitieren mit einer genauen Quellenangabe dient auch dazu, den Lesern ganz genau mitzuteilen, an welcher Stelle (also auf welcher Seite) das Zitat zu finden ist. Man stelle sich vor, man möchte das Umfeld des Zitats auch lesen oder den Kontext prüfen. Wenn nur Autor und Jahr angegeben werden, kann die Suche nach dem konkreten Zitat sehr aufwändig und zeitraubend sein, v. a. wenn es sich nicht um einen Artikel mit wenigen Seiten, sondern um ein umfangreiches Buch handelt. Die für wissenschaftliche Arbeiten geforderte Transparenz und Nachvollziehbarkeit sind mit einer solchen Quellenangabe nicht gegeben.

Darüber hinaus ist das österreichische Urheberrecht sehr eindeutig. Es normiert

§57 (2) „[…] Werden Stellen oder Teile von Sprachwerken nach §42f Abs 1 Z 1 oder 3 vervielfältigt, so sind sie in der Quellenangabe *so genau zu bezeichnen*, dass sie in dem benutzten Werk *leicht aufgefunden* werden können." [Hervorhebung durch d. Verf.]

Eine leichte Auffindbarkeit ist wohl nur gegeben, wenn auch die Seiten benannt werden, auf denen der zitierte Text zu finden ist. Aus diesem Grunde werden in diesem Buch auch die Seitenangaben gemacht – schließlich soll jede Interessierte leicht in einer der Primärquellen nachschlagen können.

Die Angabe von Autor und Jahr ohne Seitenzahl ist dann sinnvoll, wenn auf den gesamten Artikel und die Idee verwiesen wird. Für einzelne Aussagen, Ergebnisse oder Schlussfolgerungen reicht sie nicht aus.

Es wird explizit darauf hingewiesen, dass es Lehrveranstaltungsleiter gibt, in deren Lehrveranstaltungen es zwingend notwendig ist, bei Verwendung des APA-Citation Style auch bei indirekten Zitaten die Seiten anzugeben.

9.6 Zitiermethoden – formale Kriterien für die Quellenangabe zum Zitat

Das Ziel einer Quellenangabe (auch Quellenverweis oder Quellenbeleg) ist, unmissverständlich anzugeben, dass es sich um ein Zitat handelt, und auf die ausführliche bibliographische Angabe im Quellenverzeichnis hinzuweisen. Die Quellenangabe beinhaltet üblicherweise nicht die vollständige Quellenbezeichnung (diese findet man im Literaturverzeichnis).

In der Quellenangabe sind in knapper Form jene Informationen enthalten, die notwendig sind, um jedem Leser zu ermöglichen, die zitierte Stelle (das Zitat) in der angegebenen Quelle, die im Quellenverzeichnis angeführt ist, sofort aufzufinden und die Stelle selbst nachzulesen, um sie auf richtige Übernahme und den Kontext zu überprüfen usw.

Eine Quellenangabe braucht immer die drei zentralen Angaben **Autorin, Erscheinungsjahr, verwendete Seite(n)**. Diese Angaben müssen *immer* (sowohl bei direkten als auch bei direkten Zitaten) gemacht werden. (Vgl. weiter oben zur Frage, ob man bei indirekten Zitaten wirklich die Seiten angeben muss.)

Grundsätzlich können zwei Zitiermethoden, also die Art, wie Quellenverweise vorgenommen werden, unterschieden werden: die deutsche Zitierweise oder Fußnoten-Methode und die amerikanischen Zitierweisen. Als Standard für das Zitieren in den Sozialwissenschaften gilt mittlerweile der APA-Citation Style. Aus diesem Grunde wird – neben einer kurzen grundsätzlichen Darstellung der deutschen Zitierweise – nur mehr auf den APA-Style eingegangen.

Achtung:
Ob man deutsch oder amerikanisch zitiert, ist grundsätzlich nicht entscheidend; beide Formen sind „richtig". Aber: Wenn man sich für eine Methode entschieden hat, *muss* man diese in der gesamten Arbeit verwenden. Ein Vermischen der beiden Methoden ist *nicht* zulässig.
Häufig wird der sog. APA-Style als verpflichtender Standard vorgegeben, die deutsche Zitierweise ist kaum noch üblich.

9.6.1 Fußnoten-Methode = deutsche Zitierweise

Beim Zitieren nach der deutschen Zitierweise wird die Quellenangabe in einer Fußnote gemacht. Die fortlaufende Nummer der Fußnote befindet sich als hochgestellte Zahl [1] im Text unmittelbar nach dem direkten bzw. indirekten Zitat, der Quellenverweis befindet sich am unteren Ende der betreffenden Seite. Endnoten (also Quellenangaben am Ende des gesamten Textes, auf den letzten Seiten) sind aufgrund ihrer Unübersichtlichkeit zu vermeiden.

Die Quellenangabe beinhaltet den Nachnamen des Autors, das Erscheinungsjahr und die Seitenangabe. Bei der deutschen Zitierweise ist es möglich, aber nicht mehr unbedingt nötig (sondern vielmehr schon eher unüblich), bei der ersten Nennung der Quelle die gesamte bibliographische Angabe mit zusätzlicher Angabe der verwendeten Seite am Schluss anzuführen. Jeder weitere Verweis kann in abgekürzter Form erfolgen. Diese Angaben findet man häufig bei älterer Literatur.

Beispiel: „Das Erkenntnisobjekt ‚Kommunikation' sperrt sich allerdings gegen herkömmliches wissenschaftliches Kästchendenken."[14]

---

[14] Burkart, 2002, S.16.

Für die Fußnoten wird üblicherweise eine kleinere Schriftgröße gewählt, manchmal auch eine andere Schrift; der Zeilenabstand ist einzeilig.

9.6.2 Grundlegendes zur amerikanischen Zitierweise

Auch wenn der APA-Citation Style die mittlerweile gebräuchlichste Form des Zitierens ist, so ist diese nicht die einzig mögliche Form der amerikanischen Zitierweise (die auch manchmal als Harvard-Methode bezeichnet wird). Hier werden zunächst einige Prinzipien des amerikanischen Zitierens vorgestellt, auch diese Formen sind grundsätzlich „richtig", häufig wird aber – wie schon ausgeführt – der APA-Style zwingend verlangt.

Die Quellenangabe wird innerhalb des Fließtextes unmittelbar nach dem zitierten Text in Klammern angegeben. Die Quellenangabe beinhaltet den Nachnamen der Autorin, das Erscheinungsjahr und die Seitenangabe. Bei der Angabe der Quelle sind grundsätzlich verschiedene Interpunktionen (Verwendung und Anordnung von Beistrichen, Strichpunkten, Doppelpunkten) möglich und zulässig (nicht jedoch beim APA-Style), allerdings keine Variationen der notwendigen Angaben (dies sind immer Autor, Erscheinungsjahr, verwendete Seite).

Bei direkten Zitaten wird das Zitat regulär mit Satzschlusszeichen und schließenden doppelten Anführungszeichen beendet. Der Quellenbeleg erfolgt daran im Anschluss. Wird der Name des Autors im Einleitesatz erwähnt, dann kann der Beleg auch vorangestellt werden. Bei indirekten Zitaten wird der Quellenverweis in den laufenden Satz integriert; hier steht das Satzschlusszeichen nach der Klammer.

Beispiel: „Das Erkenntnisobjekt ‚Kommunikation' sperrt sich allerdings gegen herkömmliches wissenschaftliches Kästchendenken." (Burkart, 2002, S. 16)

Oder: Burkart (2002, S. 16) betont: „Das Erkenntnisobjekt ‚Kommunikation' sperrt sich allerdings gegen herkömmliches wissenschaftliches Kästchendenken."

Oder: Kommunikation als Erkenntnisobjekt lässt sich nicht in eine rigide wissenschaftliche Einteilung pressen (vgl. Burkart, 2002, S. 16).

Es ist nicht relevant, welche Form der Interpunktion gewählt wird (beim APA-Style aber schon!), die einmal gewählte Form muss aber in der gesamten Arbeit durchgängig und einheitlich beibehalten werden.

Auch bei der amerikanischen Zitierweise können Fußnoten für Anmerkungen, Erläuterungen, weiterführende Hinweise etc. verwendet werden. So können Fußnoten außer der Angabe von Quellen folgende Funktionen erfüllen:

- Fußnoten ermöglichen die Einordnung eines im Text dargelegten Sachverhalts in die Fachdiskussion. Es können widersprechende Positionen in der Fachdiskussion angeführt, weiterführende Literatur empfohlen oder historische Hintergründe angegeben werden.
- Fußnoten können den Argumentationshintergrund verdeutlichen, indem darauf hingewiesen wird, durch welche Personen und Werke eine bestimmte Untersuchung oder Position angeregt wurde.
- Fußnoten können dazu dienen, Feststellungen im Text durch Beispiele und zusätzliche Informationen zu ergänzen.
- In Fußnoten können Übersetzungen von fremdsprachigen Zitaten angeführt werden.

Derartige Ausführungen sollten nur dann in den Fußnoten vorgenommen werden, wenn sie nicht zentral zum Untersuchungsgegenstand gehören. Textergänzende und -erweiternde Fußnoten sind nicht Selbstzweck.

Fußnoten sollten stets am Ende einer Seite (also tatsächlich am „Fuß der Seite") angebracht werden. Die Darstellung als „Endnoten" am Ende des Textes ist sehr leserunfreundlich und kann kaum eine texterweiternde Funktion entfalten, da nicht davon ausgegangen werden kann, dass zu diesen Endnoten „auf Verdacht" weitergeblättert wird.

9.6.3 APA-Style

In der wissenschaftlichen Community haben sich einige sog. Citation Styles herausgebildet, die sich als Standard für den korrekten Umgang mit Quellen etabliert haben. Die „Manuals" für diese Citation Styles zeigen sehr ausführlich und detailliert, wie mit Zitaten und Quellen umgegangen werden muss und insbesondere, wie die Quellen im Quellenverzeichnis dargestellt werden müssen. Hier gibt es bspw. keinerlei Möglichkeiten, die Interpunktion anders als im Citation Style vorgeschrieben zu verwenden.

Das Prinzip und der Anspruch des Zitierens und des Umgangs mit Quellen sind nicht anders als bisher beschrieben, die Citation Styles geben aber sehr genau vor, wie die Quellenangaben bzw. die einzelnen bibliographischen Angaben vorgenommen werden müssen.

Wichtige Citation Styles sind:

- Harvard Referencing
- MLA – Modern Language Association
- Chicago – Manual of Style
- **APA** – American Psychological Association

Gute Hinweise zu den Citation Styles findet man unter: http://www.citethisforme.com/guides und https://www.citefast.com/styleguide.php?style=APA7&sec=Webpage

Der APA-Style ist mittlerweile zum Standard auch in den Sozialwissenschaften geworden. Derzeit ist die 7th Edition der American Psychological Association aus dem Jahr 2020 in Verwendung: American Psychological Association. (2020). *Publication Manual of the American Psychological Association: The official guide to APA style* (7. Auflage). Aufgrund der häufigen Verwendung ist es sinnvoll, sich mit diesem Citation Style auseinanderzusetzen. Es wird von allen Studierenden erwartet, dass sie diese Art des Zitierens beherrschen.

Ein Kurz-Manual bzw. eine Übersicht der Basics zum APA-Style finden sich unter: https://apastyle.apa.org/style-grammar-guidelines

Wichtig ist zu betonen, dass es beim APA-Style nicht nur ausführliche Vorgaben zum Zitieren und zu den bibliographischen Angaben im Quellenverzeichnis gibt, sondern auch Anforderungen hinsichtlich Formalia, „bias-free language", Groß- und Kleinschreibung, Abbildungen und Tabellen und schließlich Angaben zu Publikationsprozessen. Viele Vorgaben des in Englisch verfassten Styles lassen sich nur bedingt ins Deutsche übertragen, bspw. die Groß- und Kleinschreibung oder Grammatik. Aber auch die Verwendung einer „bias-free language" ist nicht ohne Weiteres auf die deutsche Sprache umzulegen.

Dennoch sind die Vorgaben zur Darstellung der Quellen beim Zitieren und im Quellenverzeichnis nach APA-Style mittlerweile Standard.

9.6.4 Vorgaben und Beispiele für Zitate und Quellenangaben nach APA-Style

Im Folgenden werden die wichtigsten Vorgaben und einige Beispiele für Zitate und die entsprechenden Quellenangaben vorgestellt. (Die Vorgaben für die bibliographischen Angaben im Quellenverzeichnis folgen im nächsten Kapitel.) Dabei werden sowohl direkte als auch indirekte Zitate nach dem APA-Style angeführt. Auch wenn das deutsche Zitieren prinzipiell nach wie vor „richtig" ist, wird es inzwischen doch recht selten verwendet. Aus diesem Grunde werden hier keine Beispiele zum deutschen Zitieren mehr angeführt.

Die Auflistung kann natürlich nicht vollständig sein, alle Details zum APA-Style findet man unter https://apastyle.apa.org/style-grammar-guidelines/references/examples#textual-works.

Folgende grundsätzliche Vorgaben ergeben sich aus dem APA-Style:

- Im APA-Style wird der zweifache Zeilenabstand verlangt.
- Jede Quelle, die im Text verwendet wird (direkt oder indirekt), muss im Quellenverzeichnis angegeben werden.
- Die Quellenangaben erfolgen als Kurzbeleg (Autor, Jahr, ggf. Seite) im Fließtext.
- Sammelbelege sind Quellenangaben, in denen mehrere Werke von verschiedenen Autorinnen für eine Textstelle angegeben werden, weil sie alle eine vergleichbare Aussage machen. (Achtung: Dies ist ausschließlich bei indirekten Zitaten möglich!) Ein Verweis auf mehrere Autoren erfolgt in alphabetischer Reihenfolge, die Autoren werden durch einen Strichpunkt (Semikolon) getrennt:
  (Avenarius, 1995; Burkart, 2002; Zurstiege, 2007)
- Beim Erscheinungsdatum wird immer nur das Jahr angegeben, auch wenn es im Quellenverzeichnis eine genauere Datumsangabe (mit Monat und Tag) geben sollte.
- Für Publikationen im Druck verwendet man den Begriff „im Druck" anstatt der Datumsangabe.
- Wenn man die Quellenangabe unmittelbar hintereinander wiederholen muss, wird der gesamte Kurzbeleg wiederholt. „Ebenda" („ebd."), wie es beim deutschen Zitieren verwendet werden kann, gibt es im APA-Style nicht.
- Grundsätzlich werden alle Arten von Quellen möglichst gleich behandelt. Wichtig ist, dass für jeden Leser erkennbar ist, welche Quellenangabe zu welchem Zitat gehört, v. a. wie viel Text von der Quellenangabe umfasst wird.

Bei den Kurzbelegen können zwei verschiedene Arten, diese Quellenangabe in den Fließtext einzubauen, unterschieden werden: *parenthetical* und *narrative*. Parenthetical bedeutet, dass die Quellenangabe in Klammern gesetzt wird (eingeklammerte Quellenangabe), narrative meint, dass die Angaben aus dem Kurzbeleg in den Text eingebaut werden (narrative Quellenangabe). Dabei wird zumeist nur die Jahreszahl in Klammern gesetzt.

Beispiel: Eingeklammert: (Schülein & Reitze, 2021)
Narrativ: Schülein & Reitze (2021)

Kurzbelege in Klammern *(parenthetical)* können so aussehen:
Der eingeklammerte Kurzbeleg kann am Ende oder innerhalb eines Satzes gemacht werden. Wenn der Klammerausdruck am Ende des Satzes steht, folgt ein Satzschlusszeichen.

Beispiele: Aus der Mitgliederbefragung können zwei Befunde für die Professionalisierung der Kommunikationswissenschaft abgeleitet werden (Altmeppen et al., 2011, S.234–236).

Aus der Mitgliederbefragung (Altmeppen et al., 2011, S.234–236) können zwei Befunde für die Professionalisierung der Kommunikationswissenschaft abgeleitet werden.

Wenn das zitierte Werk von zwei Autoren stammt, werden sie mit & angeführt, bei drei oder mehr Autoren mit „Erstautor et al.“:

Beispiel: Müller & Denner (2017) beschreiben bisherige Studien zu Fake News und kommen zu dem Schluss, dass sich die „Forschung zur Wirkung gezielt verbreiteter Falschmeldungen über das Internet […] noch in einem Anfangsstadium“ (S. 11) befindet.

Wenn für den Kurzbeleg mehrere Quellen herangezogen werden (Sammelbeleg), dann werden die (Erst-)Autoren alphabetisch geordnet und mit Strichpunkt ; getrennt:

Beispiel: Zahlreiche Autoren beschäftigen sich seit Beginn der 2000er-Jahre mit dem Kommunikations-Controlling (ICV, 2010; Rolke, 2016; Storck, 2016; Zerfaß, 2005).

Wenn innerhalb eines Satzes in einer Klammer eine Erklärung oder Ergänzung gemacht wird, die mit einer Quellenangabe versehen werden muss, wird die Quellenangabe innerhalb derselben Klammer gemacht. Erklärung und Quellenangabe werden durch einen Strichpunkt ; voneinander getrennt.

Beispiel: (siehe dazu den Begriff des Kommunikations-Controllings; Zerfaß, 2005)

In den Satz **integrierte Kurzbelege** (*narrative*) können unterschiedlich gemacht werden.
Eine sehr übliche Form ist es, die Autorin mit der Jahresangabe in Klammern in den Satz einzubauen:

Beispiel: Beck (2019) hinterfragt, wie zeitgemäß und nützlich eingeführte Konzepte von Mediensystemen für die Analyse des gegenwärtigen Wandels sind.

Wenn die Jahresangabe bspw. von besonderer Bedeutung ist, kann außer dem Autor auch diese ohne Klammern angegeben werden:

Beispiel: Schon 1976 bezeichnet Maletzke die Evaluierung als Teil eines kybernetischen Rückkopplungsprozesses.

Wenn man aus einer Quelle zitiert, die von mehreren Autoren verfasst wurde, nennt man in der Quellenangabe nur den Erstautor und umfasst die weiteren Autoren mit einem „et al.“:

Beispiel: Jugendliche lesen Corona-bedingt im Jahr 2020 nicht häufiger, aber länger (Feierabend et al., 2021, S.21).

Manchmal gibt es Quellen mit identischen Autorinnen oder Autorenreihenfolgen, die im selben Jahr ein Werk veröffentlicht haben. Um diese Quellenangaben eindeutig einer Quelle im Quellenverzeichnis zuordnen zu können, müssen sie klar unterschieden werden. Wenn man also mehrere Werke von derselben Autorin aus demselben Jahr verwenden möchte, wird hinter die Jahreszahl ein Kleinbuchstabe gesetzt. Dieser Buchstabe muss dann auch im Quellenverzeichnis gemacht werden.

Beispiel: (Zerfaß, 2005a)
(Zerfaß, 2005b)

Wenn die Erstautorinnen mehrerer Quellen denselben Nachnamen haben, werden zur besseren Unterscheidbarkeit auch die Initialen in allen Kurzbelegen angeführt, auch wenn die Publikationen aus unterschiedlichen Jahren stammen. Achtung: Die Initialen werden in diesem Falle dem Nachnamen vorangestellt.

Beispiel: (H. Esser, 2002; M. Esser, 1995)

Direkte Zitate werden üblicherweise als einzelne Sätze übernommen. Es werden der Autor, das Jahr und die konkrete Seitenangabe genannt. Die Angabe der Seitenzahl ist hier absolut zwingend!

Beispiel: „Ist das PR-Management mittels Kommunikations-Controlling an die Unternehmensführung angeschlossen, sind geeignete Messgrößen und pragmatische Messverfahren verhältnismäßig einfach zu vereinbaren." (Storck, 2016, S. 431)

Bei direkten Zitaten ist es möglich, die wortwörtliche Übernahme mitten in einem Satz zu beginnen (sofern es grammatikalisch richtig ist) oder auch nur einzelne Wörter zu übernehmen. Die Quellenangabe erfolgt dabei üblicherweise unmittelbar nach Ende des Zitats, egal, wie der Satz weitergeht.

Beispiel: Reinecke et al. (2016) fordern „die Bereitschaft des Top-Managements und des zentralen Controllings, im Sinne der Leistungstransparenz dort mit kommunikationsrelevanten Kennzahlen zu arbeiten, wo keine Ursache-Wirkungszusammenhänge zwischen Kommunikationskennzahlen und monetären Kennzahlen nachgewiesen werden können" (S. 5).

Manchmal braucht man auch nur einzelne Wörter aus dem Originaltext.

Beispiel: Dabei sehen die Autoren eine sog. „korridorale Kausalität" (Rolke & Zerfaß, 2010, S. 54), bei der der Zusammenhang weder technisch (als Informationsübertragung) noch mechanistisch (als immer wirksame Beeinflussung) gesehen wird.

Zitate innerhalb eines direkten Zitats werden unter einfache Anführungszeichen ‚' gesetzt.

Beispiel: „Aus Sicht der Medieninnovationsforschung und der Mediengeschichte lösen ‚die neuen Medien' nicht einfach ‚die alten' aufgrund technologischer Überlegenheit ab, sondern sie treten zunächst hinzu und lösen einen komplexen Prozess aus […]." (Beck, 2019, S. 12)

Rechtschreib- und Grammatik-, aber auch inhaltliche Fehler, die im Originaltext vorkommen, werden bei direkten Zitaten genau so übernommen, aber mit einem [*sic*] gekennzeichnet. Man findet häufig auch runde Klammern, also (*sic*).

Beispiel: „Die quantitativen und qualitativen Aspekte ihrer Wissensbasierung hat [*sic*] für die Gesellschaft nicht eindeutig Effekte: In der Wissensgesellschaft wachsen Kontingenz und individuelle Handlungsspielräume parallel [...].“ (Maasen, 2009, S. 81)

Wenn einzelne Passagen in einem direkten Zitat nicht übernommen werden sollen (ohne Sinnverlust!), dann gibt man dies mit … an.

Beispiel: „Das Vertrauen der Deutschen in die Medien ist im langjährigen Vergleich gestiegen und erreichte am Ende des Corona-Jahres 2020 sogar seinen bisherigen Höchstwert … In den Vorjahren lag dieser Wert zwischen 41 und 44 Prozent, im Jahr 2015 sogar nur bei 28 Prozent.“ (Jakobs et al., 2021, S. 153)

Um Besonderheiten oder Auffälligkeiten in direkten Zitaten besonders hervorzuheben, kann man eckige Klammern nutzen, um als Verfasserin eine Anmerkung hinzuzufügen. So kann es wünschenswert sein, bestimmte Ausdrücke hervorzuheben. Diese kann man bspw. kursiv setzen und in eckiger Klammer mit [Hervorhebung hinzugefügt] oder [Hervorhebung durch d. Verf.] kennzeichnen.

Beispiel: Akteure der Auftragskommunikation „übernehmen damit – ob sie wollen oder nicht – Verantwortung ihrem Auftraggeber, ihrem Kunden, verschiedenen Öffentlichkeiten, ihren Kollegen und auch unmittelbar von der Kommunikation Betroffenen gegenüber. Daraus leiten sich auch *Verpflichtungen* [Hervorhebung durch d. Verf.] diesen Gruppen gegenüber ab, die sich nicht prinzipiell negieren lassen.“ (Bentele, 2008, S. 572)

Direkte Zitate bestehen üblicherweise aus einzelnen Sätzen. Sollte ein Zitat doch einmal 40 oder mehr Wörter lang sein, dann wird es als eingerückter Block mit doppeltem Zeilenabstand dargestellt, die Anführungszeichen entfallen.

Beispiel: Die digitalen Kommunikationsmöglichkeiten, allen voran die Anwendungen des Social Webs, fördern das Entstehen digitaler Teilöffentlichkeiten und ermöglichen es diesen, ihre Mei-

> nungen zu veröffentlichen und weiterzuverbreiten. Existiert eine Unzufriedenheit und Erwartungslücke bezüglich eines bestimmten Themas, die mit einer Organisation oder öffentlichen Person zusammenhängen, und kann dafür das Interesse und die Unterstützung einer großen Zahl an Internetnutzern generiert werden, so besteht die Gefahr, dass es zu einem Shitstorm kommt. Dabei verbreitet sich innerhalb kurzer Zeit online eine große Menge an kritischen Kommentaren über eine Organisation oder Person, wodurch die Reputation des angegriffenen Objekts gefährdet wird. (Himmelreich & Einwiller, 2015, S.198–199)

Indirekte Zitate sollen Informationen zusammenfassen und mit eigenen Worten wiedergeben. Aus diesem Grund werden hier auch Fehler im Original nicht übernommen und die Verfasserin kann Hervorhebungen selbst betonen, ohne auf formale Vorgaben achten zu müssen.

Während es bei direkten Zitaten durch die Anführungszeichen oder den eingerückten Block einfach ist, zu erkennen, auf welchen Text sich die Quellenangabe bezieht, ist das bei indirekten Zitaten häufig nicht so einfach. Üblicherweise bezieht sich eine Quellenangabe immer auf jenen Absatz, in oder nach dem der Quellenbeleg gemacht wird. Es ist also ein Augenmerk darauf zu legen, dass für die Leserinnen klar erkennbar ist, worauf sich die Quellenangabe bezieht.

Laut der 7. Auflage des APA-Style ist es nicht mehr nötig – aber auch nicht verboten! –, bei indirekten Zitaten die konkreten Seitenzahlen anzugeben, auf denen sich das Zitat findet. Warum dies den Anforderungen an nachvollziehbares und für Dritte überprüfbares wissenschaftliches Arbeiten nicht entspricht und auch dem österreichischen Urheberrecht nicht ausreichend Rechnung trägt, wurde bereits erläutert.

Nur in jenen Fällen, wo auf das Werk in seiner Gesamtheit hingewiesen wird, kann eindeutig auf die Seitenangabe verzichtet werden.

Lange Zeit war es üblich, den Quellenbeleg für indirekte Zitate mit „vgl." (vergleiche) zu beginnen. Dies ist nach APA-Style 7. Auflage nicht mehr notwendig oder üblich. Das einzige relevante Unterscheidungskriterium sind somit die Anführungszeichen. (Und das Weglassen der Seitenangaben, sofern man der Ansicht sein sollte, dass eine solche Angabe das „leichte Auffinden" der Textstelle ermöglicht, was im Urheberrecht gefordert wird.)

Abgesehen von den eben erwähnten Änderungen gelten die formalen Vorgaben auch für indirekte Zitate. Dies lässt sich an einigen Beispielen gut erkennen:

In der folgenden Quellenangabe werden mehrere Autoren genannt, die alle dieselbe Aussage vertreten (Sammelbeleg). Dies dient zum Vergleich, die einzelnen Autoren werden hier mit Strichpunkt ; getrennt. Es zeigt sich bei dieser Quellenangabe auch, dass zwei Werke von Zerfaß aus demselben Jahr verwendet wurden – im Quellenverzeichnis muss bei den beiden Werken von Zerfaß aus dem Jahr 2005 ebenfalls a bzw. b angegeben werden:

Beispiel: PR-Controlling hat damit Ziele auf zwei Ebenen: Einerseits soll sichergestellt werden, dass die Kommunikation zur Zielerreichung des Unternehmens beiträgt, andererseits müssen auch die Prozesse der PR selbst einem Controlling unterliegen. Diese beiden Ebenen werden häufig als strategisches und operatives Kommunikations-Controlling bezeichnet: Das strategische Kommunikations-Controlling verfolgt dabei das Ziel, den Beitrag von Kommunikation zur Wertschöpfung des Unternehmens sichtbar zu machen, während das operative Kommunikations-Controlling die laufenden Prozesse und Ergebnisse der Kommunikationsaktivitäten erfassen und bewerten soll (Severin, 2005, S.10; Zerfaß, 2005a, S.109; Zerfaß, 2005b, S.208; Zerfaß, 2008, S.544–547).

Im Quellenverzeichnis müssen die beiden Werke von Zerfaß aus 2005 folgendermaßen angeführt werden:

Beispiel: Zerfaß, A. (2005a). Die Corporate Communications Scorecard. In J. Pfannenberg, & A. Zerfaß (Hrsg.). *Wertschöpfung durch Kommunikation. Wie Unternehmen den Erfolg ihrer Kommunikation steuern und bilanzierbar machen* (S.102–112). Frankfurter Allgemeine Buch.

Zerfaß, A. (2005b). Rituale der Verifikation. Grundlagen und Grenzen des Kommunikations-Controllings. In L. Rademacher (Hrsg.). *Distinktion und Deutungsmacht. Studien zu Theorie und Pragmatik der Public Relations* (S.183–222). VS.

Bei Auflistungen werden die einzelnen Punkte aus dem Originaltext häufig in verkürzter Form oder in anderer Anordnung angeführt oder es wird ein längerer Text in eine Listenform gebracht. Hierbei verwendet man üblicherweise ein indirektes Zitat. Es ist zu empfehlen, die Quellenangabe hier nach einem einleitenden Satz und vor der Aufzählung einzufügen:

Beispiel: Das Wirkungsstufen-Modell von DPRG/ICV nennt dabei folgende Wirkungsstufen (Rolke & Zerfaß, 2010, S.54–56):

- Input
- Output
- Outcome
- Outflow

Manchmal möchte/muss man auf einen Artikel nur ganz grundsätzlich referenzieren. Dabei bezieht man sich auf den gesamten Artikel und nicht auf einzelne Aussagen. Daher entfallen hier üblicherweise die Seitenangaben.

Beispiel: Besonders hervorzuheben ist hier Christopher Storck (2016), der einen Kreislauf der strategischen Kommunikation mit besonderem Schwerpunkt auf das zentral wichtige Reputationsmanagement auf Basis des Wirkungsstufen-Modells darlegt.

Bei der folgenden Quellenangabe könnte man meinen, dass die Verfasserin vergessen hat, die Seitenangaben anzugeben. Es handelt sich aber um eine Internetquelle, bei der es keine Seitenangaben gibt – dies zeigt sich aber erst bei einem Gegencheck mit dem Quellenverzeichnis.

Beispiel: Das Wirkungsstufenmodell führt die Perspektiven des Controllings, der Unternehmenskommunikation und der Stakeholder zusammen (ICV, 2009).

Quelle: ICV (2009). *Wirkungsstufen-Modell.* Abgerufen am 30.5.2018 von https://www.controlling-wiki.com/de/index.php/Wirkungsstufenmodell

Bei einem Zitat aus einem Nachdruck wird das Jahr der ersten Veröffentlichung ebenfalls angegeben.

Beispiel: (Luhmann, 1997/1984)

9.6.5 Sekundärzitate

Ein Sekundärzitat liegt dann vor, wenn ein Zitat nicht aus der Primärquelle, sondern aus einer Sekundärquelle übernommen wird – man will also eine bereits zitierte Stelle übernehmen.

Grundsätzlich sind Sekundärzitate („Blindzitate") zu vermeiden bzw. sollte man nur in Ausnahmefällen darauf zurückgreifen, da nicht klar ist, ob das Zitat korrekt wiedergegeben wurde, ob es aus dem Kontext gerissen wurde etc. Tertiärzitate sind strikt zu vermeiden. Jedenfalls ist es immer das Ziel, möglichst die Primärquelle zu konsultieren. Es gehört zum wissenschaftlichen Arbeiten dazu, nach den Primärquellen zu suchen und diese zu bearbeiten.

Am besten lässt sich dies an einem Beispiel illustrieren. Die Ausgangssituation: Man findet ein (korrektes!) Zitat in einem Werk, das man gerne verwenden möchte, kann aber die Originalquelle nicht auftreiben. Korrekterweise sollte man das Zitat dann nicht verwenden, da es nicht überprüft werden kann.

Denkbar ist nun in Ausnahmefällen auch ein **„verweisendes" Zitat** oder **Sekundärzitat**. Dies ist nur dann möglich, wenn die Angaben des zitierten Autors (Primärquelle) vollständig sind, und funktioniert folgendermaßen:

Zurstiege zitiert Buchli. Buchlis Zitat soll verwendet werden, Buchlis Text ist aber nicht verfügbar. Zurstiege gibt im Literaturverzeichnis alle nötigen Angaben an, das Werk von Zurstiege ist verfügbar. Buchli wird also nach Zurstiege zitiert.

- Zurstiege macht in seinem Werk folgende Quellenangabe:
  Buchli, 1962, S. 73
- Zurstiege verwendet das Zitat von Buchli auf Seite 20 in seinem Buch.
- Die bibliographischen Angaben von Zurstiege (= Autor der Sekundärquelle) sind:
  Zurstiege, G. (2007). *Werbeforschung*. UVK.
- Die bibliographischen Angaben von Buchli (= Autor der Primärquelle = Autor2) sind:
  Buchli, H. (1962). *6000 Jahre Werbung. Geschichte der Wirtschaftswerbung und der Propaganda.* Bd. 1: Altertum und Mittelalter. de Gruyter.

Im Quellenverzeichnis wird die Sekundärquelle (in diesem Falle Zurstiege) angeführt. Im Text wird das Sekundärzitat angegeben wie folgt:

Beispiel: (Buchli, 1962, zit. nach Zurstiege, 2007)

Wenn man der Ansicht folgt, dass auch die Seitenangaben gemacht werden sollten, dann sieht das Zitat so aus:

Beispiel: (Buchli, 1962, S. 73, zit. nach Zurstiege, 2007, S. 20)

Anzumerken ist, dass es – aus Gründen der Nachvollziehbarkeit – nicht sehr sinnvoll erscheint, dass die gesamte bibliographische Angabe von Buchli nirgends aufscheint, obwohl es eigentlich nicht erforderlich ist. Es könnte ja sein, dass dieser Autor in diesem Jahr mehrere Publikationen veröffentlicht hat. Wenn aber nirgends der Titel des Werks angegeben ist, weiß man im Grunde nicht, aus welchem Werk das Zitat stammt.

9.7 Quellenverzeichnis

Am Ende jeder Arbeit wird ein sog. Quellenverzeichnis (auch Literaturverzeichnis, auf Englisch Reference List oder References) erstellt. Im Quellenverzeichnis sind nur jene Werke enthalten, die auch im Text zitiert wurden – diese aber vollständig.

Im Literaturverzeichnis sind damit *alle* verwendeten (zitierten) Quellen (Publikationen) enthalten (bspw. Monographien, Sammelbände, Fachzeitschriften, Studien, Lexika, Hochschulschriften, Papers, Konferenzberichte etc.), egal, ob daraus Texte, Grafiken, Bilder, Tabellen verwendet wurden – aber auch *nur* diese. Wenn Literatur zum Einlesen in das Thema benutzt, aber nicht daraus zitiert wurde, wird sie im Quellenverzeichnis nicht angeführt.

Die Quellen sind prinzipiell alphabetisch nach dem Nachnamen der ersten Autorinnen zu ordnen. Mehrere Werke des gleichen Autors werden aufsteigend nach Erscheinungsjahr geordnet.

Beispiel: Avenarius, H. (2008). …
Avenarius, H. (2009). …
Avenarius, H., & Armbrecht, W. (Hrsg.). (1992). …
Avenarius, H., & Bentele, G. (2009). …:

Wenn es Werke mit gleicher Erstautorin, aber unterschiedlichem Erscheinungsjahr und unterschiedlichem Zweitautor gibt, wird erst alphabetisch nach dem Zweitautor (ggf. Drittautor usw.) und danach nach Erscheinungsjahr sortiert.

Beispiel: Bentele, G., & Nothhaft, H. (2004). …
Bentele, G., & Nothhaft, H. (2008). …
Bentele, G., Piwinger, M., & Schönborn, G. (2001). …
Bentele, G., & Rutsch, D. (2001). …

Mehrere Quellen einer Autorin aus demselben Jahr werden mit a, b, c gekennzeichnet, die Sortierung erfolgt alphabetisch nach dem Titel.

Beispiel: Zerfaß, A. (2007a). Strategische Kommunikation als Basis für den Erfolg von morgen. Interview. …
Zerfaß, A. (2007b). Unternehmenskommunikation und Kommunikationsmanagement …

Der Innentitel (über der ISBN-Nummer) ist dem Einbandtitel (manchmal verändert) vorzuziehen, manchmal findet man auch sog. Zitierhinweise (Angaben, mit welchem Wortlaut das Werk zitiert werden soll).

Gelegentlich findet man eine Teilung des Quellenverzeichnisses in (natürlich jeweils nur, falls vorhanden):

- Literaturverzeichnis
  (Angabe aller verwendeten gedruckten Quellen)
- Internet- bzw. Onlinequellen
  (Angabe aller verwendeten Internetquellen)
- Interviews (Angabe aller geführten Interviews)
- Sonstige Quellen

Auch für die Formatierung gibt es Vorgaben: Das Literaturverzeichnis wird im Blocksatz dargestellt. Für die einzelnen Werke werden keine Aufzählungszeichen gemacht. Im Sinne der Übersichtlichkeit können zwischen den Titeln Leerzeilen gemacht werden oder die zweite Zeile der Angabe wird mit „hängendem Sondereinzug" eingerückt (um 0,5 bis 1 cm).

Für die folgenden detaillierten Angaben wird wiederum nur auf den APA-Style Bezug genommen. Sollten die Angaben zu einer bestimmten Quellengattung fehlen, ist direkt im APA-Style Manual nachzulesen.

9.7.1 Monographien im Quellenverzeichnis

Im Quellenverzeichnis müssen für Monographien grundsätzlich folgende Angaben gemacht werden (= bibliographische Angaben):

- Nachname und 1. Buchstabe, ggf. Initial des Autors/der Autoren
- Erscheinungsjahr
- Titel des Werkes, ggf. Untertitel
- Verlag
- Ggf. Auflage (insbesondere bei erweiterten und aktualisierten Auflagen)
- DOI oder URL, falls vorhanden

E-Books werden nach demselben Schema angegeben. Bei E-Books wird die Datenbank, auf der das E-Book liegt, nicht angegeben. Hier sollte (wenn möglich) die URL genannt werden.

Die Daten werden im Quellenverzeichnis in genau (!) dieser Form angeführt, auch die Interpunktion und die Kursivsetzung sind ganz genau so vorzunehmen:

> Autorin, A. A. (Erscheinungsjahr). *Titel. Untertitel* (x. Auflage). Verlag. https://doi.org.xxxx oder https://xxx

Bei mehreren Autoren sieht das so aus:

> Autorin, A. A., & Autor, B. B. (Erscheinungsjahr). *Titel. Untertitel* (x. Auflage). Verlag. https://doi.org.xxxx oder https://xxx

Beispiele: Burkart, R. (2019). *Kommunikationswissenschaft. Grundlagen und Problemfelder. Umrisse einer interdisziplinären Sozialwissenschaft* (5., vollst. neu bearb. Auflage). Böhlau.

Zerfaß, A., & Volk, S. C. (2019). *Toolbox Kommunikationsmanagement. Denkwerkzeuge und Instrumente für die Steuerung der Unternehmenskommunikation.* Springer Gabler. https://doi.org/10.1007/978-3-658-24258-9

Lazarsfeld, P. F., Berelson, B., & Gaudet, H. (1968). *The people's choice: How the voter makes up his mind in a presidential campaign.* Columbia University Press.

Allgemeine Hinweise:

- Es müssen Autor, Erscheinungsjahr, Titel sowie der Name des Verlags genannt werden, der Verlagsort wird nicht (mehr) genannt.
- Der Titel muss kursiv gesetzt werden.
- Angaben über eine neue Auflage macht man in einer Klammer nach dem Titel ohne Kursivsetzung. Die Angabe der Auflage ist nicht immer nötig, am ehesten dann, wenn es sich um veränderte, ergänzte Auflagen handelt. (Dies ist aus dem Innentitel ersichtlich.) Der Hinweis zur Auflage kann in verschiedener Form durch folgende Zusätze gemacht werden: „x., geänderte/ergänzte/überarbeitete Auflage".
- Wenn das Buch einen Digital Object Identifier (DOI) hat, wird die DOI-Nummer als Link angegeben. Andere Angaben (bspw. ISBN) werden nicht verwendet.
- Nach einem DOI kommt nie ein Punkt.

- Wenn ein Buch von 20 Autoren oder weniger stammt, werden alle Autoren genannt. Wenn es 21 oder mehr sind, werden die ersten 19 genannt, danach folgen drei Punkte („…") und dann wird die letzte Autorin genannt. Diese Regel gilt auch für Zeitschriftenartikel.

9.7.2 Sammelbände im Quellenverzeichnis

Sammelbände werden im Quellenverzeichnis nur dann als eigenständiges Werk angeführt, wenn darauf in dieser Gesamtheit mindestens einmal Bezug genommen wird. (Meist wird aber auf einzelne Beiträge in einem Sammelband referenziert. Dann ist nur dieser Beitrag im Quellenverzeichnis anzugeben. Siehe dazu weiter unten.)

Der Sammelband an sich wird folgendermaßen angegeben:

Herausgeber E. E., & Herausgeber E. E. (Hrsg.). (Erscheinungsjahr). *Titel des Sammelbandes. Untertitel.* Verlag.

Beispiele: Esch, F.-R., Langner, T., & Bruhn, M. (Hrsg.). (2016). *Handbuch Controlling der Kommunikation. Grundlagen – Innovative Ansätze – Praktische Umsetzungen* (2. Auflage). Springer Gabler.

Langenbucher, W. R. (Hrsg.). (2000). *Elektronische Medien, Gesellschaft und Demokratie* (Studienbücher zur Publizistik- und Kommunikationswissenschaft 11). Braumüller.

Allgemeine Hinweise:

- Als Hinweis auf den Sammelband wird die Funktion der Herausgeberinnen durch den Zusatz (Hrsg.) angegeben.
- Sind mehrere Autoren vorhanden, gelten die Regeln wie für Monographien. Die Reihenfolge richtet sich nach jener in der Quelle selbst.
- Ansonsten gelten die Regeln wie für Monographien.

9.7.3 Nachdrucke im Quellenverzeichnis

Gelegentlich ist es der Fall, dass man eine Quelle verwenden möchte, die zum ersten Mal vor vielen Jahren erschienen ist. Das ist bei Standardwerken wie bspw. Luhmann oder Bourdieu natürlich wichtig und richtig. Meistens hat man dann aber nicht eine Ausgabe aus dem Ersterscheinungsjahr in der Hand, sondern einen (unveränderten) Nachdruck. In diesem Falle werden zumeist beide Erscheinungsjahre angegeben – also jenes der Ersterscheinung und jenes der Ausgabe, die man verwendet hat.

Im Literaturverzeichnis sieht das so aus:

Beispiele: Luhmann, N. (1984/1997). *Die Wirtschaft der Gesellschaft* (3. Auflage). Suhrkamp.

Maletzke, G. (1963/1978). *Psychologie der Massenkommunikation.* Verlag Hans Bredow.

9.7.4 Artikel aus Sammelbänden im Quellenverzeichnis

Bei Artikeln aus Sammelbänden müssen folgende Angaben gemacht werden:

- Nachname und 1. Buchstabe, ggf. Initial der Autorin/der Autorinnen
- Erscheinungsjahr
- Titel des Beitrags, ggf. Untertitel
- Herausgeber des Sammelbandes mit Bezeichnung (Hrsg.)
- Titel des Sammelbandes
- Seitenangabe des Beitrags
- Verlag
- DOI oder URL, falls vorhanden

Dass es sich um einen Beitrag in einem Sammelband handelt, wird durch den Zusatz „In" angezeigt.

Die Daten werden im Quellenverzeichnis in dieser Form angeführt:

Autorin, A. A. (Erscheinungsjahr). Titel. Untertitel. In E. Herausgeber (Hrsg.). *Titel des Sammelbandes. Untertitel* (S. xx–yy). Verlag. https://doi.org.xxxx oder https://xxx

Bei mehreren Autorinnen und Herausgeberinnen sieht das so aus:

Autorin, A. A., & Autor, B. B. (Erscheinungsjahr). Titel. Untertitel. In E. E. Herausgeber, & E. E. Herausgeber (Hrsg.). *Titel des Sammelbandes. Untertitel* (S. xx–yy). Verlag. https://doi.org.xxxx oder https://xxx

Beispiel: Storck, C. (2016). Verfahren zur Messung der PR-Wirkung. In F.-R. Esch, T. Langner, & M. Bruhn (Hrsg.). *Handbuch Controlling der Kommunikation. Grundlagen – Innovative Ansätze – Praktische Umsetzungen* (2. Auflage, S. 407–432). Springer Gabler. https://doi.org.10.1007/978-3-658-05260-7_19-1

9.7.5 Artikel aus Fachzeitschriften (Journals) im Quellenverzeichnis

Bei Fachzeitschriften müssen folgende Angaben gemacht werden:

- Nachname und 1. Buchstabe, ggf. Initial der Autorin/der Autorinnen
- Erscheinungsjahr
- Titel des Artikels, ggf. Untertitel
- Titel der Fachzeitschrift, Nummer des Hefts
- Seitenangabe des gesamten Artikels
- DOI oder URL, falls vorhanden

Achtung:
Artikel in Fachzeitschriften werden auch häufig als „Paper" bezeichnet.

Dass es sich um einen Beitrag in einer Fachzeitschrift handelt, wird durch den Zusatz „In" angezeigt.

Die Daten werden im Quellenverzeichnis in dieser Form angeführt:

Autorin, A. A. (Erscheinungsjahr). Titel. Untertitel. In *Titel der Fachzeitschrift, Nummer des Hefts oder der Ausgabe,* xx–yy. https://doi.org.xxxx oder https://xxx

Beispiele: Klimmt, C. (2021). Manipulation betreiben immer nur die anderen. In *Publizistik, 66,* 187–194. https://doi.org/10.1007/s11616-021-00646-3

Prestin, A. & Nabi, R. (2020). Media Prescriptions. Exploring the Therapeutic Effects of Entertainment Media on Stress Relief, Illness Symptoms, and Goal Attainment. In *Journal of Communication, 70*(2), 145–170. https://doi.org.10.1093/joc/jqaa001

Jakobs, I., Schultz, T., Viehmann, C., Quiring, O., Jackob, N., Ziegele, M., & Schemer, C. (2021). Medienvertrauen in Krisenzeiten. In *Media Perspektiven*, *3,* 152–162.

Podschuweit, N. (2019). Die Rolle der Massenmedien in Alltagsgesprächen. Ein Vergleich zweier verdeckter Feldbeobachtungen. In *Publizistik, 64,* 303–327. https://doi.org.10.1007/s11616-019-00506-1

Häufig werden Artikel von einer Forschungsorganisation statt einer Autorin veröffentlicht. Dann wird statt der Autorin die Organisation angeführt:

Beispiel: ARD-Forschungsdienst. (2020). Nachrichtennutzung im Internet. In *Media Perspektiven, 1,* 33–39. https://www.ard-werbung.de/media-perspektiven/fachzeitschrift/2020/detailseite-2020/nachrichtennutzung-im-internet/

Allgemeine Hinweise:

- Die allgemeine Bezeichnung der Fachzeitschrift wird im Quellenverzeichnis nicht als eigenständiges Werk angeführt.
- Wenn ein Artikel einen DOI hat, wird dieser immer angegeben. Wenn es keinen DOI gibt, aber eine URL, dann wird diese angegeben. Wenn es keinerlei dieser Angaben gibt (weil es bspw. ein älterer Artikel ist), dann endet die bibliographische Angabe mit den Seitenzahlen.
- Wenn vorhanden, gibt man bei Fachzeitschriften immer die Nummer des Hefts an.
- Für Aufsätze in Fachzeitschriften mit mehreren Autorinnen gelten die Regeln wie für Monographien.

9.7.6 Weitere wissenschaftliche Quellen im Quellenverzeichnis

Bei diesem Kapitel handelt es sich um „Variationen" der bereits vorgestellten Publikationen. Es werden deswegen nur mehr Beispiele angeführt und ggf. mit Anmerkungen versehen.

Präsentationen auf Tagungen bieten häufig aktuelle Erkenntnisse und Ergebnisse. Da es sich um wissenschaftliche Konferenzen handelt, gelten derartige Präsentationen als wissenschaftliche Quellen. Wichtig ist es, in solchen Fällen genaue Angaben zur Konferenz zu machen und die Art der Präsentation in eckigen Klammern zu benennen. Dafür können – je nach Art der Präsentation – verschiedene Bezeichnungen verwendet werden: [Keynote] [Posterpräsentation] [Invited talk] [Panel-Diskussion] etc.

Präsentation eines Vortrags auf einer (virtuellen) Konferenz:

Beispiel: Matthes, J. (2021, 19. Juni). *Digital media and political engagement of young adults: The social media political participation paradox* [Invited talk]. (Virtual) 4th International Forum on China's Image and Global Communication at the Shanghai International Studies University.

Posterpräsentation auf einer Tagung:

Beispiel: Wetzstein, I. (2010, 11.–13. Februar). *Qualitätsjournalismus als Plattform konstruktiver Bearbeitung politischer Krisen? Eine Analyse anhand der Berichterstattung zur Unabhängigkeit des Kosovo* [Posterpräsentation]. Gemeinsame Jahrestagung „Medien und Internationale Beziehungen" der DGPuK-Fachgruppe „Kommunikation und Politik" und des DVPW-Arbeitskreises „Politik und Kommunikation", Mannheim, Deutschland.

Hochschulschriften – also wissenschaftliche Abschlussarbeiten wie Masterthesen und Dissertationen – erscheinen häufig als wertvolle Quelle. Es wird dringend empfohlen, nur Dissertationen zu zitieren.

Abschlussarbeiten müssen laut Universitätsgesetz veröffentlicht werden (mit einer Möglichkeit zur Sperre für einige Jahre in bestimmten Fällen), sie stehen also in den Bibliotheken zur Verfügung. Häufig werden sie auch online im Volltext zur Verfügung gestellt.

Im Literaturverzeichnis ist anzugeben, um welche Art der Hochschulschrift es sich handelt und an welcher Universität die Arbeit eingereicht wurde: [Dissertation, Universität] [Masterarbeit, Universität]. Wenn die Arbeit online im Volltext verfügbar ist, wird auch die URL des Hochschulschriftenservers angegeben.

Dissertation in der Bibliothek, online im Volltext nicht verfügbar:

Beispiel: Lind, F. (2021). *Multilingual automated content analysis for comparative communication research* [Dissertation, Universität].

Online-Veröffentlichung einer Dissertation auf einem Hochschulschriftenserver:

Beispiel: Gudkova, O. (2018). *Women's Political Activism in the Public Sphere. The Case of Eastern European Feminist Activism* [Dissertation, Universität Wien]. https://othes.univie.ac.at/57213/

9.7.7 Audiovisuelle Quellen im Quellenverzeichnis

Audiovisuelle Quellen werden in aktuellen Forschungsarbeiten vermehrt verwendet und müssen daher korrekt bearbeitet werden.

Allgemeine Hinweise:

- Nach dem Namen der Urheberin (statt der Autorin) wird die Funktion des „Autorinnen-Äquivalents“ angegeben.
- Nach dem Titel wird die Art der Veröffentlichung in eckigen Klammern angegeben.
- Folgende Medien und Autorinnen-Äquivalente kann es geben:

Tab. 7: Audiovisuelle Quellen im Quellenverzeichnis

Art der Veröffentlichung	Autoren-Äquivalent
Film	Regisseurin
(TV)-Serie	Produzent
(TV)-Serienfolge	Drehbuchautorin & Regisseurin der Folge
Podcast	Host oder Produzent
Podcastfolge	Host der Folge
Modernes Musikalbum oder Song	Sängerin
Video	Person oder Gruppe, die Video hochgeladen hat
Fotografie	Fotograf

Quelle: Eigene Darstellung.

Film

Beispiel: Levinson, B. (Regisseur). (1997). *Wag the Dog – Wenn der Schwanz mit dem Hund wedelt* [Film]. New Line Cinema, A Time Warner Company.

Häufig werden wissenschaftliche Arbeiten über TV-Serien geschrieben. Hier ist zu unterscheiden, ob die gesamte Fernseh-Serie angegeben wird oder eine einzelne Folge:

TV-Serie gesamt

Hier werden die Produzentin oder die Produzentinnen der Serie statt der Autorin angegeben. Es wird die gesamte Zeitspanne angegeben, in der die Serie ausgestrahlt wurde (Erstausstrahlung; bspw. 2002–2010); falls die Serie noch läuft, wird statt des Enddatums „bis heute“ angegeben (bspw. 2000–bis heute), wenn die Serie nur in einem Jahr gelaufen ist, wird nur dieses eine Jahr angegeben (bspw. 2019).

Beispiel: Dohme, J. (Produzent). (1986). *Kir Royal (Aus dem Leben eines Klatschreporters)* [TV-Serie]. Balance Film München.

Einzelne Folge einer TV-Serie

Beispiel: Süskind, P. (Drehbuchautor), & Dietl, H. (Regisseur). (1986). Wer reinkommt, ist drin (Staffel 1, Folge 1) [TV-Serienfolge]. In J. Dohme (Produzent). *Kir Royal (Aus dem Leben eines Klatschreporters)* [TV-Serie]. Balance Film München.

Auch bei Podcasts wird zwischen der gesamten Podcast-Serie und einer einzelnen Podcastfolge unterschieden:

Podcast-Serie

Beispiel: Sator, A. (Host). (2018–bis heute). *Erklär mir die Welt* [Podcast]. https://erklaermir.simplecast.com

Podcastfolge

Beispiel: Sator, A. (Host). (2021, 23. Februar). #152 Erklär mir das Radio, Robert Kratky [Podcastfolge]. In *Erklär mir die Welt.* https://erklaermir.simplecast.com/episodes/152

Und auch bei YouTube sind zwei Quellenarten möglich, ein YouTube-Channel oder ein YouTube-Video:

Video auf Youtube

Beispiel: Meier, K. (2020, 30. Oktober). *#01 Einführung in die Journalistik: Was ist Journalismus?* [Video]. YouTube. https://www.youtube.com/watch?v=3oTPYBNo9FQ

Statt einer Person kann auch eine Institution als Urheber eines YouTube-Videos angeführt werden. Es sollte stets das genaue Datum angegeben werden, zu dem das Video veröffentlicht wurde.

YouTube-Channel

Beispiel: Katholische Universität Eichstätt-Ingolstadt. (o.J.). *Home* [YouTube-Channel]. https://www.youtube.com/c/unieichstaett

Bei diesem Beispiel wird der ganze YouTube-Channel der Universität angegeben. Wenn man bspw. eine Playlist, also die gesamte Reihe der Einführung in die Journalistik von Prof. Meier angeben möchte (vgl. das einzelne Video im Beispiel davor), dann sieht die Angabe so aus:

Beispiel: Katholische Universität Eichstätt-Ingolstadt. (o.J.). *Einführung in die Journalistik: Vorlesungsreihe von Prof. Dr. Klaus Meier* [YouTube-Channel]. https://www.youtube.com/playlist?list=PLZsX0XKK7EApI6Ca8AcOVnnWTp8OV9-QS

Bei Radiobeiträgen ist darauf zu achten, dass sie dauerhaft verfügbar sein müssen, um verwendet werden zu können. Üblicherweise wird die Sprecherin als Urheberin genannt, falls dies nicht möglich ist, wird bspw. die Sendereihe genannt (wie in diesem Beispiel).

Radiobeitrag – online dauerhaft verfügbar

Beispiel: Ö1 Radiokolleg. (2018, 22. November). *Datenpunkte im Informationszeitalter 2007 | Hashtag* [Radiobeitrag]. *Ö1.* https://radiothek.orf.at/archive/datenpunkte-im-informationszeitalter/2007--hashtag

9.7.8 Journalistische Quellen und Online-Medien im Quellenverzeichnis

Zeitungsartikel oder Magazin (Print)

Auch wenn journalistische Quellen nicht als wissenschaftliche Quellen gelten, werden sie in wissenschaftlichen Arbeiten – gerade in unserer Disziplin – dennoch häufig gebraucht; daher müssen auch korrekte bibliographische Angaben gemacht werden.

Beispiele: Fidler, H. (2021, 7. Juli). Empfehlen, kommentieren: So plant der ORF seine Streamingplattform. *Der Standard,* S. 33.

Hofer, J., & Wurnitsch, M. (2021, 25. Juni). Eine Vision, ein Appell und vier Angebote. *Horizont,* 25, S. 1–2.

Wenn kein Journalist identifiziert werden kann, der den Artikel verfasst hat, so ist das Medium anzugeben.

Beispiel: Kurier. (2021, 1. Juli). Uni Innsbruck öffnet alle Hörsäle. *Kurier Bundesländer-Ausgabe,* S. 4.

Artikel auf einer Nachrichtenwebsite

Beispiele: Schurian, A. (2021, 12. Juli). *Die Zivilcourage ist ganz offensichtlich am Sand.* Die Presse Online. https://www.diepresse.com/6007209/die-zivilcourage-ist-ganz-offensichtlich-am-sand

ORF.at. (2021, 13. Juli). 25.000 Jahre altes Erbgut einer Frau aus Erde sequenziert. ORF.at. https://orf.at/#/stories/3220827/

Kommentare zu einem Artikel auf einer Nachrichtenwebsite im Forum
Als Autorin wird hier die Userin angegeben, die den Artikel im Forum kommentiert hat, das kann auch der Username sein (also nicht unbedingt ein Klarname). Es werden die ersten 20 Wörter des Kommentars als Titel verwendet. In eckigen Klammern wird die Art des Beitrags identifiziert: [Kommentar zum Artikel „Titel des Artikels"] Wenn möglich, soll direkt auf den Kommentar verlinkt werden und nicht auf den Ursprungsartikel; hier sind auch gekürzte URLs möglich.

Beispiel: Radler99. (2021, 14. Juli). Ihre Performance auf ORF1 qualifiziert sie jedenfalls nicht dafür, ohne Sportevents grundelt der Sender ja quotentechnisch im Niemandsland, aber wenn [Kommentar zum Artikel „ORF-Wahl: Totzauer als Kämpferin für Junge und Eigenproduktionen"]. *Der Standard Online.* https://derstandard.at/permalink/p/1075510548

Verschiedene Websites und Blogs
Websites von Organisationen oder einzelnen Urheberinnen werden häufig als Quelle herangezogen.

Grundsätzlich wird hier der Name des Urhebers oder der Organisation als Autor angegeben. Dabei sollte das Datum der Veröffentlichung dieser Seite so genau wie möglich recherchiert werden. Wenn die Inhalte auf der Website geändert werden (können), wird auch das Datum des Abrufs dieser Seite angeführt (durch „Abgerufen am xx. Monat xxxx").

Beispiele: PR|ETHIK|RAT. (2021). *Influencer:innen-Check.* Abgerufen am 13. Juli 2021 von https://influencercheck.at/

Verband Österr. Zeitungen (VÖZ). (2021, 7. Juli). *VÖZ begrüßt Ministerratsbeschluss zur Digitalförderung* [OTS-Aussendung]. https://www.ots.at/presseaussendung/OTS_20210707_OTS0117/voez-begruesst-ministerratsbeschluss-zur-digitalfoerderung

Saferinternet.at. (2021). *Falschmeldung, Fake-News, HOAX – was ist das?* Abgerufen am 13. Juli 2021 von https://www.saferinternet.at/faq/informationskompetenz/falschmeldung-fake-news-hoax-was-ist-das/

Wolf, A. (2021, 13. Juli). Ja, was ist denn eigentlich aus Clubhouse geworden? *Mimikama.* https://www.mimikama.at/aktuelles/aus-clubhouse-geworden/

Kommentare zu Blogposts werden analog zu Kommentaren zu einem Artikel auf einer Nachrichtenwebsite im Forum angegeben.

Beitrag in einem Online-Wörterbuch

Beispiele: Lin-Hi, N. (2019, 24. September). Corporate Social Responsibility. In *Gabler Wirtschaftslexikon.* Abgerufen am 11. Juli 2021 von https://wirtschaftslexikon.gabler.de/definition/corporate-social-responsibility-51589/version-371504

Dudenredaktion. (o.J.). Corporate Social Responsibility, die. In *Duden Online.* Abgerufen am 11. Juli 2021 von https://www.duden.de/rechtschreibung/Corporate_Social_Responsibility

Facebook

Bei einem Facebook-Post wird der Account-Name als Urheber angegeben. Das Datum des Posts muss angegeben werden. Als Titel verwendet man die ersten 20 Wörter des Posts; Links, Hashtags oder Emojis gelten als jeweils ein Wort. Emojis werden nicht kursiv gesetzt.

Wenn ein Posting Bilder, Videos oder Inhalte eines anderen Posts (bspw. beim Teilen eines Posts) beinhaltet, dann wird dies in eckigen Klammern angegeben, bspw. [Bild] [Video] [geteilter Inhalt] [Link]. Die Art des Postings wird ebenfalls in eckigen Klammern angegeben, bspw. [Status Update] [Video].

Facebook-Post

Beispiele: PRVA – Public Relations Verband Austria. (2021, 4. Mai). *Kommunikatorin des Jahres 2020 ist Melisa Erkurt Elisabeth Puchhammer-Stöckl wurde mit dem Preis für COVID-Kommunikation ausgezeichnet Wir gratulieren ganz herzlich!* [Bild] [Status Update]. Facebook. https://www.facebook.com/PR.Verband.Austria/posts/3835768559836580

Reimon, M. (2021, 28. Juni). *Eines meiner „Lieblingsthemen“ kommt wieder auf die politische Tagesordnung: Die Kommission arbeitet erneut an Vorschlägen zu einem europäischen Investitionsgerichtshof, die* [Status Update]. Facebook. https://www.facebook.com/michel.reimon/posts/10225539077374429

Facebook-Page

Die dazu gehörenden Facebook-Seiten werden angegeben wie folgt:

Beispiele: PRVA – Public Relations Verband Austria. (o.J.). *Home* [Facebook-Page]. Abgerufen am 12. Juli 2021 von https://www.facebook.com/PR.Verband.Austria

Reimon, M. (o.J.). *Home* [Facebook-Page]. Abgerufen am 12. Juli 2021 von https://www.facebook.com/michel.reimon

Instagram und Twitter

Instagram und Twitter „funktionieren" ähnlich wie Facebook: Es werden die ersten 20 Wörter eines Posts als Titel angegeben, Hashtags, Links oder Emojis, die in diese ersten 20 Wörter fallen, werden angegeben. Wiederum ist das genaue Datum notwendig. Die Urheberin wird mit Namen genannt, in eckigen Klammern folgt der Instagram-Benutzername [@…].

Das Posting wird mit einem Ausdruck in eckigen Klammern beschrieben, bspw. [Video] [Foto] [Story] bei Instagram, [Tweet] bei Twitter. Zudem muss bei Twitter angegeben werden, ob weitere Elemente beinhaltet sind: [Video] [Foto] [Thumbnail mit Link]

Instagram-Post

Beispiele: PRVA-Newcomers [@prva_newcomers]. (2021, 3. März). *Wir haben in der Kommunikationsbranche angebandelt, denn unsere Kooperation mit den GPRA Young Professionals aus Deutschland bekommt Zuwachs: Mit dem* [Foto]. Instagram. https://www.instagram.com/p/CL9NIV2F5MG/

Süddeutsche Zeitung Magazin [@szmagazin]. (2020, 17. November). *Interview with Miranda July Artist @mirandajuly talks about her project for @szmagazin, her movie Kajillionaire and her relief after* [Video]. Instagram. https://www.instagram.com/tv/CHtDlBKI9kD/

Instagram-Profile

Wenn Instagram-Profile angegeben werden sollen, ist statt des Titels die Profil-Seite anzugeben: Beiträge, IGTV oder Markiert.

Beispiele: PRVA-Newcomers [@prva_newcomers]. (o.J.). *Beiträge* [Instagram-Profil]. Abgerufen am 14. Juli 2021 von https://www.instagram.com/prva_newcomers/

Süddeutsche Zeitung Magazin [@szmagazin]. (o.J.). *IGTV* [Instagram Profil]. Abgerufen am 14. Juli 2021 von https://www.instagram.com/szmagazin/channel/

Twitter-Tweets

Beispiele: Frank, E. [@EukeFrank]. (2021, 28. Juni). *Ganz herzliche Gratulation an die Preisträger des @PCConcordia Preises für Pressefreiheit @DieterBornemann und @RobTreichler und*

Kollegen! [Foto] [Tweet]. Twitter. https://twitter.com/EukeFrank/status/1409547892063457281

Kocher, M. [@MagratheanTimes]. (2021, 13. Juli). *Haben heute Start-schuss f Rat neue Arbeitswelten gegeben. Breiter Austausch- u Arbeitsprozess mit ExpertInnen, um neue Entwicklungen i d Arbeitswelt* [Tweet]. Twitter. https://twitter.com/MagratheanTimes/status/1414891153325973504

PRVA. [@PRVA]. (2021, 30. April). *„Wir sind location-agnostic!" Was ist das denn? Und welche Vorteile hat es, keine fixen Büros zu haben? Mehr dazu am* [Video] [Tweet]. Twitter. https://twitter.com/prva/status/1388096970737205248

Twitter-Profile
Bei Twitter-Profilen ist wiederum die Seite anzugeben, auf die verwiesen werden soll: Tweets, Tweets & Replies, Media, Likes.

Beispiele: Frank, E. [@EukeFrank]. (o.J.). *Tweets & Replies* [Twitter Profil]. Abgerufen am 14. Juli 2021 von https://twitter.com/EukeFrank/with_replies

PRVA. [@PRVA]. (o.J.) *Tweets* [Twitter Profil]. Abgerufen am 14. Juli 2021 von https://twitter.com/prva

9.7.9 Sonstige Anmerkungen

Für die bibliographischen Angaben von fremdsprachigen Publikationen benutzt man üblicherweise die deutschen Begrifflichkeiten, also „Hrsg." statt „ed." oder „éd." und „S." statt „p". Bei englisch-sprachigen Titeln wird üblicherweise das jeweils erste Wort des Titels und des Untertitels sowie alle weiteren Wörter außer Artikeln, Präpositionen und Konjunktionen großgeschrieben. Bei französisch- und anderen romanisch-sprachigen Publikationen wird außer Namen und festen Begriffen nur das erste Wort großgeschrieben.

Alle Angaben, die vorhanden sind, müssen angegeben werden. Wenn Angaben fehlen, können folgende Abkürzungen verwendet werden:

- o. V. = ohne Verfasser
- o. J. = ohne Erscheinungsjahr
- o. O. = ohne Erscheinungsort

9.8 Häufig verwendete Abkürzungen

Zahlreiche Abkürzungen in der wissenschaftlichen Literatur sind eindeutig festgelegt. Auch wenn manche dieser Abkürzungen nicht mehr verwendet werden (bspw. „Ebenda"), sind sie doch in älteren Werken zu finden.

a.a.O.	am angegebenen Ort
Abb.	Abbildung
Anm.	Anmerkung
Aufl.	Auflage
bearb.	bearbeitet
d.h.	das heißt
d.i.	das ist
Ebd.	ebenda/ebendort, S.xy (nur verwenden, wenn man sich auf den *unmittelbar* vorher genannten Autor bezieht); dies ist aber nicht zu empfehlen, da es sich um eine große Fehlerquelle handelt!
ed., eds.	editor, editors
erw.	erweitert
et al.	et alii („und andere")
f.	und folgende Seite (S.12f. = Seite 12 und die folgende = Seiten 12 und 13)
ff.	und folgende Seiten (S.12ff. = Seite 12 und fortfolgende = Seite 12 bis mindestens 14)
Hg.	Herausgeber
Hrsg.	Herausgeber
ibid.	ibidem (lateinisch für ebenda)
Jg.	Jahrgang
Nr.	Nummer
o.J.	ohne Jahresangabe
o.O.	ohne Ortsangabe
o.V.	ohne Verfasser
p.12	page 12
passim	wird anstelle von konkreten Seitenangaben gebraucht, wenn keine konkrete Zeile oder kein bestimmter Absatz zum Sachverhalt angegeben werden können, sondern der Sachverhalt sich durch den gesamten Text oder ein großes Textstück zieht (nur selten verwendet)
pp. 12–17	pages 12–17
pp. 12, 13	pages 12 & 13
S.12–17	Seiten 12–17

S. 12	Seite 12
s. o.	siehe oben (für einen Verweis innerhalb des eigenen Textes; kann mit genaueren Angaben versehen sein, bspw. mit: s. o. Abb. 3)
Tab.	Tabelle
vgl.	vergleiche (wird bei indirekten Zitaten verwendet)

Diese Abkürzungen sind gebräuchlich und müssen nicht erläutert werden. Andere, unbekannte Abkürzungen sollten in einem eigenen Abkürzungsverzeichnis erklärt werden. Das Abkürzungsverzeichnis steht üblicherweise am Anfang der Arbeit, nach dem Inhaltsverzeichnis.

Alle Abkürzungen sind innerhalb einer Arbeit immer einheitlich zu verwenden.

10 Wissenschaftliches Lesen

Wissenschaftliches Lesen ist nicht mit dem Lesen von Romanen etc. gleichzusetzen, Lesen ist somit nicht gleich Lesen. Wissenschaftliche Texte werden der großen Gruppe der Sachtexte zugeordnet, denen üblicherweise die literarischen, ästhetischen oder fiktionalen Texte gegenübergestellt werden.

Wissenschaftliches Lesen ist kein passives Rezipieren, sondern ein aktiver Aneignungsprozess von Wissen, in dem die Lesehaltung und die Vorkenntnisse, (Ausgangs-)Fragestellung und Hypothesen den Erkenntnisgewinn maßgeblich beeinflussen.

Warum überhaupt Lesen? Wissenschaft arbeitet üblicherweise kumulativ, neues Wissen baut somit auf bereits vorhandenem Wissen auf. „Das Rad muss nicht neu erfunden werden", darum sind Lesen und das ständige Aktualisieren des persönlichen Wissensstandes zu einem Thema eine unabdingbare Notwendigkeit für wissenschaftliches Arbeiten. Nur die Kenntnis des bereits vorhandenen Wissens kann dazu führen, neue und relevante wissenschaftliche Fragen zu stellen und somit die Wissenschaft weiterzuentwickeln. Das Lesen (und das Wissen über die Produktion von Texten) ist eine der wichtigsten wissenschaftlichen Fähigkeiten. Zudem ist Lesen immer auch eine Vorbereitung auf das spätere Schreiben.

Das meiste Wissen eignet man sich während eines Studiums nicht in Vorlesungen oder Seminaren an, sondern durch die weitgehend selbständige Bearbeitung von wissenschaftlicher Literatur. Dies erfordert ein möglichst rationelles und zielgerichtetes Lesen, d. h., die Aufnahme- und Speicherkapazität sollte dabei möglichst hoch sein.

Das Lesen und das schriftliche Zusammenfassen von Texten aus der Fachliteratur bilden zwei Hauptsäulen der wissenschaftlichen Arbeitstechnik. Systematisches Lesen und das Verarbeiten des Lesestoffes muss man lernen, üben und verbessern, um es schließlich zu beherrschen. Dies ermöglicht ein rascheres und besseres Verständnis der Texte, ein effizientes und gezieltes Be- und Verarbeiten der Inhalte und eine problemorientierte Nutzbarmachung des Gelesenen.

Wissenschaftliches Lesen dient (neben der Erarbeitung von Prüfungsstoff) mehreren Zwecken:

- „Einlesen" in ein Thema, um aus der vorhandenen Literatur Forschungsfragen und Hypothesen zu erstellen
- „Literaturanalyse" zum Erarbeiten des Forschungsstandes zu einem Thema, zum Beantworten von Forschungsfragen etc.

Grundsätzlich gilt: Jede Form der Verarbeitung von Literatur ist gut und wissenschaftlich geboten – nur so kann Wissenschaft weiterentwickelt werden. Wissenschaftliche Texte beruhen auf Wissenschaft, d. h., sie verarbeiten wissenschaftliche Erkenntnisse anderer, geben diese wieder, setzen sie zueinander in Verbindung, kommentieren sie und machen sie zur Grundlage der eigenen Arbeit. So kann man vorhandene wissenschaftliche Literatur auf verschiedene Art verwenden: darauf aufbauen, kritisieren, für gut befinden, verwerfen, hinterfragen, zitieren etc.

Man darf nur eines *nicht* tun mit vorhandener Literatur: sie *ignorieren*!

Achtung:
Schon beim Lesen ist es dringend empfehlenswert, alle bibliographischen Angaben zu notieren und mögliche Notizen mit der Quellenangabe zu versehen. Später danach zu suchen kostet sehr viel Zeit!

10.1 Aussortieren – erste Prüfung der Literatur

War die Recherche erfolgreich, dann liegen nun größere Stapel von Literatur vor dem Leser. Muss das nun alles gelesen werden? Es wird rasch klar, dass das gar nicht möglich ist. Unsystematisches „Herumlesen" und Suchen kostet unnötig viel Zeit und so muss man sich eine Methode erarbeiten, die es ermöglicht, die wesentlichen Werke herauszufinden und diese mittels entsprechender Lesetechniken zügig zu verarbeiten.

Da man also selten alles lesen kann, was man zu einem Thema findet (obwohl man es natürlich versuchen sollte …), muss ein Teil der gefundenen Literatur aussortiert werden, bevor er intensiv bearbeitet wird. Dazu muss man sich überlegen, ob das jeweilige Buch zum Arbeitsthema passt, das man bearbeitet, oder ob es überhaupt neue Aspekte beleuchtet, über die man vorher noch nirgendwo etwas gelesen hat – ob es also nicht nur einer quellenkritischen Prüfung standhält, sondern ob es nützlich für die aktuelle Arbeit ist. Dabei ist es sehr hilfreich, wenn man schon eine relativ genaue Vorstellung von der Fragestellung hat, die man bearbeiten möchte.

Vor der intensiven Lektüre steht aber noch die Überprüfung der Titel auf ihre Verwendungsmöglichkeit. Das heißt, man versucht anhand der einzelnen Bestandteile jedes Werkes festzustellen, ob es für die vorher entwickelte Fragestellung überhaupt etwas hergibt:

- Was weiß ich über die Autorin? Wie wird sie unter Kollegen im Fachgebiet eingeschätzt?
- Hat sie andere bekannte Titel verfasst? In welchen Fachgebieten?
- Was sagt mir der Sachtitel, der Untertitel?
- Wie wird das behandelte Thema beschrieben, eingegrenzt?
- Ist das Inhaltsverzeichnis übersichtlich und logisch gegliedert?
- Wo liegen die Schwerpunkte?
- Weiß ich etwas über den Verlag? Ist er auf bestimmte Fachgebiete spezialisiert? Welche Qualität, welches Niveau haben die Veröffentlichungen?

Manchmal reicht zur Einschätzung eines Buches ein Blick ins Inhaltsverzeichnis oder ins (Sach- und Personen-)Register. Da Kapitelüberschriften aber täuschen können oder manchmal nicht viel aussagen, sollte man einige Passagen querlesen (Klappentext, Einleitung, Schluss, einzelne Kapitel überfliegen). Oft sind nur einzelne Kapitel eines Buches relevant für eine konkrete Fragestellung. Zur Einschätzung der Qualität eines Buches ist auch das Lesen von Rezensionen hilfreich.

Ein einfaches Kriterium zur Bewertung eines Buches ist unter Umständen auch sein Erscheinungsdatum. Neuere Werke sind schon deswegen oft älteren vorzuziehen, da sie sich in der Regel auf den neuesten Forschungsstand beziehen. Da ältere Ansichten zu bestimmten Themen aber nicht notwendigerweise falsch sind, sondern bspw. auf anderen methodischen Ansätzen beruhen, sollte man ältere Literatur auch nicht gänzlich ignorieren. Dies gilt besonders für die sog. Standardwerke, die oft schon etwas älter sind. Das Erscheinungsdatum sowie der Publikationsort können auch einen Hinweis auf die politischen Rahmenbedingungen, unter denen das Werk erschien, geben.

Das Ergebnis der Bewertung sollte dann eine Prioritätenliste für die Lektüre sein. Die grundlegenden, gründlich durchzuarbeitenden Werke stehen dort natürlich oben, gefolgt von denen, die vielleicht nur zum Teil gelesen werden müssen. Und selbstverständlich können (und müssen!) ungeeignete Titel auch aussortiert werden. Der Mut zum Aussortieren und zur Selektion gehört zum wissenschaftlichen Arbeiten grundlegend dazu.

Nun beginnt man also zu lesen und sehr häufig ist es so, dass man ganz unterschiedliche Zugänge, Ergebnisse und Behauptungen zum selben Thema findet. Manchmal gibt es auch ganz verschiedene „Schulen“

oder Forschungstraditionen. Alle Ergebnisse und Behauptungen daraus sind (zumeist!) wissenschaftlich belegt und nachvollziehbar, renommierte Fachexpertinnen haben dazu publiziert – aber eben gegensätzlich. Wie geht man nun damit um? Jede derartige Behauptung ist ja mit einem Wahrheitsanspruch verbunden, jedes Forschungsergebnis beruht auf wissenschaftlichen Erhebungen. Dies kann gerade zu Beginn eines Studiums verwirrend sein, da die jeweiligen Behauptungen von (zahlreichen) weiteren Fachkolleginnen durchaus geteilt und bestätigt werden, aber von zahlreichen anderen gerade widersprüchlich beurteilt, als nicht zutreffend eingeschätzt und verworfen werden. Dabei ist es ja so, dass beide Standpunkte gut argumentiert, plausibel und nachvollziehbar sind. Somit können die einander widersprechenden Behauptungen für sich genommen durchaus vernünftig und „richtig" erscheinen. Was bedeutet dies aber nun? Sind die Behauptungen beider Standpunkte – oder einer davon – nun „richtig" oder „falsch"? Sind sie womöglich gar nicht wissenschaftlich, weil sie einander widersprechen?

Diesem Problem liegt eine grundlegende wissenschaftstheoretische Frage zugrunde, denn es kommt immer auf den wissenschaftstheoretischen Bezugsrahmen des jeweiligen Wissenschaftlers an. Aussagen, die aus einer bestimmten wissenschaftstheoretischen Sichtweise konsistent sind, können von einem anderen wissenschaftstheoretischen Standpunkt aus falsch erscheinen. Für ein angemessenes Textverständnis, eine entsprechende Einordnung der Aussagen und eine sachgerechte Beurteilung der Behauptungen ist es also notwendig, den wissenschaftlichen Bezugsrahmen des Verfassers zu kennen und das Werk unter diesem Gesichtspunkt zu beurteilen.

10.1.1 Relevanzprüfung von Literatur

Abbildung 8 zeigt den Ablauf der Prüfung, ob ein Werk relevant und brauchbar für die beabsichtigte Arbeit ist.

Im Rahmen der Relevanzprüfung sind folgende grundsätzliche Fragen zum Text von Interesse:

- Was weiß ich schon über das Thema?
- Was will ich zu diesem Thema noch wissen?
- Was weiß ich über den Verfasser?
- Welches Ziel verfolge ich mit dem Lesen dieses Werkes?
- Weiß ich nach der Lektüre mehr als vorher oder wird nur schon Bekanntes wiederholt?
- Kann dieses Werk zur Erweiterung meines Wissensstandes beitragen?

Wenn die angeführte Relevanzprüfung positiv ausfällt und insbesondere, wenn die letzte Frage mit Ja beantwortet werden kann, dann sollte das Werk ausführlich gelesen werden.

Abb. 8: Relevanzprüfung von Literatur

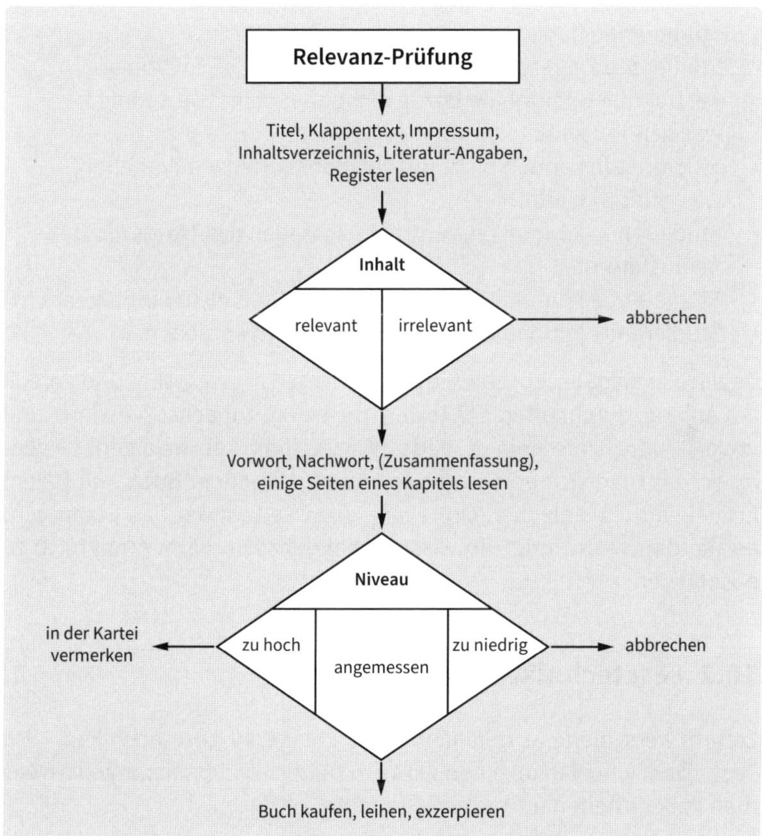

Quelle: Stary & Kretschmer, 2004, S. 48.

10.1.2 Probleme beim Lesen

Hat man einen brauchbaren Text gefunden, geht es darum, ihn zielgerichtet zu lesen, d. h., man muss wissen, was von dem Text erwartet wird (Fragestellung der Arbeit), sodass man Relevantes von Irrelevantem unterscheiden kann.

Man geht also mit Fragen an den Text heran, man muss sich darüber im Klaren sein, was man von dem Text wissen will. Deshalb muss man immer die Fragestellung seiner Arbeit im Hinterkopf haben. Je nachdem, welche Fragen man an einen Text stellt bzw. für welches Forschungsinteresse man ihn verwendet, kann man ihm schließlich sehr unterschiedliche Informationen entnehmen. Lesen ist absichtsvolles Handeln, das Gelesene soll verstanden werden.

Häufig ergeben sich Probleme beim Lesen und Verstehen von wissenschaftlicher Literatur:

- Studierende haben keine Lust zum Lesen.
- Studierende verstehen hinsichtlich Syntax oder Vokabular, Abstraktion oder Inhaltsbezug nicht oder nicht vollständig, was gelesen wird.
- Studierende können nicht mit eigenen Worten wiedergeben, was gelesen wurde.
- Studierende können die zentralen Aussagen des Textes nicht herausfiltern.
- Studierende können sich den gelesenen Stoff nicht einprägen.
- Studierende können keine Schlussfolgerungen ziehen.

Gegen alle diese Leseprobleme hilft nur: lesen, lesen, lesen. Und gerade am Anfang: durchhalten bei Texten, die einem zunächst schwierig und unverständlich erscheinen. Jede Wissenschaft hat ihr eigenes Vokabular, das man sich erst erarbeiten muss. Mit jedem Buch, mit jedem Artikel wird es einfacher. Ohne eine gewisse Lust auf das Lesen wird es allerdings schwierig, ein wissenschaftliches Studium erfolgreich zu absolvieren.

10.2 Lesetechniken

Es gibt verschiedene detaillierte Vorschläge zu Lesetechniken, also Techniken, wie man an einen wissenschaftlichen Text herangehen, wie man ihn erarbeiten und verwerten sollte.

Grundsätzlich gilt: Als Erstes liest man den Text nicht sehr intensiv, sondern verschafft sich einen Überblick über den Inhalt. Dann geht man ihn noch einmal intensiv durch und markiert unter dem Gesichtspunkt der eigenen Fragestellung wichtige Stellen (natürlich nur bei Kopien oder eigenen Büchern) bzw. schreibt wichtige Dinge heraus.

Dieses Exzerpieren ist die wichtigste Voraussetzung, um später aus dem Text zitieren zu können. Dabei sollte man nie vergessen, zu dem Exzerpt die konkrete Quelle anzugeben und bei einzelnen Zitaten die jeweilige Seitenzahl. Es gibt nichts Lästigeres, als später verzweifelt ein gutes Zitat, dass man vorher irgendwo gelesen hat, suchen zu müssen.

Tabelle 7 zeigt unterschiedliche detaillierte Lesetechniken in mehreren Schritten, die sich in den wesentlichen Punkten doch ähneln.

Tab. 8: Lesetechniken

Methode / Schritte	SQ3R-Methode (Robinson, 1961)	PQ4R-Methode (Thomas & Robinson, 1972)	Methode von Smith (Smith, 1977)
Schritt 1	**Überblick gewinnen** (= **S**urvey) Machen Sie sich mit dem Aufbau des Buches vertraut (Inhaltsverzeichnis, Umschlagklappe, Zusammenfassungen usw.)!	**Vorprüfung** (= **P**review) Verschaffen Sie sich einen Überblick über die Kapitel und Abschnitte des Buches!	**Überfliegen Sie den Text:** Versuchen Sie so schnell wie möglich herauszubekommen, um was es in dem Text geht, kümmern Sie sich nicht um Details!
Schritt 2	**Fragen** (= **Q**uestion) Stellen Sie Fragen an den Text!	**Fragen** (= **Q**uestion) Stellen Sie Fragen an den Text!	**Zusammenfassung:** Schreiben Sie eine Zusammenfassung, die mindestens Antwort auf die Frage gibt: „Um was geht es in dem Text?"
Schritt 3	**Lesen** (= **R**ead) Achten Sie beim Lesen auf die Überschriften; suchen Sie die Hauptaussagen; achten Sie auf hervorgehobene Textteile, Fachausdrücke, Fremdwörter, Illustrationen und vor allem Definitionen!	**Lesen** (= **R**ead) Versuchen Sie, Ihre zu jedem Abschnitt formulierten Fragen zu beantworten!	**Vorhersage von Fragen:** Formulieren Sie mindestens 5 Fragen, auf die der Text eine Antwort gibt! Nutzen Sie hierzu Ihre Zusammenfassung und Ihr Vorwissen! Schauen Sie sich den Text aber nicht erneut an!
Schritt 4	**Rekapitulieren** (= **R**ecite) Fertigen Sie Notizen über das Gelesene an, oder erklären Sie es einem Kommilitonen!	**Nachdenken** (= **R**eflect) Denken Sie über das Gelesene nach, suchen Sie nach Beispielen und versuchen Sie, den Text auf Ihr vorhandenes Wissen über den dargestellten Gegenstand zu beziehen!	**Vorhersage von Antworten:** Versuchen Sie nun, ohne den Text anzuschauen, Antworten auf Ihre Fragen zu geben!
Schritt 5	**Repetieren** (= **R**eview) Überfliegen Sie nochmals alle Überschriften der einzelnen Kapitel; versuchen Sie, die wichtigsten Aussagen in Erinnerung zu rufen!	**Rekapitulieren** (= **R**ecite) Versuchen Sie nach jedem Abschnitt, Ihre zuvor formulierten Fragen zu beantworten!	**Überprüfen der Antworten:** Lesen Sie jetzt den Text schnell durch, um Ihre Antworten zu überprüfen!
Schritt 6		**Repetieren** (= **R**eview) Gehen Sie im Geiste noch einmal die Kapitel durch; versuchen Sie, die wesentlichen Punkte wiederzugeben! Beantworten Sie die Fragen, die Sie an den Text gestellt haben!	

Quelle: Stary & Kretschmer, 2004, S. 61.

10.3 Texte bearbeiten und Gelesenes festhalten

Da im Laufe eines Studiums unzählige Texte gelesen werden müssen, ist es leider unmöglich, sich alle Inhalte auch tatsächlich zu merken. So müssen Strategien entwickelt werden, das Gelesene zu bearbeiten und in geeigneter Form festzuhalten.

Es sei noch einmal dringend empfohlen, gerade bei der Bearbeitung von Texten (seien es Notizen oder Exzerpte) immer auch die Quellenangaben zu notieren, um mühsames und zeitraubendes Nacharbeiten zu vermeiden.

10.3.1 Notizen und Markierungen

Hilfreich beim Lesen wissenschaftlicher Texte ist es, sie bereits während oder nach dem Lesen zu bearbeiten, um wichtige Stellen hervorzuheben, Besonderheiten zu markieren oder Stichwörter für eine spätere Bearbeitung zu vermerken. Dafür kommen verschiedene Möglichkeiten in Frage:

Die einfachste – aber auch unübersichtlichste – Form, Gelesenes zu bearbeiten, ist, sich **Notizen** auf Zetteln oder in Heften zu machen. Diese Form ist aber nicht sehr effizient, da ab einer gewissen Anzahl an Notizen die gewünschten Inhalte nicht mehr einfach aufgefunden werden können. Hilfreich ist hier die Anlage von (digitalen) Karteien oder Ablagesystemen, die die Informationen zu den gelesenen Werken und entsprechende Anmerkungen dazu systematisieren.

Das **Unterstreichen und Markieren** ist eine Möglichkeit, Texte zusammenzufassen und somit das Wichtigste herauszustreichen (in diesem Falle sogar im wörtlichen Sinne). Hier wird direkt im Text gearbeitet. Es ist selbstverständlich und eigentlich überflüssig zu erwähnen, dass diese Technik ausschließlich in eigenen Texten oder Fotokopien angewendet werden darf – in ausgeliehenen Werken dürfen keine Anmerkungen gemacht werden. Für viele ist es sehr hilfreich, verschiedene Farben zu verwenden.

10.3.2 Exzerpte/Zusammenfassungen

Eine der wichtigsten Tätigkeiten beim Bearbeiten von Literatur ist das Exzerpieren. Das **Exzerpt** ist eine Form der schriftlichen Texterfassung. Exzerpte sind wörtliche und/oder sinngemäße Auszüge aus Texten der Fachliteratur und „[i]m Exzerpt wird der Text zusammengefasst und sinngemäß oder wörtlich wiedergegeben“ (Rettig, 2017, S.59). Auszugsweise bedeutet dabei, dass nicht der gesamte Inhalt wiedergegeben werden soll. Exzerpieren ist also Selektionsarbeit und sollte deshalb nicht schon beim ersten Lesen eines Textes vorgenommen werden. Exzerpte können wörtlich (bspw. bei besonders prägnanten Aussagen oder Definitionen) oder paraphrasierend sein.

Wie ein Exzerpt letztlich aussieht, hängt vom Ziel des Lesens ab, d. h., ob man spezifische Fragen an einen Text richtet oder ob man sich mithilfe eines Textes weit und umfassend über ein Thema informieren möchte. Das Exzerpt enthält sämtliche bibliografischen Angaben zum Text und soll grafisch übersichtlich gestaltet werden.

Ziel eines Exzerptes ist es, das Wesentliche des gelesenen Textes festzuhalten. Dabei sollten die Notizen auch für eine Person verständlich sein, die den Text nicht gelesen hat. Das Kopieren von Texten ersetzt das Exzerpieren nicht.

Folgende Techniken lassen sich in Exzerpten anwenden:

- Wörtliches Zitieren der Kernthesen, von zentralen und/oder problematischen Aussagen.
- (Stichwortartiges) Referieren von wenigen wichtigen Passagen in eigenen Worten.
- Paraphrasieren längerer Textaussagen, d. h., die Zusammenfassung wird in eigenen Worten formuliert.
- Schlüsselbegriffe aus dem Text übernehmen, in „…“ setzen und mit der genauen Seitenzahl versehen.
- Eigene Fragen, Bemerkungen oder Kommentare zum Text oder zu einer Aussage des Textes muss man ebenfalls klar kennzeichnen. Sicherheitshalber sollte man sich dafür ein konsistentes System aneignen, genaue Regeln gibt es dafür nicht.
- Hilfreich sind auch Querverweise auf weitere Texte oder Titel, die man im weiteren Verlauf der Forschungsarbeit ebenfalls noch berücksichtigen sollte.

Wichtig:
Mit genauen Angaben zur Herkunft einer exzerpierten Information erspart man sich viel Ärger und vermeidet unter Umständen gar den Vorwurf der wissenschaftlichen Unredlichkeit.

Die wichtigsten Schritte des Exzerpierens sind Orientierung, Zusammenfassen und das anschließende Verdichten.

Orientierung
Zunächst muss man sich einen Überblick über die Struktur des Textes und die wichtigsten Inhalte und Aussagen verschaffen. Die Struktur zeigt sich in der Einteilung des Textes in Kapitel, Unterkapitel, Absätze.

Es ist sinnvoll, die Struktur auf einem eigenen Blatt festzuhalten. Eine Orientierung über den Text verschafft man sich beim ersten Lesen.

Zusammenfassen (exzerpieren)
Zusammenfassen bedeutet immer die Konzentration auf das Wesentliche, das Herausfiltern von Wichtigem und das Weglassen von Unwichtigem. Das Zusammenfassen der wichtigsten Aussagen ist die Hauptaufgabe eines Exzerpts. Gute Zusammenfassungen sind kurz und bringen die zentralen Erkenntnisse in wenigen Sätzen auf den Punkt.

Grundsätzlich kann man auf zwei Arten exzerpieren: unter einer oder mehreren besonderen Fragestellungen oder unter einer globalen Fragestellung.

Die erste Variante bietet sich dann an, wenn man bereits über (relativ) umfangreiche Vorkenntnisse verfügt und „nur" mehr nach Antworten auf bestimmte Fragen, Problemlösungen, Argumenten, Stellungnahmen, Sichtweisen etc. sucht. Die Exzerpte beinhalten dann nur die auf die interessierende Fragestellung bezogenen Aussagen. Was für das Thema nicht wichtig ist, kann weggelassen werden.

Beim Exzerpieren unter einer globalen Fragestellung sind wenige Vorkenntnisse vorhanden, es werden vor allem Erstinformationen gesucht.

Abgesehen von wörtlichen Zitaten (immer mit der korrekten Quellenangabe) sollten die exzerpierten Aussagen in eigenen Worten wiedergegeben werden. Erfahrungsgemäß fällt es leichter, Argumentationen, Zusammenhänge und Ideen gleich im Anschluss an ein Kapitel in eigenen Worten wiederzugeben.

Auch im Hinblick auf die spätere Verwendbarkeit sollten Exzerpte (gerade die in eigenen Worten wiedergegebenen Teile) in ganzen Sätzen und nicht in Stichwörtern formuliert werden. Wird beim Exzerpieren nämlich handwerklich ordentlich gearbeitet, können die Ergebnisse beim Anfertigen des Rohmanuskripts und Zitieren übernommen werden.

Zudem bietet es sich an, in einer eigenen Rubrik Verweise auf andere Literatur (bspw. dazugehörige Grafiken, Tabellen usw.), Zusammenhänge, Kritikpunkte festzuhalten.

Verdichten
Die eigenen Exzerpte sollten abermals überprüft und zusammengefasst werden.

11 Wissenschaftliches Schreiben

„Wissenschaftliche Arbeiten sollen in logisch strukturierter Form ein klares Thema bearbeiten und zu diesem Thema relevante, möglichst innovative Aussagen machen." (Ebster & Stalzer, 2017, S. 29) Eine wissenschaftliche Arbeit will informieren, Neues und bisher noch nicht Gesagtes festhalten. Das „Wissen-Schaffen", das sich aus dem „Wissen-Wollen" ergeben hat, wird in dieser Phase des wissenschaftlichen Arbeitens sichtbar und manifest. Zu diesem Zeitpunkt wird tatsächlich weiteres Wissen geschaffen.

Typischerweise werden zwei Arten von wissenschaftlichen Arbeiten unterschieden: (reine) Literaturarbeiten und empirische Arbeiten.

Bei einer **theoretischen (Literatur-)Arbeit** werden die Fragen durch intensives Studium der relevanten wissenschaftlichen Literatur beantwortet, bei **empirischen Arbeiten** werden zusätzlich (!) mit sozialwissenschaftlichen Methoden systematisch Daten erhoben, ausgewertet, analysiert und schließlich interpretiert. Man findet also in jeder wissenschaftlichen Arbeit eine Aufarbeitung des Forschungsstandes, der mithilfe einer Literaturanalyse erarbeitet wurde.

Eine Literaturanalyse gelangt auf Basis mehrerer Einzelstudien zu generell gültigen Aussagen. Die **Literaturanalyse als Methode** fasst Ergebnisse verschiedener Einzelstudien zu einem Forschungsproblem systematisch zusammen und wertet sie auf die eigene Fragestellung hin aus. Das Ziel ist es, den Stand der Forschung auf eine höhere Ebene der Generalisierung (über der Ebene der Einzelstudie) zu bringen. Der große Nachteil dieser Methode ist es, dass der Anspruch auf Objektivität nur schwer gestellt werden kann, da alleine die Forscherin das Forschungsmaterial nach ihren Kriterien zusammenstellt. Hier ist eine klare Offenlegung, nach welchen Kriterien die Literatur ausgewählt wurde, notwendig. Im Rahmen der Literaturanalyse wird häufig die Methode der Hermeneutik angewendet.

11.1 Forschungskonzept

Zu Beginn der Schreibarbeit wird üblicherweise ein Konzept erstellt. In Seminaren kann man häufig erst mit der weiteren Umsetzung der wissenschaftlichen Arbeit beginnen, wenn das Konzept von der Lehrveranstaltungsleiterin abgenommen wurde. Es handelt sich bei der Konzepterstellung also um eine zentrale Phase, die noch vor dem Verfassen der endgültigen Arbeit steht, aber schon einen zusammenhängenden Textteil beinhaltet.

Ein **Forschungskonzept** (manchmal auch Forschungsexposé) ist das Rohkonzept einer wissenschaftlichen Arbeit. Das Konzept vermittelt also einen Überblick über Forschungsinteresse, Problemstellung, Ziel, Forschungsfragen, ggf. Hypothesen und die Gliederung der Arbeit. Es gibt Hinweise auf den theoretischen Zugang sowie auf die Methode (Forschungsansatz) der Arbeit. Die wichtigsten Literaturhinweise bzw. verwendeten Quellen müssen angegeben und kommentiert werden.

Das Konzept bildet im Kern die spätere wissenschaftliche Arbeit ab, es ist der „Wegweiser für Ihr wissenschaftliches Arbeiten“ (Bünting et al., 2000, S. 41). Es ist nicht unabänderlich, gibt aber klar die Richtung vor. Aus dem Konzept muss ersichtlich sein (bspw. auch für eine Betreuerin), welches Ziel die Arbeit hat und was erarbeitet werden soll.

Ein Konzept sollte im Anschluss an die Phase der ersten Orientierung geschrieben werden, vorher hat dies mangels (erstem) Überblick über den Forschungsgegenstand nur wenig Sinn.

Achtung:
Jedes Forschungskonzept beruht bereits auf einer ausführlichen Literaturrecherche! Ohne gelesen zu haben, kann man kein Exposé erstellen. Es wird also nicht ganz zu Beginn der Forschung erstellt, ist aber der erste Arbeitsschritt, wo das Forschungsinteresse durchgängig niedergeschrieben wird.

Jedes Forschungskonzept hat folgende Elemente zu enthalten:

- **Problembenennung, konkretes Forschungsinteresse, Benennung des Erkenntnisinteresses:**
  Was ist der Ausgangspunkt der Arbeit? Worin liegt das Problem? Worin besteht das zugrunde liegende Problem? Warum ist es ein Problem?
  Hier können bspw. die Alltagsbeobachtungen genannt werden, die der Startpunkt für die wissenschaftliche Arbeit sind.

Was ist das konkrete Forschungsinteresse, das aus diesem Problem abgeleitet ist?
Ab hier wird es wissenschaftlich, denn das (eventuell ja individuelle, punktuelle) Problem muss auf ein allgemeineres Niveau gehoben und in ein wissenschaftliches Forschungsinteresse umgewandelt werden. Dieses Forschungsinteresse ist in das allgemeine Thema der Arbeit eingebettet und beschreibt den ganz konkreten Ausschnitt aus diesem Thema, der bearbeitet werden soll.
Was ist das Ziel der Arbeit?
Was wollen Sie herausfinden?
Hier wird das Ziel der Arbeit konkret niedergeschrieben. Das Ziel der Arbeit soll in ganzen, zusammenhängenden Sätzen formuliert werden. Mehr als drei Sätze sollte man nicht dafür brauchen.
Welches Erkenntnisinteresse liegt der Arbeit zu Grunde?
Dies lässt sich auch recht gut mit einem Absatz über das Cui Bono? (Wer hat etwas davon?) lösen.

- **Vorstellen des Arbeitsthemas und Forschungsstand:**
  Das Thema ist ja jener Forschungsbereich, in dem das Forschungsinteresse angesiedelt ist. Hier soll das Thema nun kurz vorgestellt werden: Es soll eingegrenzt und konkretisiert werden, denn „ein Thema“ kann prinzipiell recht groß sein. Oftmals ist aber nur ein bestimmter Ausschnitt dieses Themas die Basis für das Forschungsinteresse.
  Wichtig ist es auch, den Geltungsbereich für die Arbeit darzulegen. Hier wird der inhaltliche Rahmen für die Arbeit festgelegt:
  Was kann zu diesem Thema konkret noch herausgefunden werden?
  Das ist das Forschungsinteresse.
  Was haben andere Forscherinnen zu diesem Thema bereits herausgefunden?
  Welche Forschungsansätze wurden von anderen Wissenschaftlern bei diesem Thema bereits verwendet?
  Das ist der Forschungsstand.
  Was ist der Geltungsbereich für die Arbeit?
  Hier wird erläutert, für welchen geographischen und zeitlichen Bereich das Forschungsinteresse gilt, welche Personengruppe untersucht werden soll etc.
- **Theoretischer Rahmen:**
  Häufig wird in einem Konzept auch nach dem theoretischen Rahmen gefragt, mit dem das Forschungsinteresse in Zusammenhang steht und der Erklärungen für das Problem und das Forschungsinteresse liefern kann.

Welche theoretischen Ansätze können helfen, das Forschungsinteresse besser zu verstehen oder es zu lösen?
Hier sollten die Theorieansätze kurz dargelegt und erklärt werden, warum gerade dieser Ansatz für dieses Thema tauglich und sinnvoll ist.
- **Begriffsdefinitionen** (falls notwendig)
Manchmal ist es notwendig, bestimmte Begriffe für die Arbeit durch Fachliteratur zu definieren.
- (strukturierte Liste an) **Forschungsfragen**
- (bei hypothesenprüfendem Arbeiten) dazugehörige **Hypothesen** und ihre theoretisch fundierte Begründung
- **Methode** bzw. **Untersuchungsdesign** (bei empirischen – sowohl qualitativen als auch quantitativen – Arbeiten)
Hier ist noch nicht das konkrete Forschungsinstrument gefragt (also kein Kategorienschema oder Fragebogen oder Interviewleitfaden), sondern der Vorschlag für die grundsätzliche Methode (meist Befragung oder Inhaltsanalyse), die verwendet wird, und Informationen, ob ein qualitatives oder quantitatives Instrument eingesetzt werden soll.
Weiters müssen auf alle Fälle die Grundgesamtheit und die berechnete Stichprobe genannt werden (beim quantitativen Arbeiten) bzw. die Grundlagen für das theoretische Sampling, die Zusammensetzung der Fokusgruppen o.Ä. (beim qualitativen Arbeiten). Man soll einen Eindruck davon bekommen, wie die empirische Erhebung durchgeführt wird.
Welche Methode kommt zum Einsatz? Welches konkrete Forschungsinstrument wird verwendet?
Was ist die Grundgesamtheit? Wie groß ist die berechnete Stichprobe?
- **Grobgliederung** der Arbeit
- **Literaturverzeichnis** des Konzepts

Wenn man zu einem dieser Punkte noch gar nichts sagen kann, muss man weitere Phasen des Nachdenkens und Lesens einschieben, um auch diese Aspekte darlegen zu können.
Die Erstellung eines Konzepts erfordert viel Aufwand, denn die zentralen Punkte der Arbeit sind damit festgelegt.

11.2 Texterstellung der wissenschaftlichen Arbeit

Der Beginn des Niederschreibens markiert einen wichtigen Moment im Verfassen von wissenschaftlichen Arbeiten, da hier vom Nachdenken und Lesen, vom Rezipieren und Analysieren ins eigene Formulieren und Darstellen, in einen kreativen Prozess übergegangen wird (vgl. Kruse, 1999, S. 228).

Häufig wird empfohlen, zunächst eine Rohfassung zu erstellen mit dem Zweck, die eigenen Gedanken niederzuschreiben und mit dem Schreibprozess zu beginnen. Hier muss noch nicht perfekt formuliert werden, es sollen einfach die wesentlichen Aussagen Kapitel für Kapitel zu Papier gebracht werden. Gerade im ersten Schreibdurchgang werden nicht alle Formulierungen einwandfrei gelingen, es sollen vielmehr alle gesammelten Informationen den einzelnen Gliederungspunkten zugeordnet werden. Wichtig beim Schreiben der Rohfassung sind die Ordnung der Gedanken und des Materials zum Thema und das grobe Ausformulieren. Wissenschaft ist Ordnen!

Achtung:
Essenziell ist hier, dass bei Zitaten alle notwendigen Angaben zur Quelle (Autor, Jahr, Seitenzahl) bereits jetzt notiert werden – später können die Quellen womöglich nicht mehr oder nur mit viel Mühe aufgefunden werden. Eine solche Vorgehensweise spart viel Arbeit.

Als Leitgedanke beim Schreiben kann folgendes Schema im Hinterkopf behalten werden: „Erläutern Sie einem fachwissenschaftlich interessierten (nicht zu hoch spezialisierten) Publikum Ihren Gegenstand, und belegen Sie Ihre Äußerungen mit wissenschaftlichem Material.“ (Kruse, 1999, S. 101)

Nach dem Erstellen der Rohfassung muss der Text überarbeitet werden – wahrscheinlich nicht nur einmal. Bei der Überarbeitung sollten folgende Aspekte berücksichtigt werden:

- Zusammenhang insgesamt, „roter Faden“
- Ausrichtung auf das Ziel der Arbeit
- Erörterung entlang der zentralen Forschungsfrage
- Gliederung
- Analyse und Fragestellung
- Durchgängigkeit und Nachvollziehbarkeit der Argumentation
- Grammatik und Rechtschreibung
- Formulierungen und Fachvokabular
- Korrekte Zitation

11.3 Korrekturphase

Auch wenn die Arbeit mit größter Sorgfalt verfasst wurde, ist es notwendig, sie nach der Fertigstellung einer gründlichen Revision (Überarbeitung, Korrektur) zu unterziehen. Ideal ist es, wenn man die Arbeit einige Tage „liegen lassen“ kann, um ein wenig Abstand zu gewinnen und sie dann wieder mit neuen Augen sehen zu können. Man sollte in dieser Phase versuchen, die Arbeit kritisch und wie eine fremde Arbeit zu betrachten. Von besonderem Vorteil ist es, wenn auch eine weitere Person (Freunde, Verwandte, Kolleginnen) an der Überarbeitung beteiligt ist („Gegenlesen“). Wichtig dabei ist, dass es sich um Personen handelt, die mit dem Thema nicht (zu sehr) vertraut sind; sie finden oft viel mehr Fehler oder schwache Stellen, fehlende Übergänge, Brüche etc. Wenn man diesen dritten Personen noch Vieles mündlich erklären muss, dann ist die Arbeit nicht deutlich genug und sie bedarf einer gründlichen Überarbeitung.

> Es ist nichts Ungewöhnliches, eine wissenschaftliche Arbeit mehrmals zu überarbeiten. Auf jeden Fall ist dafür genügend Zeit einzuplanen.

Das Überarbeiten umfasst normalerweise drei Schritte: die inhaltliche, die editorische und die sprachliche Überarbeitung (vgl. Kruse, 1999, S. 160–168).

Inhaltliche Revision
Bei der inhaltlichen Überarbeitung wird geprüft, ob die in der wissenschaftlichen Arbeit angeführten Aussagen korrekt formuliert sind, ob noch wichtige Aspekte fehlen oder ob die Arbeit überflüssige Dinge enthält, die gestrichen werden können.

Dazu bieten sich folgende Fragen an den Text an:

- Werden das Forschungsinteresse und das Ziel klar dargelegt? Weiß eine Leserin, worum es in dieser Arbeit gehen soll?
- Sind Ziel, Forschungsfragen und ggf. Hypothesen stimmig?
- Gibt es (in der Einleitung) Erläuterungen zur Fragestellung, zur methodischen Vorgangsweise und zum Aufbau des Hauptteils?
- Ist das Untersuchungsdesign klar und nachvollziehbar dargelegt?
- Welche Hauptthese vertritt der Text? Ist die Hauptthese klar ausgedrückt?
- Ist die Hauptthese interessant und relevant?

- Ist die Hauptthese gut belegt, argumentiert, mit Beispielen erläutert? Sind bestimmte Thesen schlecht belegt?
- Gibt es überflüssige Teile im Text?
- Gibt es Übergänge zwischen den Abschnitten/Kapiteln des Textes?
- Wurden die Forschungsfragen beantwortet?
- Wurden die Hypothesen überprüft oder am Ende welche aufgestellt?
- Sind die Hauptthesen und Ergebnisse (zum Schluss) noch einmal betont bzw. zusammengefasst?
- Ist der Zusammenhang von eigenen Ergebnissen und bereits vorhandener Literatur erläutert?
- Ist der Schluss überzeugend?

Editorische Revision
Im Mittelpunkt der editorischen Überarbeitung steht die Korrektheit der Zitate und der dazugehörigen Literaturangaben. Es ist zu kontrollieren, ob die Fachbegriffe und Fremdwörter eindeutig benutzt sind, ob sie erklärt werden müssen. Die Anmerkungen sind auf ihre Vollständigkeit und auf richtige durchgehende Nummerierung zu überprüfen.

Das Literaturverzeichnis muss alphabetisch richtig geordnet sein. Die bibliographischen Daten müssen den Regeln entsprechend vollständig und in der richtigen Reihenfolge angeordnet sein. (Besonderes Augenmerk ist darauf beim Zitieren nach dem APA-Style zu legen!)

Schließlich muss geprüft werden, ob Tabellen, Abbildungen, grafische Darstellungen usw. am vorgesehenen Platz stehen. Auch hier dürfen die Quellen nicht fehlen.

Hierfür bieten sich folgende Kontrollfragen an:

- Sind alle Zitate (direkte und indirekte) mit den nötigen Quellenangaben (Autor, Jahr, Seitenangabe) belegt?
- Sind die Quellenangaben im Fließtext einheitlich und richtig?
- Sind alle Quellen des Textes im Quellenverzeichnis enthalten und sind alle Angaben aus dem Quellenverzeichnis auch mindestens einmal im Text angeführt?
- Sind die Tabellen, Grafiken und Abbildungen vereinheitlicht, durchnummeriert, mit einem Titel und ggf. mit einer Quellenangabe versehen? Die Verweise auf Abbildungen müssen mit der tatsächlichen Nummerierung übereinstimmen.
- Stimmen die Seitenangaben im Fließtext mit denen im Inhaltsverzeichnis überein? (Diese Aufgabe übernimmt ohnehin das Textverarbeitungsprogramm, Vorsicht ist geboten, wenn es im Text Abschnittswechsel gibt, wo eventuell eine neue Nummerierung der Seiten begonnen wird.)

Sprachliche Revision
Die sprachliche Überarbeitung bezieht sich vorrangig auf die korrekte Rechtschreibung, Satzzeichensetzung und Grammatik sowie wissenschaftliche Formulierungen (siehe die Hinweise in Kap. 11 und Kornmeier, 2021).

11.4 Elemente einer wissenschaftlichen Arbeit

Die üblichen Elemente einer wissenschaftlichen Arbeit sind – in der hier vorgestellten Reihenfolge:

- Titelblatt
- Eidesstattliche Erklärung
- ggf. Vorwort
- Inhaltsverzeichnis
- ggf. Abbildungsverzeichnis (Tabellenverzeichnis)
- Einleitung
- Hauptteil
- Schluss
- Quellenverzeichnis (Literaturverzeichnis)
- ggf. Anhang
- ggf. Abstract oder Executive Summary

Titelblatt
Jede wissenschaftliche Arbeit braucht ein Titel- oder Deckblatt, auf dem unbedingt folgende Angaben angeführt sein müssen:

- Titel der Arbeit
- Verfasser der Arbeit (Name, Vorname, Matrikelnummer, Studienkennzahl)
- Angaben zur Lehrveranstaltung und zum Lehrveranstaltungs-Leiter (Name der LV und des LV-Leiters, Semester)
- Ort und Datum der Arbeit

Bei wissenschaftlichen Abschlussarbeiten (Masterarbeiten, Dissertationen) gibt es genaue Vorgaben, wie ein Titelblatt auszusehen hat. Die Vorgaben dafür findet man jeweils bei seiner Universität.

Eidesstattliche Erklärung
Einer eigenständigen wissenschaftlichen Arbeit ist häufig zudem eine eidesstattliche Erklärung beizulegen (beizuheften), in der die Verfasserin erklärt, keine unerlaubten Hilfsmittel verwendet und die Arbeit nach den Regeln des guten redlichen wissenschaftlichen Arbeitens verfasst zu haben sowie die Arbeit noch nie zu einem Prüfungszweck eingereicht zu haben.

Vorwort

Das Vorwort gilt nicht als Teil der wissenschaftlichen Arbeit, dies ist der Raum für persönliche Anmerkungen und Stellungnahmen. Hier kann bspw. jenen Personen, die maßgeblich an der Entstehung der Arbeit beteiligt waren, gedankt oder die persönliche Motivation vorgestellt werden. Nicht alle wissenschaftlichen Arbeiten enthalten Vorworte.

Wichtig ist, das Vorwort nicht mit der Einleitung zu verwechseln oder zu vermischen. So sollten im Vorwort keine Informationen enthalten sein, die für das Verständnis des Textes notwendig sind.

Inhaltsverzeichnis

Im Inhaltsverzeichnis muss der vollständige Inhalt der Arbeit aufgelistet sein, es zeigt also alle Kapitel der Arbeit. Die Kapitelangaben müssen unbedingt mit den entsprechenden Seitenangaben versehen sein. (Diesen Arbeitsschritt übernimmt jedes Textverarbeitungsprogramm.)

Das Inhaltsverzeichnis soll die Arbeit erschließen, indem es die Gliederung sichtbar macht. Darum ist auf eine möglichst übersichtliche Gestaltung des Inhaltsverzeichnisses und auf inhaltlich aussagekräftige Kapitelüberschriften zu achten.

Zur Kennzeichnung der verschiedenen Kapitel und Unterkapitel wird eine fortlaufende, gestufte Abschnittsnummerierung mit arabischen Ziffern vorgenommen.

Abbildungsverzeichnis (Tabellenverzeichnis)

Alle Abbildungen, Grafiken und Tabellen müssen durchlaufend nummeriert und mit einem Titel versehen werden. (Eine automatische fortlaufende Nummerierung erfolgt ganz einfach in einem Textverarbeitungsprogramm.) Im Abbildungsverzeichnis werden die Abbildungen entsprechend ihrer Nummerierung mit Titel und Seitenzahl aufgelistet.

Einleitung

In der Einleitung werden die Problemstellung erläutert, das Forschungsinteresse und das Ziel der Arbeit beschrieben, das Thema eingegrenzt, der Geltungsbereich definiert, die Richtung der Argumentation angedeutet, die zentralen Fragestellungen werden vorgestellt.

Die Einleitung soll zum (Weiter-)Lesen anregen, dem Leser einen Anreiz geben und auf das Thema hinführen. Es wird beschrieben, was den Leser erwartet, die Inhalte der einzelnen Kapitel werden knapp vorgestellt, es wird klargelegt, was in der Arbeit untersucht wird. Die Einleitung gibt somit einen kompakten Überblick über die Arbeit, eine kurze Erklärung zu den Inhalten. Üblicherweise findet man Informationen zum Problemhintergrund, zum Nutzen der Arbeit (cui bono?,

Erkenntnisinteresse) und zum Aufbau. Die Einleitung kann zudem schon wichtige Begriffsbestimmungen enthalten und Probleme aufzeigen, die sich bei der Bearbeitung der Fragestellung ergeben haben.

Nach dem Lesen der Einleitung muss man einen guten Eindruck bekommen haben, zu welchem Forschungsinteresse innerhalb welchen Themas gearbeitet wird und was einen bei dieser Arbeit inhaltlich und methodisch erwartet.

Hauptteil

Der Hauptteil einer wissenschaftlichen Arbeit ist der Kern der Arbeit – und der Begriff „Hauptteil" ist als Bezeichnung dafür völlig ungeeignet!

Denn „Hauptteil" sagt überhaupt nichts aus, sondern ist nur eine formale Einteilung. Dieser inhaltlich so wichtige und auch längste Teil der Arbeit muss aber durch die Kapitel(bezeichnungen) erkennen lassen, worüber dort jeweils geschrieben wird. Wichtig ist zudem, dass dieser Teil gut strukturiert ist und die Kapitel gut aufeinander aufbauen.

Im Hauptteil der Arbeit werden – der Gliederung entsprechend – die Aussagen dargestellt und diskutiert und die jeweiligen Ergebnisse präsentiert. Die einzelnen Kapitel müssen sinnvoll miteinander verknüpft werden, die Übergänge müssen den Zusammenhang von Kapiteln explizit erläutern. Die Gedankengänge müssen für die Leserin erkennbar und nachvollziehbar sein. Hier ist besonders auf eine logische Abfolge und Verknüpfung der Kapitel zu achten.

Je nachdem, ob es sich um eine reine Literatur- oder um eine empirische Arbeit handelt, gibt es einige prinzipielle Unterschiede:

Theoretische (reine Literatur-)Arbeiten können unterschiedlich aufgebaut sein, die inhaltliche Strukturierung des Hauptteils ist vom Thema und von den Forschungsfragen abhängig. Gerade bei reinen Literaturarbeiten muss großes Augenmerk auf eine gute, stringente und nachvollziehbare Gliederung des Hauptteils gelegt werden.

Als Strukturierungsmöglichkeiten sind u. a. folgende denkbar:

- bei Theorievergleichen nach unterschiedlichen theoretischen Ansätzen
- nach thematischen Teilaspekten des Hauptthemas
- nach dem Muster These – Antithese – Synthese
- bei historischen Abläufen chronologisch

Grundsätzlich gilt, dass die einzelnen Kapitel problembezogen auf die zentrale Forschungsfrage ausgerichtet sein müssen. Unabhängig von der jeweiligen Strukturierung und den Kapitelbezeichnungen muss eine theoretische Arbeit folgende Elemente enthalten:

- Vorstellung der Forschungsfragen und ggf. der Hypothesen
- Darstellung relevanter Theorien und Konzepte aus der Forschungsliteratur
- Diskussion des aktuellen Forschungsstandes
- Grundbegriffe (wissenschaftliche Definitionen, Abgrenzungen untereinander und Beziehungen zueinander)
- Prämissen und Hauptthesen der vorgestellten Theorien und Konzepte, ggf. vorhandene empirische Belege
- Nachvollziehbare und offen gelegte Argumentation

Bei **empirischen Arbeiten** bieten sich grundsätzlich folgende Inhalte/Kapitel (auch in dieser Reihenfolge) an. Sie entsprechen damit der Abfolge der typischen Arbeitsschritte beim quantitativen bzw. qualitativen Arbeiten bzw. den Inhalten, die auch im Forschungskonzept vorkommen. Nun müssen die Bereiche Forschungsstand und theoretische Einbettung ausführlich ausgearbeitet werden.

Stand der Forschung, theoretische Einbettung, Forschungsfragen, ggf. Hypothesen
Hier wird der aktuelle Stand der Forschung dargestellt und das Ziel der Arbeit in die Theorie eingebettet. Mittels einer Literaturanalyse werden die interessierenden Aspekte erläutert. Auf Basis der relevanten Ansätze werden die Forschungsfragen und ggf. die Hypothesen formuliert.

Methode und Untersuchungsdesign
Bei einer empirischen Arbeit (qualitativ wie quantitativ) müssen detaillierte Angaben zur Konzeption der empirischen Untersuchung gemacht werden: Die gewählte Methode und die Gründe für die Methodenwahl müssen dargelegt, Angaben zu Art und Durchführung der Untersuchung gemacht werden. Dazu gehören insbesondere Angaben zur Grundgesamtheit, zur Stichprobe und Stichprobenauswahl, zu den eingesetzten Erhebungsinstrumenten und den verwendeten statistischen Verfahren zur Auswertung.

Auswertung und Darstellung der Resultate
Hier werden die Ergebnisse der Untersuchung dargestellt. Die Auswahl der Ergebnisse und deren Darstellung orientiert sich immer am Ziel der Arbeit. Dabei ist gut auf die „Formalia“ zu achten, wie bspw. die korrekte Beschriftung der Grafiken.

Interpretation
Schließlich müssen die erhobenen Daten interpretiert und die Forschungsfragen beantwortet werden, indem die Hypothesen überprüft oder Hypothesen aufgestellt werden. Es muss explizit dargestellt wer-

den, welche Bedeutung die empirischen Ergebnisse in Hinblick auf die Forschungsfragen und die Hypothesen haben. Des Weiteren werden die einzelnen Ergebnisse hier erläutert und v. a. in Zusammenhang mit dem bestehenden Forschungsstand gebracht.

Schluss (Schlusswort, Resümee, Schlussbemerkungen)
Die Schlussbemerkung gibt eine Zusammenfassung der einzelnen Kapitel. Die Ergebnisse werden komprimiert zusammengefasst, verglichen und zueinander in Beziehung gesetzt; die „Highlights" der Arbeit werden präsentiert und im Hinblick auf die zentrale Forschungsfrage abschließend bewertet. Das Schlusswort erklärt somit, ob der Autor zum Ziel der Arbeit, das in der Einleitung präzise vorgestellt wurde, gelangt ist, und wie dieses genau aussieht. Hier zeigt sich auch, ob das Erkenntnisinteresse erreicht werden kann.

Der Zusammenhang zwischen der Literaturdiskussion und ggf. den empirischen Ergebnissen und der Zielformulierung bzw. der ursprünglichen Fragestellung muss unbedingt hergestellt werden.

Wichtig ist die Auseinandersetzung mit den Fragen, welche neuen Erkenntnisse die Arbeit liefert und welche Konsequenzen dies für den Untersuchungsgegenstand hat. Häufig ist auch eine Methodenkritik notwendig. Offen gebliebene oder neu aufgeworfene Fragen können aufgelistet werden. Bei manchen Arbeiten bieten sich auch Empfehlungen oder Anregungen zu weiteren Untersuchungen an.

An dieser Stelle ist auch eine persönliche Stellungnahme des Autors möglich.

Quellenverzeichnis (Literaturverzeichnis)
Am Ende jeder Arbeit müssen die Quellen, die für die Arbeit verwendet wurden, aufgelistet werden. Hier werden alle Quellen, die in der Arbeit zitiert wurden, angeführt. Quellen, die nicht zitiert wurden, werden im Quellenverzeichnis nicht angeführt.

Häufig wird das Quellenverzeichnis nach der Art der Quellen unterteilt: Literatur, Internetquellen, Interviews etc.

Anhang
In den Anhang kommen erläuternde und ergänzende Darstellungen wie Bilder, Grafiken, Tabellen usw., die nicht zwingend zum Verständnis der Arbeit notwendig sind. (Sonst würden sie nämlich im Hauptteil an der jeweils passenden Stelle zu finden sein!)

Bei empirischen Arbeiten muss auch das methodische Instrumentarium im Anhang beigelegt werden, also bspw. das Kategorienschema und das Codebuch, der Fragebogen oder der Interview-Leitfaden – aber keine ausgefüllten Fragebögen etc.

Bei Bedarf kann sich im Anhang auch ein Glossar (kurze, treffende Erläuterung von wichtigen Fachbegriffen) oder ein Register (Sach- oder Personenregister) befinden.

Abstract/Executive Summary

Ein Abstract ist die Zusammenfassung eines Textes, wobei das Wesentliche dieses Textes abstrahiert werden soll, d. h., es geht um die Verdichtung des Textes auf das Wesentliche. Ein Abstract muss aber dennoch unabhängig vom Text verständlich sein.

Im Abstract werden das Forschungsinteresse bzw. die Fragestellung, die Hauptthesen sowie die Ergebnisse kurz und präzise wiedergegeben. Je nach Text sind die verwendeten Quellen, die Charakteristik des Textes oder die Methode zu erläutern. Da ein Abstract unabhängig vom Text verständlich sein soll, ist darauf zu achten, dass die Argumentationslogik nachvollziehbar ist.

Ein Abstract sollte üblicherweise nicht mehr als 100–200 Wörter umfassen; oft ist die Wort- oder Zeichenmenge vorgegeben. Trotz der Kürze sollten ganze Sätze formuliert werden und nicht nur Stichworte, da sonst die Nachvollziehbarkeit nicht gewährleistet ist.

Abstracts sind ein wichtiges Werkzeug wissenschaftlichen Arbeitens. Zum einen dienen sie als Orientierung über gelesene Texte für die eigene Arbeit, zum anderen sind sie auch zentrales Auswahlkriterium, ob ein Text überhaupt für eine Arbeit in Frage kommt. In zahlreichen wissenschaftlichen Zeitschriften werden Abstracts den Artikeln vorangestellt und ermöglichen so einen ersten Einblick in den Text.

11.5 Gliederung einer wissenschaftlichen Arbeit

Die Gliederung zeigt die Ordnung und Struktur einer Arbeit auf, mit der Gliederung werden die unterschiedlichen Aspekte einer Arbeit in eine logische, dem Ziel der Arbeit entsprechende Abfolge gebracht.

Eine Gliederung „bringt Ordnung“ in die Arbeit, strukturiert die Gedanken und verdeutlicht die Zusammenhänge. Aus diesem Grunde sollte vor dem Schreiben der Arbeit eine Grobgliederung erstellt werden, die sich im Laufe der Arbeit natürlich (in Details) noch ändern kann. Die Gliederung ist also kein starres Korsett, sondern ein Hilfsmittel, um Systematik in die Ideen und Überlegungen zu bringen. Je klarer die Gliederung ist, desto leichter fällt das Schreiben der Arbeit (vgl. Ebster & Stalzer, 2017, S. 82–83).

Mit der (Grob-)Gliederung der wissenschaftlichen Arbeit beginnt der Übergang von der Materialsammlung und Erarbeitung zum Darstellen der Ergebnisse. Die Gliederung hat dabei eine wichtige Aufgabe: Sie soll die Struktur der Arbeit, den logischen Ablauf der Argumentation klar und übersichtlich darstellen. Die Erkenntnisse müssen so geordnet werden, dass sie geistig nachvollzogen werden können.

Eine klare, folgerichtige, systematische und in sich geschlossene Abfolge von Gedanken erfordert eine logisch einwandfreie Unterteilung mit Neben- und Unterpunkten. Die Gliederung sollte also formal und inhaltlich konsistent sein.

Damit die Gliederung auch aussagekräftig ist, sollten aussagekräftige, prägnante und präzise Kapitelbezeichnungen gewählt werden (vgl. Ebster & Stalzer, 2017, S. 84–87).

Möglichkeiten der Gliederung

Gliederungsprinzipien sind allgemeine Richtlinien, die die Abfolge von Aussagen bestimmen. Sie helfen, eine vielschichtige Thematik verständlich zu machen. Häufig sind diese Prinzipien bereits im Arbeitsthema angelegt, sie bieten sich also dafür geradezu an. Mögliche Formen sind vor allem:

Chronologische Gliederung

Die Gliederung erfolgt nach dem zeitlichen Ablauf eines Geschehens. Aussagen können hier in einer zeitlichen Ordnung dargestellt werden, ein Phasenverlauf oder historische Etappen können erfasst werden. Dieses Prinzip bietet sich bei Themen an, die eine Entwicklung abbilden wollen, es gibt eine klare Abfolge der Aussagen (zumeist „aus dem Thema heraus").

Gliederung nach Ursache und Wirkung (kausaler Aufbau)

Hier werden Ursachen und Wirkungen untersucht und ggf. mit einem Modell systematisiert. Dabei kann entweder von den Ursachen oder von den Wirkungen ausgegangen werden, wobei es durchaus spannend sein kann, erst die Wirkung aufzuzeigen, um dann die Ursache(n) zu analysieren.

Vergleichende oder gegenüberstellende (diskursive) Gliederung

Dabei werden zwei oder mehr Untersuchungsgegenstände nach verschiedenen Kriterien untersucht und miteinander verglichen. Üblicherweise bieten sich Kriterien der Gegenüberstellung auf unterschiedlichen Ebenen an.

Argumentativer Aufbau

Eine Argumentation dient dazu, eine Aussage zu verdeutlichen, sie muss überschaubar, nachvollziehbar und überzeugend, somit einleuchtend sein. Häufig besteht die Argumentation aus den drei Hauptschritten These – Antithese – Synthese (siehe Kap. 11.6).

Möglich ist es auch, verschiedene Gliederungsstile zu verbinden, falls es das Thema erforderlich macht. So kann bspw. eine historische Arbeit chronologische, aber auch vergleichende oder induktive Aspekte beinhalten.

Achtung:
Wichtig ist, bei der Erstellung der Gliederung immer an die Leser zu denken. Diese sollen verstehen, was in der Arbeit an welcher Stelle behandelt wird, und den Ablauf der Argumentation nachvollziehen können.

11.6 Die Argumentation

Der argumentative Aufbau einer wissenschaftlichen Arbeit kommt sehr häufig vor, darum soll dieser näher beleuchtet werden. Eine Argumentation dient dazu, einen Gedankengang nachvollziehbar zu machen, argumentiert wird dann, wenn man jemanden von etwas überzeugen oder jemandem etwas erklären möchte (vgl. Bünting et al., 200, S. 120–130).

Ein Text, mit dem man eine eigene Meinung vertritt, diese Meinung gegen eine andere verteidigen oder jemanden überzeugen will, ist ein argumentativer Text. Bevor ein argumentativer Text verfasst werden kann, braucht es folgende Vorüberlegungen:

- Was sind die vorgetragenen Thesen und Argumente?
- Was ist die eigene Meinung?
- Welchen übergeordneten Gedanken soll der eigene Text haben?

Eine Argumentation innerhalb des Textes folgt üblicherweise einem bestimmten Schema: So wird eine Behauptung mit einer Begründung/einem Beweis belegt, daraus ergibt sich eine Folgerung, die idealerweise mit einem Beispiel angereichert wird. Daraus ergeben sich allgemeine Schlussfolgerungen.

Beispiel: *Behauptung:*
Es wird zu viel Geld für die Entwicklungshilfe ausgegeben …
Begründung:
… denn zu viel Hilfe macht die Menschen passiv …
Folgerung:
… sodass sie geschenkte Einrichtungen verkommen lassen …
Beispiel:
… wie bspw. einen Brunnen oder eine Straße.

> *Schlussfolgerung:*
> Deshalb sollte man weniger Geld geben bzw. die Art der Hilfe ändern.

Diese Argumentation entspricht auch dem Argumentationsschema von Toulmin (1958) (vgl. Ebster & Stalzer, 2017, S. 96). Jedes Argument besteht demnach aus mehreren, miteinander verbundenen Teilen:

- Behauptungen
- Beweise, Beweismittel (= Argumente)
- Schlussregeln
- Einschränkungen

Ein klassischer Fehler, der gerade in studentischen Arbeiten häufig vorkommt, ist die Aufstellung von Behauptungen, ohne Beweise zu liefern. Die **Behauptung** mag durchaus schlüssig klingen, sie reicht aber nicht aus, um eine These schlüssig zu untermauern.

Aufgestellte Thesen und Behauptungen müssen logisch begründet werden. Eine Behauptung kann nicht für sich alleine stehen. Sie muss mit einem **Beweis** begründet werden. Häufig wird ein Beweis als eine Behauptung gesehen, die wiederum bewiesen werden muss. Bei einfach nachprüfbaren Fakten genügt es meistens, die aufgestellte Behauptung mit einer Quelle zu belegen, die den wissenschaftlichen Anforderungen genügt.

Für eine Argumentation braucht es zudem noch eine oder mehrere Schlussregeln. Eine **Schlussregel** ist ein grundsätzliches Prinzip, das die Verbindung zwischen der Behauptung und dem Beweis herstellt. Häufig werden Schlussregeln nicht explizit dargestellt, es bleibt dem Leser überlassen, dies implizit zu übernehmen.

Ein weiteres Element in der Argumentation sind **Einschränkungen**. Da sich wissenschaftliche Arbeiten an ein fachlich vorgebildetes Publikum richten, muss von einer einseitigen Argumentation abgeraten werden. Das Verschweigen von widersprechenden Ansätzen oder Einwänden kann den Vorwurf der Einseitigkeit und der Vernachlässigung von anderen Ansätzen hervorrufen. So sollten Einschränkungen für die Gültigkeit der Behauptungen angeführt und auf Gegenargumente eingegangen werden. Mögliche Formen der Einschränkung sind Zurückweisungen, Zugeständnisse und Einschränkungen des Geltungsraumes.

11.6.1 Typen von Argumenten

Argumente sind in der engen Wortbedeutung „Beweismittel“, sie werden dazu eingesetzt, Behauptungen zu belegen oder ihnen zu widersprechen. Durch Argumente werden Annahmen bestätigt oder widerlegt. Als Argumente sollten solche Aussagen herangezogen werden, die plausibel und glaubwürdig sind.

Typischerweise beruft man sich beim Argumentieren auf

- **Tatsachen** (Zahlen, Daten, Fakten, Statistiken)
- **Ergebnisse aus (sozialwissenschaftlichen) Untersuchungen** (Ergebnisse aus Befragungen, Inhaltsanalysen, Experimenten, Beobachtungen)
- **Erfahrungen** (Einzelfälle, die Zufallscharakter haben; als Ausgangspunkt einer Untersuchung sind sie interessant, da sie bei der Leserin Neugier wecken können. Sie müssen plausibel sein, stellen aber dennoch immer (nur) eine individuelle Erfahrung dar)
- **Werte, Normen, Regeln, Gesetze** (je nach Fachgebiet unterschiedlich, bspw. juristische Gesetze, Naturgesetze, soziale Normen, technische Normen)
- **Autoritäten** (bedeutende Forscherinnen, Denker, bedeutende Schriften. Dabei ist sicherzustellen, dass die Autoritäten auch als solche anerkannt und bekannt sind.)

Zweifelhaft ist die Berufung auf Allgemeingültiges (denn wer bestimmt, was allgemeingültig ist?), Alltagsargumente und auf den „gesunden Menschenverstand". Eine Beweisführung durch Einzelfälle wird (vor allem in der quantitativen empirischen Forschung) häufig als unzureichend angesehen.

11.6.2 Ablauf einer Argumentation

Der Ablauf einer Argumentation kann in mehreren Schritten geschehen. Hier werden drei Möglichkeiten vorgestellt, die jeweils andere Ziele verfolgen.

Die Dreifache Begründung

Bei dieser Argumentation wird eine Behauptung durch mehrere Begründungen (Belege, Beweise) gestützt. Aus den verschiedenen Begründungen ergibt sich eine Schlussfolgerung.

Begründung 1 Begründung 2 Begründung 3

→

Folgerung

Folgerung pro und contra/„einerseits und andererseits“
Diese Argumentation dient dazu, für und gegen eine These sprechende Gründe anzuführen. Dazu wird zunächst die fremde These wiedergegeben. Anschließend werden Gründe angeführt, die für diese These sprechen („einerseits spricht dafür ...“). Danach folgen Gründe, die gegen die vorgestellte These sprechen („andererseits spricht dagegen...“).

Zum Schluss folgt eine Zusammenfassung, man erklärt, ob man pro oder contra eingestellt ist. Üblicherweise entscheidet man sich dann (bspw. für den weiteren Verlauf der Arbeit) für eine Einstellung zur These und gibt ggf. die Gründe für die Favorisierung einer Begründung.

These – Antithese – Synthese
Ziel dieser Argumentation ist es, eine Synthese aus bereits bekannten Inhalten herzustellen. Dabei soll aus bekannten Einzelteilen etwas Neues herausgearbeitet werden, das an bekannte Aspekte anknüpft, es ausbaut und weiterdenkt.

Diese klassische Argumentation folgt diesem Schema:

1. *Vorstellung der Behauptung (= These)*
   Zunächst wird die zu argumentierende These vorgestellt. Eine These ist eine Behauptung, ein zu beweisender Satz.
   Thesen bzw. Behauptungen müssen durch Argumente belegt werden. Somit werden Begründungen und Belege zur Stützung einer These angeführt. In Frage kommen dazu Zitate, Beispiele oder Datenmaterial.
2. *Anführungen sowie Argumente und Begründungen für eine Gegenmeinung (= Antithese)*
   Nun wird eine Gegenmeinung angeführt. Eine Antithese ist eine Gegenbehauptung, die das Gegenteil dessen aussagt, was bewiesen werden soll. Für die Antithese werden ebenso wie für die These Argumente angeführt. Wenn für oder gegen die Antithese argumentiert wird, wird gleichzeitig auch etwas über die These ausgesagt.
   Zur Argumentation können folgende Elemente eingesetzt werden:
   a. Erläuterungen: Sie dienen dazu, einen Teilaspekt zu erläutern, eine Beziehung zwischen Elementen im Text herzustellen; sie sind kein tragendes Element in der Argumentation wie eine
   b. Begründung: Hier werden Argumentationsschritte abgesichert und nachvollziehbar gemacht; sie können in Form von Zitaten gegeben werden oder sich aus der Sachlogik heraus entwickeln.
   c. Illustrationen: Sie veranschaulichen einen Sachverhalt und machen ihn allgemein verständlich; dazu dienen Beispiele, Vergleiche und eventuell Metaphern.

3. *Vergleich von These und Antithese (= Synthese)*
   Nun werden These und Antithese miteinander verglichen, einander widersprechende Elemente werden gegenübergestellt. Schließlich werden im Rahmen einer Synthese Einzelelemente zu einem neuen Ganzen zusammengeführt. Man schließt sich also weder These noch Antithese an, sondern entwickelt eine neue Behauptung aus den verschiedenen bereits vorhandenen Einzelteilen (= Synthese als Ergebnis).

11.7 Wissenschaftlicher Schreibstil

Wissenschaftlich schreiben heißt nicht, möglichst unverständlich und kompliziert zu schreiben. „Im Gegenteil: Wer mit einfachen Sätzen einen wissenschaftlich komplexen Sachverhalt beschreiben kann, schreibt besser als jemand, der sich nicht von den komplizierten Strukturen des Themas lösen kann." (Dahinden et al., 2013, S. 165)

Komplexe Sachverhalte ohne zu große Reduktion der Zusammenhänge klar und verständlich darstellen zu können, ist in der wissenschaftlichen Arbeit eine besondere Begabung.

Wissenschaftliche Texte sollen in einem sachlichen, objektiven Stil gehalten werden und möglichst präzise und eindeutig formuliert werden. Fachbegriffe sind angemessen und terminologisch bewusst zu verwenden und (nur) dort, wo nötig, zu erklären. Die jeweilige Fachsprache einer wissenschaftlichen Disziplin ermöglicht es, Sachverhalte, Erscheinungen, Zusammenhänge möglichst präzise zu benennen, sie ermöglicht zudem eine schnelle und konkrete Verständigung unter Fachleuten. Die Wissenschaftssprache ist somit eine präzise Sprache, in der viele Wörter eine eindeutige und unmissverständliche Bedeutung haben.

Achtung:
Diese Fachsprache eignet man sich im Laufe eines Studiums durch Lesen von Fachliteratur und in Lehrveranstaltungen an, mit der Zeit wird sie zu einer geläufigen Sprache.

Im Sinne der Nachvollziehbarkeit einer wissenschaftlichen Arbeit ist die gesamte Vorgehensweise der Arbeit offenzulegen und zu begründen, dazu gehören die gewählte Vorgehensweise, die gewählten Methoden, die getroffenen Annahmen und Entscheidungen. Gefordert ist eine explizite Darlegung aller Arbeitsschritte; dabei geht es nicht um eine besonders umfangreiche Darstellung, sondern darum, alle Gegebenheiten zu benennen und Überlegungen zu argumentieren. Beim Schreiben ist idealerweise an einen abstrakten Leser zu denken, und nicht an einen konkreten Leser mit einem bestimmten Vorwissen.

Achtung:
Wissenschaftliche Texte müssen sachlich und neutral verfasst werden. Die Formulierung von Texten in der „Ich-Form“ oder in der „Wir-Form“ ist bei wissenschaftlichen Texten nicht üblich, aber auch nicht „verboten“. Das heißt, „Ich-Formulierungen“ können verwendet werden, um klar hervorzuheben, dass sich der Autor auf eigene Überlegungen und nicht auf fremde Quellen beruft. Im Vorwort, in der Einleitung und im Schlusskapitel ist dies sogar recht häufig angebracht.

11.7.1 Formulierungsvorschläge

Im Folgenden werden – natürlich nicht abschließend – einige Formulierungen vorgeschlagen, die in wissenschaftlichen Arbeiten verwendet werden können (vgl. VWA, 2016). Sie sollen als Beispiele für „Schreib-Anfänger“ dafür dienen, „ins wissenschaftliche Schreiben hineinzukommen“ und sich ihren eigenen wissenschaftlichen Schreibstil anzueignen.

Achtung:
Es handelt sich hierbei um einige wenige Vorschläge, die zwar vielfach gut eingesetzt werden können, die aber natürlich erweitert werden müssen und adaptiert werden können. Weitere (auch englische) Phrasen findet man bspw. unter http://de.bab.la/phrasen/wissenschaftliches-schreiben/

Fragestellung/Zielsetzung vorstellen

- Ziel der Arbeit ist es,
    - herauszufinden, wie/ob/wie sehr/seit wann
    - aufzuzeigen/zu erörtern/zu analysieren/zu beschreiben
- Gegenstand der Analyse ist …
    - Aus der Themenstellung ergeben sich folgende Fragen:
    - Die Arbeit/Das folgende Kapitel geht der Frage nach, ob/inwiefern/inwieweit/warum …
    - Es gilt herauszufinden, ob …
    - Die Arbeit versucht eine Antwort zu geben auf …
    - Es sollen Antworten gefunden werden auf/, ob …
    - Diese Frage lässt sich wie folgt beantworten:

- Die vorliegende Arbeit/das folgende Kapitel
  - befasst sich mit/beschäftigt sich mit/fragt nach/ geht der Frage nach
  - behandelt/stellt dar/untersucht/beleuchtet/erläutert/legt dar/ skizziert/zeichnet nach/beschreibt/schildert/benennt
  - setzt sich auseinander mit/erörtert/analysiert/erklärt/ interpretiert/überprüft
  - geht von der Frage/Tatsache aus
  - wirft die Frage auf/beantwortet die Frage
  - konzentriert sich auf
  - versucht zu beweisen/zu erklären/nachzuzeichnen
  - entwickelt/entwirft ein Konzept/ein Modell/einen Ansatz
  - versucht einen Überblick/eine Analyse/einen Vergleich
  - vergleicht/stellt gegenüber

Etwas besonders deutlich sagen

- hervorheben/betonen/herausstellen
- unterstreichen/hervorstreichen/unterstreichen
- nachdrücklich bemerken/explizit hervorheben

Etwas kritisieren

- kritisieren/Kritik üben an
- etwas dagegen einwenden/anführen
- Nicht nachvollziehbar ist, dass/wie/ob/warum …

Die verwendeten Methoden präzisieren

- Die Arbeit
  - bedient sich der Methode/verwendet die Methode/ wendet die Methode an
  - variiert den methodischen Ansatz von Bauer (2014)
  - lehnt sich methodisch an Bauer (2014) an
  - übernimmt das Verfahren/adaptiert das Verfahren von Bauer (2014)
  - wendet das Verfahren von Bauer (2014) an
  - analysiert die Daten in Anlehnung an Bauer (2014)
  - stützt sich auf/bezieht sich auf Bauer (2014)

Beweise nennen

- Es lässt sich anhand … belegen, dass …
- Es lässt sich anhand der Ergebnisse der neuesten Untersuchungen zweifelsfrei belegen, dass …
- Dazu liegen folgende Beweise/Belege vor:
- Man kann anhand von … nachvollziehen, dass …

Eine Literaturstelle wiedergeben

- Im Folgenden fasse ich die Forschungsergebnisse von Berger (2006) zusammen:
- Berger (2006, S. 45–64) vertritt in seiner Arbeit folgende These/ Interpretation/Position/Ansicht
- Im Folgenden stütze ich mich auf die Untersuchung von Berger (2006)
- Im Folgenden beziehe ich mich auf Berger (2006)
- Folgende Ergebnisse stellt Berger (2006, S. 45–64) in seiner Studie über … dar
- Berger (2006) kommt/gelangt in seiner Arbeit über … zu folgenden Ergebnissen:
- Bergers Untersuchungen (2006, S. 45–64) zeigen/belegen/weisen nach, dass …
- Berger (2006, S. 45–64) geht davon aus, dass …
- Wie Berger (2006, S. 45–64) in seiner Untersuchung …. nachweist, …
- Berger (2006, S. 45–64) behauptet in seiner Untersuchung, dass …
- Berger (2006, S. 45–64) begründet das damit, dass …
- Berger (2006) meint/wirft die Frage auf/geht der Frage nach/ widmet sich der Untersuchung von/befasst sich mit/untersucht/ berichtet/analysiert/überprüft/beruft sich auf/stellt zur Diskussion/bezieht sich auf/geht davon aus, dass/führt dies zurück auf/ stellt die Frage/stützt sich auf …
- Die Studie von Berger (2006) zeigt, dass …
- Nach Berger und Müller (2011) sind/haben …
- Die Befunde von Berger (2006, S. 45–64) zeigen, dass …
- In seiner Studie berichtet Berger (2006) von ähnlichen Fällen
- Gemäß Berger (2006, S. 45–64) gilt …
- Bergers Arbeiten (2006 bzw. 2013) weisen darauf hin, dass …
- In einer umfassenden Untersuchung weisen Berger und Müller (2011) nach, dass …
- Aufgrund der Ergebnisse von Berger (2006, S. 45–64) gilt als erwiesen, dass …
- Berger (2006, S. 45–64) stützt sich auf die Hypothese, dass …
- Diese Erkenntnisse beruhen auf der umfassenden Studie von Berger (2006, S. 45–64), in der der Autor …

Achtung:
Wenn man sich auf Studienergebnisse eines anderen Autors bezieht, muss zumindest die Jahreszahl der Untersuchung angegeben werden, wenn man sich auf die gesamte Arbeit bzw. die grundlegende Idee der Arbeit bezieht. Wenn es um konkrete Stellen wie bspw. die Hypothesen, den methodischen Ansatz oder einzelne Ergebnisse geht, muss auch die Seitenangabe gemacht werden. Es genügt nicht, nur den Autor anzuführen.

Zwei Literaturstellen in Beziehung setzen

- Im Einklang mit Bruck (2012) findet Hügler (2015), dass …
- Die Ergebnisse von Hügler (2015) stützen sich auf die zuvor erhobenen Befunde von Bruck (2012)…
- Hüglers Untersuchung (2015) geht über die Arbeit von Bruck (2012) hinaus, da er …
- So wie Bruck (2012) behauptet auch Hügler (2015)…
- Die Arbeiten von Bruck (2012) und Antonov (2014) stützen die These von Hügler (2015), derzufolge…
- Die Studie von Hügler (2015) basiert auf den Befunden von Antonov (2014) und ergänzt und erweitert diese durch …

Sicherheit und Unsicherheit ausdrücken, Forschungsmeinungen hinterfragen oder widerlegen

- Es ist sicherlich zutreffend/fraglos, dass…
- Es steht außer Frage, dass …
- Es ist unbestritten, dass …
- Es steht außer Zweifel, dass …
- Es ist zweifelhaft, ob/wie/weshalb …
- Es ist fraglich, ob/weshalb …
- Es ist noch nicht geklärt, ob/wie/warum …
- Es ist unsicher, ob/wie/dass …
- Es ist nicht klar nachvollziehbar
- Hier wäre zu fragen, ob …
- Eine Frage bleibt bei Schneider (2012) allerdings unbeantwortet:
- Schneider (2012) übersieht offensichtlich
- Folgende Faktoren bleiben in Schneiders Untersuchung (2012) unberücksichtigt:
- Schneiders Argumentation (2012, S. 127–128) überzeugt nur teilweise, denn …
- Gegen diese These spricht

- Diese Behauptung lässt sich durch … entkräften
- Dieser Ansicht kann man entgegenhalten/entgegensetzen/entgegenstellen, dass …
- Gegen diese Ansicht lassen sich folgende Argumente anführen:

Unterschiedliche Standpunkte ausdrücken/Argumente abwägen

- Diese Frage wird kontrovers diskutiert.
- Diese Auffassung ist unter vielen Wissenschaftlerinnen ein Streitpunkt.
- Zu dieser Frage besteht noch keine Einigung.
- Es ist (äußerst/sehr) umstritten, ob …
- Dazu finden sich in der Literatur kontroverse/unterschiedliche/verschiedene Standpunkte/Auffassungen/Ansichten.
- Die Arbeit von Gruber (2013) steht im Widerspruch zu den Ergebnissen von Wagner (2016).
- Wagner (2016) behauptet, dass …, wogegen Grubers (2013) Befunde das Gegenteil belegen.
- Die Ergebnisse von Gruber (2013) stehen nicht im Einklang mit den Resultaten von Wagner (2016). Wagner nimmt auf die Arbeit von Gruber Bezug und erklärt die Widersprüche wie folgt …
- Die beiden Autoren kommen zu unterschiedlichen Ergebnissen in Bezug auf …
- Daraus folgt, dass …
- Einerseits gilt …, aber andererseits muss man bedenken, dass …
- Auf der einen Seite hat sich gezeigt, dass die Regel … auch in den genannten Zusammenhängen gilt, andererseits konnte festgestellt werden, dass …
- Während Gruber (2013) behauptet, dass …, argumentiert Wagner (2016) hingegen …, denn …
- Zwar gilt als erwiesen dass …, es ist jedoch unsicher, ob …
- Folgt man der Argumentation von Wagner (2016), (dann) erscheint die Behauptung von Gruber (2013) widerlegt.
- Obwohl (nicht) behauptet werden kann, dass …, muss man doch annehmen, dass …
- Eine Abwägung der Argumente von Gruber (2013) und Wagner (2016) führt zu folgender Schlussfolgerung:
- Unterzieht man die Argumente pro und contra … einer kritischen Prüfung, kommt man zum Ergebnis, dass die Argumente der Gegner von … nicht stichhaltig sind, denn …
- Um zu entscheiden, ob die Sichtweise von Gruber (2013) oder Wagner (2016) zutrifft, muss man in Betracht ziehen, dass …

Schlüsse ziehen

- Daraus lässt sich die Schlussfolgerung ziehen, dass …
- Daraus lassen sich folgende Schlussfolgerungen ziehen: Erstens … Zweitens …
- Daraus folgt/ergibt sich, dass …
- Dies führt zur Schlussfolgerung, dass …
- Aus den genannten Gründen ergibt sich die Schlussfolgerung, dass …
- Die genannten Beispiele machen deutlich …
- Das hat zur Folge, dass …
- Diese Argumente verdeutlichen …
- Daran zeigt sich …
- Daraus kann man/lässt sich ableiten, dass …
- Daraus kann man folgern/schließen, dass …
- Aus diesem Sachverhalt kann geschlossen werden, dass …
- Man kann also zum Schluss kommen, dass …
- Damit gilt als erwiesen, dass …
- Als Fazit ergibt sich …

11.7.2 Praktische Hinweise zum Schreiben

Ein Hinweis, der eigentlich selbstverständlich sein sollte, aber nicht oft genug wiederholt werden kann: Speichern Sie die Arbeit regelmäßig auf verschiedenen Datenträgern (insbesondere auf anderen als auf der Festplatte)!

Für das Redigieren, Korrigieren und Formatieren ist genügend Zeit einzuplanen. Diese Tätigkeiten nehmen viel Zeit in Anspruch, sind aber mit großer Sorgfalt zu betreiben, da schlecht redigierte Arbeiten keinen guten Eindruck erwecken.

Idealerweise sollte man Texte liegen lassen, wieder lesen und gegenlesen lassen. Das Liegenlassen eines Textes für ein paar Tage ermöglicht einen etwas distanzierteren Blick auf das Geschriebene und die Überarbeitung fällt leichter.

Alle Tabellen, Grafiken und Abbildungen sind zu benennen, mit einem Titel und ggf. mit einer Quellenangabe zu versehen.

Sowohl die Einteilung der Kapitel als auch die einzelnen Kapitel sollten aussagekräftig benannt sein, damit bei der Durchsicht des Inhaltsverzeichnisses die Inhalte der Arbeit erkannt werden können; sie sollen Aussagen über den logischen Aufbau liefern und den „roten Faden“ verständlich aufzeigen.

Zum Schreiben muss man sich Zeit nehmen. Dem Schreiben geht ein Orientierungsprozess voraus, häufig ergibt sich beim Schreiben eine neue Sicht der Dinge.

Wissenschaftliches Schreiben lernt man nur durch wissenschaftliches Schreiben – um eine gute Autorin von wissenschaftlichen Texten zu werden, muss man dies immer wieder üben. Schreiben ist Erfahrungssache und braucht Routine! Darum sind alle Hinweise zum Schreiben auch immer nur Empfehlungen und Entscheidungshilfen, hier muss jeder Autor seine eigenen Präferenzen und seine eigene Vorgehensweise finden. Dennoch gibt es einige (erprobte) Schreibtipps, die das Verfassen von wissenschaftlichen Texten erleichtern:

- Formulieren Sie semantisch richtige Sätze.
- Formulieren Sie aktiv statt passiv.
- Verwenden Sie die jeweils genau passenden Wörter, keine Umschreibungen oder Metaphern.
- Verwenden Sie Fachbegriffe und Fremdwörter – an der richtigen Stelle und in der richtigen Bedeutung („Fremdwörter sind keine Glückssache!“).
- Vermeiden Sie umgangssprachliche Formulierungen, Trend-Vokabular, Jargon-Ausdrücke und Mode-Wörter.
- Schreiben Sie genau, präzise und konkret – dann ist der Text auch verständlich.
- Versuchen Sie nicht, irgendwelche Schreibstile zu imitieren. Das kann man nicht die ganze Arbeit durchhalten, außerdem wirkt es unnatürlich. Stil zu kopieren ist auch sehr anstrengend.
- Wann immer Ihnen zu einem späteren Teil der Arbeit etwas einfällt, schreiben Sie es auf.
- Notieren Sie gute und passende Formulierungen, neue Zusammenhänge, Stichwörter, Sätze, die genau das sagen, was man meint (denn ein genauer Satz ist auch ein guter Satz). Vieles davon kann man später gut brauchen.
- Formulieren Sie ausführlich und präzise, der Leser ist schlechter informiert als die Autorin.
- Verwenden Sie kurze Sätze (soweit als möglich) und möglichst nur einen Nebensatz.
- Absätze und Zwischenüberschriften erhöhen die Lesbarkeit.
- Vermeiden Sie überflüssige und phrasenhafte Adjektiva und Floskeln (wie bspw. „tief greifende Veränderungen“, „umfassender Gedankenaustausch“, „eingehende Beratung“, „dynamisches Wachstum“, „nackte Wahrheit“, „brennende Frage“, „unausbleibliche Folge“, „goldene Mitte“).
- Definieren Sie Begriffe (nur) dort, wo sie vom allgemeinen wissenschaftlichen Gebrauch abweichen oder wo es sich um eher unbekannte Begriffe handelt. Es ist nicht nötig, in jeder Arbeit alle Begriffe des Faches neu zu definieren.

- Zitate dürfen nicht (kommentarlos) aneinandergereiht werden, es müssen Übergänge und Paraphrasierungen verwendet werden. Möglich sind auch indirekte Zitate.
- Setzen Sie Anmerkungen/Fußnoten sparsam ein.
- Vermeiden Sie Füllworte („eben", „ja", „wohl", „natürlich", „wahrscheinlich", „wirklich", „eigentlich", „regelrecht", „vielleicht", „gewissermaßen", „irgendwie", „durchaus" etc.)
- Verwenden Sie entweder durchgängig „gegenderte Formulierungen" (weibliche und männliche Formen und wenn möglich eine neutrale Form, bspw. „Lehrende", „Studierende") oder vermerken Sie am Beginn der Arbeit, dass die weibliche bzw. männliche Form verwendet wird, aber selbstverständlich auch jeweils Männer bzw. Frauen gemeint sind.
- Beachten Sie Rechtschreib-, Grammatik- und Orthografieregeln genau.

Die **drei großen Killer des Schreibens** sind

- Perfektionismus
- Furcht
- Größenphantasie

Lassen Sie sich davon nicht beeindrucken! Wenn Sie nicht wissen, wie Sie zu schreiben beginnen sollen, schreiben Sie einen Brief. Erklären Sie einem Freund, einer Freundin, dass sie jetzt beginnen wollen, eine Arbeit zu schreiben, umreißen Sie den Forschungsgegenstand, worum es denn geht, worauf Sie hinauswollen, welche Gliederung Sie vorhaben. Ganz automatisch werden Sie dann beginnen, Ihr erstes Kapitel zu schreiben.

Erfolg bringt weiteren Erfolg mit sich. Wenn es einmal einen Tag lang gut läuft, dann geht es am nächsten Tag wahrscheinlich genauso gut, oder sogar besser. Seien Sie sich dessen bewusst, dass nicht alle Kapitel gleich schnell oder leicht von der Hand gehen. Manchmal muss nachgelesen werden, Auswertungen nehmen viel Zeit in Anspruch etc.

Lassen Sie sich nicht von den Aussagen anderer demoralisieren: „Mir geht das ganz leicht von der Hand" oder „Ich habe da *gar* keine Schwierigkeiten". Das ist übertrieben oder gelogen – oder es ist ein Genie am Werk.

Ein Schreib-Tipp von Raymond Chandler: Schreiben oder nichts! Sie setzen sich hin. Dann schreiben Sie und wenn das nicht geht, dann tun Sie *nichts* anderes. Nicht E-Mails schreiben, nicht Fenster putzen, nicht Kaffee trinken, nicht telefonieren … Das hält man eine halbe Stunde aus, dann schreibt man. (Ist erprobt, das funktioniert!)

Viel Erfolg beim Schreiben Ihrer wissenschaftlichen Arbeit!

12 Literaturverzeichnis

Albert, H. (1978). Nationalökonomie als sozialwissenschaftliches Erkenntnisprogramm. In H. Albert et al.: *Ökonometrische Modelle und sozialwissenschaftliche Erkenntnisprogramme. Beiträge zu einem Symposium anläßlich des 90. Geburtstages von W. G. Waffenschmidt* (S. 49–71). Bibliographisches Institut.

Albert, H. et al. (1978). *Ökonometrische Modelle und sozialwissenschaftliche Erkenntnisprogramme. Beiträge zu einem Symposium anläßlich des 90. Geburtstages von W. G. Waffenschmidt.* Bibliographisches Institut.

Allen, E. W. (1927). Journalism as Applied Social Science. In *The Journalism Bulletin, I*, 1–7.

Atteslander, P. (2000). *Methoden der empirischen Sozialforschung* (13. Auflage). de Gruyter.

Averbeck-Lietz, S. (Hrsg.). (2017). *Kommunikationswissenschaft im internationalen Vergleich. Transnationale Perspektiven.* Springer.

Averbeck-Lietz, S., & Löblich, M. (2017). Kommunikationswissenschaft vergleichend und transnational. Eine Einführung. In: S. Averbeck-Lietz (Hrsg.). *Kommunikationswissenschaft im internationalen Vergleich. Transnationale Perspektiven* (S. 1–29). Springer.

Balzert, H., Schäfer, C., Schröder, M., Kern, U., Bendisch, R., & Zeppenfeld, K. (2008). *Wissenschaftliches Arbeiten. Wissenschaft, Quellen, Artefakte, Organisation, Präsentation.* W3L.

Becker, T. (2014). *Medienmanagement und öffentliche Kommunikation. Der Einsatz von Medien in Unternehmensführung und Marketing.* VS.

Bentele, G., & Nothhaft, H. (2008). Kommunikationskonzeption als Regelkreis. Überlegungen zur Konzeptionslehre und zu Jörg W. Leipzigers Thermostatmetaphorik. In T. Liebert (Hrsg.). *Strategische Kommunikation lehren, praktizieren und evaluieren: Thematische Beiträge zur Verabschiedung von Jürg W. Leipziger als Honorarprofessor an der Universität Leipzig* (S. 48–88). LiSA GmbH.

Berger, A. A. (2000). *Media and Communication Research Methods. An Introduction to Qualitative and Quantitative Approaches.* Sage.

Bernays, E. L. (1928). *Propaganda.* Horace Liveright.

Bohrmann, H. (2005). Was ist der Inhalt einer Fachgeschichte der Publizistikwissenschaft und welche Funktionen könnte sie für die Wissenschaftsausübung in der Gegenwart besitzen? In E. Schade (Hrsg.). *Publizistikwissenschaft und öffentliche Kommunikation* (S. 151–182). UVK.

Bonfadelli, H., Jarren, O., & Siegert, G. (2010). Publizistik- und Kommunikationswissenschaft – ein transdisziplinäres Fach. In H. Bonfadelli, O. Jarren, & G. Siegert (Hrsg.). *Einführung in die Publizistikwissenschaft* (3. Auflage, S. 3–17). Haupt/UTB.

Bonfadelli, H., Jarren, O., & Siegert, G. (Hrsg.). (2010). *Einführung in die Publizistikwissenschaft* (3. Auflage). Haupt/UTB.

Braunecker, C. (2021). *How to do empirische Sozialforschung. Eine Gebrauchsanleitung.* facultas/utb.

Brockhaus (1998). *Die Enzyklopädie in 24 Bänden* (20. Auflage). Brockhaus *(erscheint derzeit in der 21. Auflage neu).*

Bryson, L. (Hrsg.) (1948). *The Communication of Ideas. A Series of Addresses.* Cooper Square Publ.

Bünting, K.-D., Bitterlich, A., & Pospiech, U. (2000). *Schreiben im Studium: mit Erfolg. Ein Leitfaden.* Cornelsen Verlag.

Burkart, R. (2019). *Kommunikationswissenschaft. Grundlagen und Problemfelder einer interdisziplinären Sozialwissenschaft* (5., vollst. neu bearb. Auflage). Böhlau/utb.

Büro Studienpräses. (2018). *Datenschutz in der sozialwissenschaftlichen Forschung.* https://studienpraeses.univie.ac.at/infos-zum-studienrecht/wissenschaftliche-arbeiten/datenschutz-in-der-sozialwissenschaft/ [30.6.2021].

Dahinden, U., & Hättenschwiler, W. (2001). Forschungsmethoden in der Publizistikwissenschaft. In O. Jarren, & H. Bonfadelli (Hrsg.). *Einführung in die Publizistikwissenschaft* (S. 489–527). Haupt/UTB.

Dahinden, U., Sturzenegger, S., & Neuroni, A. (2013). *Wissenschaftliches Arbeiten in der Kommunikationswissenschaft* (2. Auflage). Haupt/UTB.

Desmond, M. (Hrsg.) (1996). *Paul Lazarsfelds Wiener RAVAG-Studie 1932. Der Beginn der modernen Rundfunkforschung.* Schriftenreihe „Musik und Gesellschaft". Band 24. Guthmann-Peterson.

DGPuK – Deutsche Gesellschaft für Publizistik- und Kommunikationswissenschaft. (2008). *Kommunikation und Medien in der Gesellschaft: Leistungen und Perspektiven der Kommunikations- und Medienwissenschaft. Eckpunkte für das Selbstverständnis der Kommunikations- und Medienwissenschaft. Selbstverständnispapier der Deutschen Gesellschaft für Publizistik- und Kommunikationswissenschaft (DGPuK).* https://www.dgpuk.de/de/selbstverständnis-der-dgpuk.html [30.6.2021].

Döring, N., & Bortz, J. (2016). *Forschungsmethoden und Evaluation in den Sozial- und Humanwissenschaften* (5. Auflage). Springer.

Eberhard, K. (1999). *Einführung in die Erkenntnis- und Wissenschaftstheorie. Geschichte und Praxis der konkurrierenden Erkenntniswege* (2., überarb. u. erw. Auflage). Kohlhammer.

Ebster, C., & Stalzer, L. (2017). *Wissenschaftliches Arbeiten für Wirtschafts- und Sozialwissenschaftler* (5. Auflage). facultas/utb.

Eco, U. (2020). *Wie man eine wissenschaftliche Abschlußarbeit schreibt. Doktor-, Diplom- und Magisterarbeit in den Geistes- und Sozialwissenschaften* (14. Auflage). facultas/utb.

Fischer, K. (1995). Braucht die Wissenschaft eine Theorie? In *Journal of General Philosophy of Science, 26,* 227–257.

Flick, U. (2016). *Qualitative Sozialforschung. Eine Einführung* (7. Auflage). Rowohlt.

Friedrichs, J. (1990). *Methoden empirischer Sozialforschung* (14. Auflage). Westdeutscher Verlag.

Früh, W. (2017). *Inhaltsanalyse. Theorie und Praxis* (9. Auflage). UVK/utb.

Gadenne, V. (2013). Bewährung (X. Kap.). In H. Keuth (Hrsg.). *Herbert Karl Popper. Logik der Forschung. Klassiker Auslegen* (4. Auflage, S. 125–145). Akademie Verlag.

Girtler, R. (1984): *Methoden der qualitativen Sozialforschung. Anleitung zur Feldarbeit*. Böhlau, zit. nach Lamnek, S. (1995). *Qualitative Sozialforschung. Band 1: Methodologie* (3. Auflage). Beltz PVU.

Haas, H., & Lojka, K. (1988). Erkenntnis durch Recherche. In *Medien Journal, 12*(2), 2–10.

Habermas, J. (1968/2001). *Erkenntnis und Interesse*. Suhrkamp.

Habermas, J. (1969). *Technik und Wissenschaft als „Ideologie“.* Suhrkamp.

Häder, M. (2015). *Empirische Sozialforschung. Eine Einführung* (3. Auflage). Springer Fachmedien.

Hauk, F. (2003). *Lust an der Erkenntnis. Grundlagen der Philosophie.* DTV.

Hepp, A. (2005). Fortlaufende Theoretisierung. Aktualität beweist sich in Theorieentwicklung. In *Aviso, 38,* 6–7, zit. nach Steininger, C., & Hummel, R. (2015). *Wissenschaftstheorie der Kommunikationswissenschaft.* de Gruyter.

Herbers, M. R. (2016). The Invasion from Mars. A Study in the Psychology of Panic von Hadley Cantril unter der Mitarbeit von Hazel Gaudet und Herta Herzog (1940). In M. Potthoff (Hrsg.). *Schlüsselwerke der Medienwirkungsforschung* (S. 13–23). Springer.

Herzog, H. (1940). Professor Quiz – A Gratification Study. In P. F. Lazarsfeld (Hrsg.). *Radio and the Printed Page. An Introduction to the Study of Radio and Its Role in the Communication of Ideas* (S. 64–93). Duell, Sloan and Pearce. (Reprint Edition 1971 in der Reihe: History of Broadcasting: Radio to Television. Arno Press.)

Herzog, H. (1941). On Borrowed Experience. An Analysis of Listening to Daytime Sketches. In *Studies in Philosophy and Social Science, 9*(1), 65–95.

Herzog, H. (1944). What Do We Really Know About Daytime Serial Listeners? In P. F. Lazarsfeld, & F. N. Stanton (Hrsg.). *Radio Research 1942–1943* (S. 3–33). Duell, Sloan and Pearce.

Herzog, H. (1990). Der Stich ins Böse. Dallas und Denver Clan: Garantiert anders als der Alltag. In *Medien Journal, 14*(4), 191– 208.

Hipfl, B. (2002). Lakunen der Kommunikationswissenschaft. In *Medien Journal, 26*(2), 12–26.

Jahoda, M., Lazarsfeld, P. F., & Zeisel, H. (1975). *Die Arbeitslosen von Marienthal. Mit einem Anhang zur Geschichte der Soziographie.* Suhrkamp.

Jarren, O., & Bonfadelli, H. (Hrsg.) (2001). *Einführung in die Publizistikwissenschaft.* Haupt/UTB.

Kant, I. (1920). *Prolegomena zu einer jeden künftigen Metaphysik, die als Wissenschaft wird auftreten können.* https://archive.org/stream/immanuelkantspro00kantuoft/immanuelkantspro-00kantuoft_djvu.txt [12.09.2017].

Karmasin, M., & Ribing, R. (2019). *Die Gestaltung wissenschaftlicher Arbeiten. Ein Leitfaden für Facharbeit/VWA, Seminararbeiten, Bachelor-, Master-, Magister- und Diplomarbeiten sowie Dissertationen* (10., überarb. u. akt. Auflage). facultas/utb.

Keuth, H. (Hrsg.). (2013). *Herbert Karl Popper. Logik der Forschung. Klassiker Auslegen* (4. Auflage). Akademie Verlag.

Klaus, E. (2008). What Do We Really Know About Herta Herzog? – Eine Spurensuche. In *M&K, 56*(2), 227–252.

Kornmeier, M. (2021). *Wissenschaftlich schreiben leicht gemacht für Bachelor, Master und Dissertation* (9., akt. u. erg. Auflage). Haupt/utb.

Kruse, O. (1999). *Keine Angst vor dem leeren Blatt. Ohne Schreibblockaden durch's Studium.* Campus.

Kunczik, M., & Zipfel, A. (2005). *Publizistik* (2. Auflage). Böhlau/UTB.

Küppers, B.-O. (2000). Die Strukturwissenschaft als Bindeglied zwischen Natur- und Geisteswissenschaften. In B.-O. Küppers (Hrsg.). *Die Einheit der Wirklichkeit: Zum Wissenschaftsverständnis der Gegenwart* (S. 89–105). Fink.

Küppers, B.-O. (Hrsg.). (2000). *Die Einheit der Wirklichkeit: Zum Wissenschaftsverständnis der Gegenwart.* Fink.

Lamnek, S. (1995). *Qualitative Sozialforschung. Band 1: Methodologie* (3. Auflage). Beltz PVU.

Langenbucher, W. (Hrsg.). (1994). *Publizistik- und Kommunikationswissenschaft. Ein Textbuch zur Einführung. Band 1.* Braumüller.

Lasswell, H. D. (1948). The Structure and Function of Communication in Society. In L. Bryson (Hrsg.). *The Communication of Ideas. A Series of Addresses* (S. 37–51). Cooper Square Publ. (Nachdruck in M. Gottschlich (Hrsg.). (1987). *Massenkommunikationsforschung: Theorieentwicklung und Problemperspektiven* (S. 17–26). Braumüller.)

Lasswell, H. D. (1958). Communications As An Emerging Discipline. In *Audiovisual Communication Review, 6*(1), 245–254, zit. nach Rühl, M. (2008). *Kommunikationskulturen der Weltgesellschaft.* Springer.

Lauth, B., & Sareiter, J. (2005). *Wissenschaftliche Erkenntnis. Eine ideengeschichtliche Einführung in die Wissenschaftstheorie* (2., überarb. u. erg. Auflage). Mentis Verlag.

Lazarsfeld, P. F. (Hrsg.). (1940). *Radio and the Printed Page. An Introduction to the Study of Radio and Its Role in the Communication of Ideas.* Duell, Sloan and Pearce.

Lazarsfeld, P. F., Berelson, B., & Gaudet, H. (1944). *The people's choice. How the voter makes up his mind in a presidential campaign.* Columbia University Press.

Lazarsfeld, P. F., & Stanton, F. N. (Hrsg.). (1944). *Radio Research 1942–1943.* Duell, Sloan and Pearce.

Liebert, T. (Hrsg.). (2008). *Strategische Kommunikation lehren, praktizieren und evaluieren: Thematische Beiträge zur Verabschiedung von Jürg W. Leipziger als Honorarprofessor an der Universität Leipzig.* LiSA GmbH.

Lies, J. (Hrsg.). (2015). *Theorien des PR-Managements. Geschichte – Basiswissenschaften – Wirkungsdimensionen.* Springer.

Löffelholz, M., & Rothenberger, L. (Hrsg.). (2016). *Handbuch Journalismustheorien*. Springer.

Maletzke, G. (1963). *Psychologie der Massenkommunikation.* Hans Bredow-Institut.

Maletzke, G. (1980). *Kommunikationsforschung als empirische Sozialwissenschaft.* Spiess.

Mark, D. (Hrsg.). (1996). *Paul Lazarsfelds Wiener RAVAG-Studie 1932.* Guthmann-Peterson.

Mayring, P. (2016). *Einführung in die Qualitative Sozialforschung* (6. Auflage). Beltz Studium.

Merten, K. (Hrsg.). (2009). *Konstruktion von Kommunikation in der Mediengesellschaft. Festschrift für Joachim Westerbarkey.* VS.

Merton, R. K. (1968). *Social Theory and Social Structures.* The Free Press, zit. nach Burkart, R. (2019). *Kommunikationswissenschaft. Grundlagen und Problemfelder einer interdisziplinären Sozialwissenschaft* (5., vollst. neu bearb. Auflage). Böhlau/utb.

Meyen, M. (2009). Das journalistische Feld in Deutschland. Ein theoretischer und empirischer Beitrag zur Journalismusforschung. In *Publizistik, 54*(3), 323–345.

Meyen, M., & Löblich, M. (2006). *Klassiker der Kommunikationswissenschaft. Fach- und Theoriegeschichte in Deutschland.* UVK.

Mittelstraß, J. (1995). Erkenntnis. In J. Mittelstraß (Hrsg.). *Enzyklopädie Philosophie und Wissenschaftstheorie. Band 1.* Metzler.

Mittelstraß, J. (Hrsg.). (1995). *Enzyklopädie Philosophie und Wissenschaftstheorie. Band 1.* Metzler.

Neuberger, C. (2009). „Stille Post" in der Kommunikationswissenschaft: Tradierungsfehler in der wissenschaftlichen Fachöffentlichkeit. In K. Merten (Hrsg.). *Konstruktion von Kommunikation in der Mediengesellschaft. Festschrift für Joachim Westerbarkey* (S. 231–262). VS.

Neurath, P. (1996). Die methodische Bedeutung der RAVAG-Studie von Paul F. Lazarsfeld. Der Wiener Bericht von 1932 und seine Rolle für die Entwicklung in Amerika. In D. Mark (Hrsg.). *Paul Lazarsfelds Wiener RAVAG-Studie 1932* (S. 11–26). Guthmann-Peterson.

Opp, K.-D. (2014). *Methodologie der Sozialwissenschaften. Einführung in Probleme ihrer Theorienbildung und praktischen Anwendung* (6. Auflage). VS.

Österreichisches Normungsinstitut. (1989). ÖNORM A 2658. Teil 1: Zitierregeln.

Popper, K. R. (1962). Die Logik der Sozialwissenschaften. In K. R. Popper (2003). *Auf der Suche nach einer besseren Welt. Vorträge und Aufsätze aus dreißig Jahren* (12. Auflage, S. 79–98). Piper.

Popper, K. R. (1972). Wissenschaftslehre in entwicklungstheoretischer und in logischer Sicht. In K. R. Popper (2010). *Alles Leben ist Problemlösen. Über Erkenntnis, Geschichte und Politik* (14. Auflage, S. 15–46). Piper.

Popper, K. R. (1973). *Logik der Forschung*. Mohr.

Popper, K. R. (1983/2016). *Freiheit und intellektuelle Verantwortung. Politische Vorträge und Aufsätze aus sechs Jahrzehnten.* Hrsg. und teilweise neu übersetzt v. H.-J. Niemann. Mohr Siebeck.

Popper, K. R. (2003). *Auf der Suche nach einer besseren Welt. Vorträge und Aufsätze aus dreißig Jahren* (12. Auflage). Piper.

Popper, K. R. (2010). *Alles Leben ist Problemlösen. Über Erkenntnis, Geschichte und Politik* (14. Auflage). Piper.

Poser, H. (2001). *Wissenschaftstheorie. Eine philosophische Einführung.* Reclam.

Potthoff, M. (Hrsg.). (2016). *Schlüsselwerke der Medienwirkungsforschung.* Springer.

Rettig, H. (2017). *Wissenschaftliche Arbeiten schreiben.* DOI: 10.1007/978-3-476-04490-7

Rossig, W., & Prätsch, J. (2008). *Wissenschaftliche Arbeiten* (8. Auflage). Berlin Druck.

Rühl, M. (1985). Kommunikationswissenschaft zwischen Wunsch und Machbarkeit. Einige Betrachtungen zu ihrer Identität heute. In *Publizistik, 30*(2–3), 229–246.

Rühl, M. (2008). *Kommunikationskulturen der Weltgesellschaft.* Springer.

Schade, E. (Hrsg.). (2005). *Publizistikwissenschaft und öffentliche Kommunikation.* UVK.

Schnell, R., Hill, P. B., & Esser, E. (2005). *Methoden der empirischen Sozialforschung* (7. Auflage). R. Oldenbourg.

Scholl, A. (2016). Journalismustheorie und Methodologie. In M. Löffelholz, & L. Rothenberger (Hrsg.): *Handbuch Journalismustheorien* (S. 91–109). Springer.

Schülein, J. A., & Reitze, S. (2021). Wissenschaftstheorie für Einsteiger (5. Auflage). facultas/utb.

Schweiger, W., Rademacher, P., & Grabmüller, B. (2009). Womit befassen sich kommunikationswissenschaftliche Abschlussarbeiten? Eine Inhaltsanalyse von DGPuK-TRANSFER als Beitrag zur Selbstverständnisdebatte. In *Publizistik, 54*, 533–552.

Seiffert, H. (1997). *Einführung in die Wissenschaftstheorie. 4 Bände*; hier insb.: *Einführung in die Wissenschaftstheorie. Vierter Band. Wörterbuch der wissenschaftstheoretischen Terminologie.* Beck.

Seiffert, H., & Radnitzky, G. (Hrsg.). (1994). *Handlexikon zur Wissenschaftstheorie* (2. Auflage). dtv.

Stary, J., & Kretschmer, H. (2004). *Umgang mit wissenschaftlicher Literatur. Eine Arbeitshilfe für das geistes- und sozialwissenschaftliche Studium* (3. Auflage). Cornelsen Scriptor.

Steininger, C., & Hummel, R. (2015). *Wissenschaftstheorie der Kommunikationswissenschaft.* de Gruyter.

Störig, H. J. (1999). *Kleine Weltgeschichte der Philosophie* (überarbeitete Neuausgabe). Fischer.

Taddicken, M. (2016). The People's Choice. How the Voter Makes Up His Mind in a Presidential Campaign von Paul Felix Lazarsfeld, Bernard Berenson und Hazel Gaudet (1944). In M. Potthoff (Hrsg.). *Schlüsselwerke der Medienwirkungsforschung* (S. 25–36). Springer.

VWA. (2016). Schreibhilfen zum Verfassen einer VWA. Zusammenstellung: Ursula Figl (Mai 2016). https://www.ahs-vwa.at/fileadmin/ahs-vwa/PDF/Schreibhilfen_zum_Verfassen_einer_VWA.pdf [21.6.2021].

Weber, M. (1956). *Wirtschaft und Gesellschaft. Grundriß der verstehenden Soziologie.* Mohr Siebeck.

Weber, M. (1968). *Methodologische Schriften. Studienausgabe.* Fischer.

Wilson, T. P. (1982). Quantitative „oder" qualitative Methoden in der Sozialforschung. In *Kölner Zeitschrift für Soziologie und Sozialpsychologie, 34*, 487–508.

13 Abbildungs- und Tabellenverzeichnis

Anhang A – Eine Auswahl an kommunikationswissenschaftlichen Fachzeitschriften

Die Auswahl der hier vorgestellten Zeitschriften ist exemplarisch und keinesfalls umfassend!

Deutschsprachige kommunikationswissenschaftliche Zeitschriften

Media Perspektiven
Zeitschrift der ARD-Werbung mit Schwerpunkt *Mediennutzung, Publikumsforschung und Entwicklung der deutschen Massenmedien*, erscheint monatlich; neben der Zeitschrift erscheinen regelmäßig die „Media Perspektiven Basisdaten“ mit aktuellen Daten zur Medienlandschaft in der Bundesrepublik Deutschland sowie weitere Publikationen

http://www.ard-werbung.de/media-perspektiven/fachzeitschrift/

Medien Journal
Österreichische Zeitschrift für Medien- und Kommunikationsforschung, erscheint vierteljährlich und ist eine interdisziplinäre und international ausgerichtete Publikationsform

https://ejournals.facultas.at/index.php/medienjournal/about

Medien und Kommunikationswissenschaft M&K
(bis 1999 „Rundfunk und Fernsehen“)
Einer der „Klassiker“ unter den kommunikationswissenschaftlichen Zeitschriften des deutschsprachigen Raums, umfasst Beiträge zu unterschiedlichsten Fragen der PKW, erscheint vierteljährlich und die Zeitschrift ist ab Jahrgang 2000 online verfügbar

http://www.m-und-k.nomos.de/

Medien & Recht (MR)
Österreichische Zeitschrift mit Informationen und aktuellen Gerichtsentscheiden zu medienrechtlichen Fragen; erscheint achtmal im Jahr; im Internet findet sich auch ein umfangreiches begleitendes Medienrechtsportal

http://www.medien-recht.com/index.php?article_id=1

Medien & Zeit
Österreichische Zeitschrift für historische Medien- und Kommunikationswissenschaft, erscheint viermal im Jahr und wird vom Wiener „Arbeitskreis für historische Kommunikationsforschung“ herausgegeben

http://medienundzeit.at/

Message
Internationale Zeitschrift für Journalismus

http://www.message-online.com/

Publizistik – Vierteljahreshefte für Kommunikationsforschung
Der zweite „Klassiker“ unter den deutschsprachigen kommunikationswissenschaftlichen Zeitschriften, umfasst Beiträge zu unterschiedlichsten Aspekten der Publizistik- und Kommunikationswissenschaft, erscheint vierteljährlich

https://link.springer.com/journal/11616

Zeitschrift für Medienpsychologie
Fachzeitschrift für psychologische Medienforschung, wobei sowohl Grundlagen als auch anwendungsorientierte Forschung abgedeckt werden, erscheint vierteljährlich

http://econtent.hogrefe.com/loi/zmpx

Englischsprachige kommunikationswissenschaftliche Zeitschriften

Communication Research
Bekannte US-amerikanische kommunikationswissenschaftliche Zeitschrift mit interdisziplinärer Ausrichtung, erscheint alle zwei Monate

http://journals.sagepub.com/home/crx

Communications. The European Journal of Communication Research
Englischsprachige Fachzeitschrift für publizistik- und kommunikationswissenschaftliche Fragestellungen mit europäischer Ausrichtung, erscheint vierteljährlich

https://www.degruyter.com/view/j/comm

Communication Theory
US-amerikanische Zeitschrift mit Schwerpunkt auf sozial- und kulturwissenschaftlichen theoretischen Ansätzen bzw. Studien zur Kommunikationstheorie, erscheint vierteljährlich

https://onlinelibrary.wiley.com/journal/14682885

European Journal of Communication
Britische Fachzeitschrift für Kommunikationswissenschaft mit europäischer und transdisziplinärer Ausrichtung, erscheint vierteljährlich

http://journals.sagepub.com/home/ejc

Journal of Communication
US-amerikanische Zeitschrift für publizistik- und kommunikationswissenschaftliche Fragestellungen, erscheint vierteljährlich

https://onlinelibrary.wiley.com/journal/14602466

Public Opinion Quarterly
Englischsprachige Zeitschrift mit Schwerpunkt öffentliche Kommunikation, Meinungsforschung und deren Methoden, erscheint vierteljährlich

https://academic.oup.com/poq

Anhang B – Grundlagen wissenschaftlicher Datenbanken

Wissenschaftliche Datenbanken sind in aller Regel themenspezifisch, sammeln also Literatur aus einem bestimmten wissenschaftlichen Fachgebiet (bspw. der Publizistik). Für dieses Fachgebiet wird eine mehr oder weniger große Anzahl an Fachzeitschriften ausgewertet und die in diesen Zeitschriften erscheinenden Artikel werden in die Datenbank aufgenommen. Auch Artikel aus Sammelbänden werden oft in Datenbanken erschlossen, manche Datenbanken verzeichnen darüber hinaus auch andere Formen unselbständiger Literatur (etwa Kapitel aus Büchern oder ausgewählte graue Literatur) und selbständiger Literatur. Wissenschaftliche Datenbanken werden unabhängig vom Bestand einer Bibliothek erstellt. Sobald ein Artikel in einer ausgewerteten Zeitschrift erscheint, wird er in die Datenbank aufgenommen.

Referenz- und Volltextdatenbanken

Datenbank ist dabei nicht gleich Datenbank – es gibt Unterschiede in der Form, wie unselbständige Literatur in Datenbanken verzeichnet wird: Referenzdatenbanken sind im Wesentlichen ein großes Verzeichnis für unselbständige Literatur. In diesen Datenbanken finden sich die genauen bibliographischen Angaben (Autor, Titel, Erscheinungsjahr …) eines jeden Artikels und in der Regel auch eine kurze Zusammenfassung (sog. Abstract) des Inhalts. Der Artikel selbst (sog. Volltext) ist nicht in der Datenbank zu finden. Bei den meisten kommunikationswissenschaftlichen Datenbanken handelt es sich um derartige Referenzdatenbanken.

Im Gegensatz zu den Referenzdatenbanken enthalten Volltextdatenbanken neben den bibliographischen Angaben und den Abstracts auch die Artikel im Volltext – Sie können also direkt über die Datenbank auf den gesamten Text des Artikels zugreifen.

Es existiert eine Vielzahl von Datenbanken zu unterschiedlichsten Disziplinen. Im Wesentlichen sind folgende Typen von Datenbanken für Publizistik-Studierende von besonderem Interesse:

Sozialwissenschaftliche Datenbanken

Da die Publizistik- und Kommunikationswissenschaft den Sozialwissenschaften zuzurechnen ist, sind sozialwissenschaftliche Datenbanken besonders relevant für die Suche nach kommunikationswissenschaftlicher Literatur. Folgende Datenbanken sammeln Nachweise zu Literatur bzw. Quellen aus dem Bereich der Sozialwissenschaften:

SOLIS – Sozialwissenschaftliches Literaturinformationssystem
sozialwissenschaftliche Literatur aus dem deutschsprachigen Raum, Teil des wiso-net

https://www.gesis.org/home/

Sociological Abstracts
internationale Literatur zu Soziologie und angrenzenden sozialwissenschaftlichen Disziplinen wie bspw. Kommunikationswissenschaft

http://www.proquest.com/products-services/socioabs-set-c.html

ASSIA – Applied Social Sciences Index and Abstracts
englischsprachige Literatur zu ausgewählten sozialwissenschaftlichen Forschungsbereichen

http://www.proquest.com/products-services/ASSIA-Applied-Social-Sciences-Index-and-Abstracts.html

Social Sciences Index
englischsprachige sozialwissenschaftliche Zeitschriftendatenbank

https://clarivate.com/webofsciencegroup/solutions/webofscience-ssci/

Während die eben genannten Datenbanken die gesamte Bandbreite der Sozialwissenschaften abdecken, gibt es auch stärker spezialisierte Datenbanken.

Sozial- und geisteswissenschaftliche Datenbanken

Neben sozialwissenschaftlichen Angeboten sind auch Datenbanken aus dem Bereich der Kultur- und Geisteswissenschaften für Kommunikationswissenschaftlerinnen von Relevanz. Folgende Datenbanken sammeln unselbständige Literatur sowohl aus den Sozial- als auch aus den Geistes- und Kulturwissenschaften:

IBZ – Internationale Bibliographie der Zeitschriftenliteratur
primär englisch- und deutschsprachige Datenbank für geistes- und sozialwissenschaftliche Literatur

https://www.degruyter.com/document/doi/10.1515/ibz/html

IBR – Internationale Bibliographie der Rezensionen
Pendant zur IBZ für geistes- und sozialwissenschaftliche Rezensionen

https://www.degruyter.com/document/doi/10.1515/ibr/html

Periodicals Index Online
internationaler geistes- und sozialwissenschaftlicher Zeitschriftenindex, erfasst Zeitschriftenliteratur bis 1995

Periodicals Archive Online
„Schwesterndatenbank" von Periodicals Index Online, umfasst Volltexte geistes- und sozialwissenschaftlicher Zeitschriften bis 1995

Zitationsdatenbanken

Zitationsdatenbanken erschließen nicht nur die bibliographischen Angaben der Artikel, sondern darüber hinaus auch die in den einzelnen Artikeln zitierte Literatur. Die wichtigsten Zitationsdatenbanken für die Geistes- und Sozialwissenschaften sind (beide über das sogenannte Web of Science zugänglich):

Arts & Humanities Citation Index
für geisteswissenschaftliche, vorrangig englischsprachige Literatur

SSCI Social Sciences Citation Index
für sozialwissenschaftliche, vorrangig englischsprachige Literatur

Einige der genannten Datenbanken sind via Datenbanksystem der Universität Wien zugänglich. Nähere Informationen dazu finden Sie unter: https://bibliothek.univie.ac.at/fb-publizistik-informatik/datenbanken.html bzw. http://metalib4-prod.obvsg.at:8331/V/FARF39RI1BQ8JIPAQS658IUUK7RVHSCBLC8TLR2EU8Q9LDUS86-06881?func=find-db-1